토론의 힘
생각의 격

교양인을 위한 70가지 시사이슈 찬반 토론

토론의 힘
생각의 격

THE POWER OF DEBATE
THE QUALITY OF THOUGHTS

허원순 지음

한국경제신문

이 책은 방일영문화재단의 지원을 받아 저술·출판되었습니다.

젊은이들을 위한 '나와 다른 생각' 읽기

이 책에 담긴 70개의 사회적 논쟁거리 및 경제 담론 주제는 필자가 일하는 한국경제신문에서 대부분 사설로 다뤘던 것이다. 어떤 아젠다는 여러 번 반복될 정도로 뜨거운 이슈였다. 찬반양론이 오래 엇갈리면서 결론이 나지 않은 사안도 적지 않고 어정쩡한 상태로 물밑에 가라앉은 주제도 있다. 다만 어느 것이든 찬성과 반대, 지지와 저지가 확실하게 갈리는 게 대부분이다.

사설은 당대의 사회적·국가적·경제적 주요 관심사를 압축적으로 반영하는 정제된 거울이다. 여론의 정수라고 할 수도 있다. 필자는 기자생활 33년 가운데 12년을 논설위원으로 일하면서 사설 쓰기에 주력해왔다. 이따금씩 크고 작은 기명 칼럼도 써왔지만, 사설에 비중을 둬온 편이라 온갖 현안이 생기면 '사설식 접근', '사설의 회로'에 따라 분석하며 사고해왔다고 할 수 있다. 경제신문 이름 그대로 대부분 경제에 관한 문제였지만, 사실 경제라는 것이 외연을 넓히면 상당히 넓어진다. 좁게는 금융·산업·기업·과학·기술·재정 같은 영역이 경제에 포함되지만, 조금만 외연을 넓히면 정치·행정·입법·법률·노동·교육 등 사회의 수많은 부문이 직간접적으로 경제와 연결된다.

그간 일부 기명 칼럼까지 포함해 사설 1,600~1,700편 정도를 써왔다. 나름대로 다양한 영역을 담당해오면서 직접 다룬 관심사와 주제 가운데 찬반양론의 형식으로 나눠보기 좋고 학생들에게 생각의 힘을 길러줄 만한 것을 골라 한국경제신문의 논술탐구형 자매 매체 〈생글생글〉에 기고한 것이 이 책에 담긴 70가지 논쟁적 아젠다다. 사설에서의 명확한 주장과 달리 찬반 양쪽의 시각을 중립적으로 접근, 기술하면서 논쟁의 포인트와 생각거리를 나눠 정리했다. 배우는 과정의 학생들 대상으로 지식을 넓혀주며 사고의 힘을 길러준다는 〈생글생글〉 매체의 취지에 따른 것이다.

2016년 9월경부터이니 주간으로 연재를 한 지도 꽤 됐다. 돌아보니 대략 180여 개의 서로 다른 주제를 다뤘다. 논설위원으로 사설 쓰는 것과 별개의 과외 업무로, 햇수로는 연재한 지 6년이 넘었다. 다만 초기에는 방학이 길었고, 방학 때는 기고도 없어 꾸준히 써오긴 했지만 200편을 채우려면 조금 더 가야 할 상황이다. 그 가운데 시의성과 보편성이 좀 더 있는 것으로 일단 70개를 추려 책으로 묶게 됐다. 〈생글생글〉의 필자 고정 코너인 '시사이슈 찬반토론'이 계속 살아 있고, 이 책에는 빠진 나머지 110여 개 이슈도 다시 생각해볼 여지가 많은 범경제 이슈여서 다른 기회에 책으로 묶어내고 싶은 바람이 없지 않다.

이 책의 이해를 돕는 차원에서 사설이란 것에 대해 짧게라도 언급하지 않을 수 없다. 사설은 특정 사안, 특정 시점 등 특정 계기에 밝히는 신문사의 평가 내지는 입장이다. 수많은 사회의 사건과 현상, 경제 현안 가운데 특정 주제를 사설거리로 삼는 것부터가 쉽지는 않다. 우리는 왜 이 주제를 오늘의 사설로 정했는지가 사설이라는 글의 시작인 이유다. 이어 쟁점과 의의 또는 의미가 들어가고, 비판거리나 초점을 두는 내용이 압축적으로 정리된다. 잘된 것, 잘한 것, 바람직한 것은 그것대로 짚으면서 문제점이나 파장, 부작용도 당연히 요약되고 우선순위도 다듬어지면서 사안에 대한 초점이 맞춰진다. 그렇게 정리가 되면 본격 논평이 이뤄지고 우리(한국경제신문)의 주장이 담기면서 마무리된다. 대개가 상당히 짧은 글이지만, 구성 요건상 대안까지 들어가는 게 바람직하다.

그러다 보니 사설을 잘 쓰기 위해서는 특정 현안이나 큰 아젠다에서의 핵심 요소, 중요한 내용, 본질적 측면을 추려내는 게 중요하다. 찬반양론이 갈릴 때는 양쪽의 입장을 적확하게 파악하는 것 또한 중요하다. 그런 것을 필자가 늘 무난하게 잘 해왔다는 얘기는 아니다. 다만 적어도 그런 훈련, 그런 작업의 생활화에 익숙해졌다는 얘기다. 그게 논설실 근무의 기본 덕목이요, 소양이다.

자연히 '나는 지금 내가 논평하는 이 사안에 대해 얼마나 제대로 잘 알고 있나' 하는 질문을 늘 스스로에게 할 수밖에 없었다. '나의 생각, 우리(한국경제신문)의 판단은 명확한데, 저쪽은 왜 저런 주장을 하고 있나'도 생각하지 않을 수가 없었다. 다만 누구보다 경제부처를 다양하게 담당(출입)해온 터여서 각종 경제 정책에 대해서는 정책 생성의 회로와 속성, 공무원과 정부기관의 일반적 행태에 대해서는 좀 안다고 자부하는 편이다.

저자의 기본 일터인 한국경제신문의 사시(社是), 즉 '논설실의 헌법'은 '자유민주주의와 시장경제의 창달'이다. 판단은 늘 이 기준에 따르지만 복잡다단한 현대 사회에서는 온갖 일이 벌어진다. '블랙 스완'도 나오고 '회색 코뿔소'도 이따금 달려오지 않는가. 물론 중요한 몇몇 가치가 불문율의 사시처럼 더 있기도 하다. 예를 들면 법치주의 같은 것이다. 그럼에도 불구하고 상식·보편·합리·타당의 기준으로 앞뒤 여러 갈래로 재보고 검토하면서 접근하고 평가할 사안은 늘 새로 생겨난다.

사설을 쓸 때 한 생각과 판단, 상황 분석과 자료 찾기를 한 것을 종합·정리하여 다시 쓴 게 여기 글들이다. '지식 공급', '생각의 근육 키우기' 차원에서 객관성을 염두에 두면서 접근해왔다. 시사성을 중시하는 주간 발행물이라는 매체 특성에 맞추다 보니 이론이나 본질적 속성에만 집중하기는 어려웠다. 시사성을 따라간다는 것은 어떻든 표면적 현상에도 주목하면서 당장의 눈앞 흐름도 실감나게 담아야 하는 일이기 때문이다. 더구나 늘 지면은 제한돼 있었다. 욕심 같아서는 좀 더 심도 있는 논의를 전개하고 싶었지만 그게 늘 한계여서 여전히 아쉬움으로 남는다.

돌아보면 중요한 문제가 좀체 바뀌지 않거나 같은 문제점이 되풀이되는 일도 잦아 안타깝다. 예를 들면, 쌀의 과잉 생산을 부채질하면서 농업 발전을 가로막는다는 비판을 받아온 양곡관리법 개정안은 문제점이 다분하다. 〈생글생글〉 2022년 9월 26일자에 〈'쌀 의무매입법'으로 과잉생산량 시장격리, 兆예산 투입해야 하나〉로 다뤄진 아젠다. 물론 이 법을 한사코 추진하는 쪽의 논리와 반대하는 입장을 함께 다루면서 쟁점과 생각거리, 나름의 해법을 제시해봤다. 되짚어보니 같은 매체의 2016년 9월 30일자에 〈쌀 재배 농가에 정부가 보조금 계속 줘야 하나〉로 거의 같은 내용을 다루어 글을 썼었다. 6년이 지났지만 쌀 농정은 그대로인 게 확인돼 씁쓸해졌다. 그러면 앞으로는 변할까? 한국 농업이 식량산업으로 첨단화되지 못하는 이유를 바로 이런 데서 찾을 수 있다. 극복해야 할 게 이것만이 아니다.

여기서 다뤄진 것들은 무수한 경제 및 경제의 외연 현상과 논쟁 가운데 일부일 뿐이다. 하지만 거대한 나무의 몇몇 단면들을 제대로만 본다면 나무의 속성을 이해하고 전체 모습을 유추하는 데 분명 도움이 될 것이다. 한국의 경제와 국제적 메가트렌드, 우리 시대의 사회상과 글로벌 스탠더드 등이 맞물린 현대 사회를 이해하고 미래를 내다보는 데 조금이라도 도움이 되길 바란다. 전체를 잘 읽음으로써 각 부분의 미세한 사항도 알 수 있거니와, 부분에 대한 의미 있는 공부와 깊이 있는 인식은 큰 틀의 그림과 구조를 깊이 이해하는 데 크게 도움이 될 것이다.

그럼으로써 이 책이 더 많은 젊은이들, 또 이 책을 읽는 독자들이 '3불(不)'에서 벗어나는 데 도움이 되면 좋겠다. 3불은 불안·불만·불신을 말한다. 복잡하고 급박하게 빚어지는 현실과 현상을 제대로 이해 못하니 불안하고, 앞뒤 좌우 전후의 맥락을 모르니 늘 불만에 가득 차게 되고, 기초 지식도 충분치 않은 데 공부조차 않으니 정부든 언론이든 모두 불신의 대상이 돼버리는 것이다. 그런 스트레스 상황에선 아무것도 나아지지 않는다. 국가와 사회, 기업이 다 그렇듯이 개인도 악순환에서 벗어나야 희망을 가질 수 있고 발전을 기약할 수 있다. 이 책이 그런 상황에서 벗어나 선순환의 성장 회로를 돌리는 데 일조할 수 있길 기대한다.

2부 _ 경쟁과 규제
시장 개입, 어디까지 용인되나?

3부 _ 고용과 노동
어떻게 하면 좀 더 행복하게 일할 수 있을까?

4부 _ 성장과 복지
성장·복지·분배·격차 해소의 정답은 무엇일까?

- 1부 -
가치의 충돌

다양한 가치가 부딪치는 사회,
무엇을 선택할 것인가?

THE POWER OF DEBATE
THE QUALITY OF THOUGHTS

카카오 '먹통 사고', 적극 보상해야 하나, 소극 보상해야 하나?

2022년 10월 16일 벌어진 '카카오 서비스 먹통 사고'로 피해 보상 문제가 논란 내지는 관심사가 되었다. 피해는 카카오T·카카오맵 서비스를 중심으로 대리운전 노동자(대리기사) 등이 입었다는 손실이다. 카카오 주차 등에서 생겼다는 피해 주장도 있지만, 수많은 이용자의 혼선 수준에 비하면 직접 피해 규모가 크게 집계되지는 않았다. 이에 대해 모든 이용자가 직간접의 피해를 보상받을 수 있거나 받아야 한다는 '적극 보상론'도 있었고, 자발적으로 사용하는 무료 서비스라는 점에서 최소한의 보상을 받을 수 있다는 '소극 보상론'도 있었다. 논란이 커진 데는 민간의 서비스에 대해 바로 '국가 안보' 운운한 정부 당국자의 성급한 발언도 한몫했다. 이용자들이 편해서 가입하고 무료로 누린 카카오 서비스의 관리 잘못에 대한 피해 보상은 어떻게 해야 하나. 최대한 적극적으로 보상해야 한다는 '적극 보상론'은 타당한가?

【 찬성 】

막대한 수익 내며 데이터 안전 소홀,
기업의 묵시적·사회적 책임 방기

카카오에서 최대한 적극적으로 보상해야 한다. 카카오는 편리한 채팅 서비스를 내세워 수많은 소비자를 단기간에 극대치로 모집했다. 사실상 시장을 독점했으나 독과점 규제도 거의 받지 않고 성장해왔다. 카카오는 카톡 서비스를 무료로 해왔고, 그 과정에서 기술과 서비스 혁신의 성과를 누린 것도 사실이다. 이는 소비자 혹은 이용자들이 카카오를 믿고 성원해준 것이 큰 요인이었다. 이 과정에서 '소비자 (무한) 신뢰=회사 측의 최상 서비스 제공'이라는 묵시적 약속이 있었다고 봐야 한다. 최상의 서비스는 IT 기업 특성상 불통 방지, 데이터의 안전한 백업, 편리성 강화 같은 일반적인 것이었다. 데이터 백업과 서비스의 항상성·일관성 유지는 직접 약속 유무를 떠나 회사가 해야 할 최고의 약속이라고 볼 수밖에 없다.

카톡은 무료 공개지만 뱅킹과 보험 등 금융, 교통과 호출 서비스 등 130개에 달하는 계열사로 다양한 분야에서 막대한 수익을 냈다. 이 또한 제대로 된 서비스 제공 조건에서의 서비스였던 것이다. 카카오가 편리성과 효율성을 내세우는 홍보 및 기업설명회 (IR) 등 회사 설명에도 적극 나섰는데, 이에 대해 책임을 지는 것은 몇 마디 말로 하는 사과가 아니라 적극적인 금전 보상이어야 한다.

이런 것이야말로 기업의 사회적 책임을 다하는 것에 포함된다. 수익을 낸 만큼 안전 관리에 대한 오류를 인정하고 스스로 적극적 보상에 나서야 재발 방지도 된다. 되풀이돼선 안 되는 사고였다. 다른 기업에 대한 전체 소비자들의 경고나 요구 차원에서도 적극적 피해 보상은 꼭 필요하다. 데이터에 대한 안전 관리는 명문화된 법규의 유무를 떠나 'IT 데이터 경제' 시대에 그 어떤 가치에도 앞서는 기업의 책무다. 피해 보상을 바라는 모든 이용자에게 많든 적든 회사가 상응하는 조치를 하는 게 맞다. 그래야 관련 산업도 발전한다.

【 반대 】

소비자들, 무료에 자율로 누린 서비스, 명확한 계약 위반에만 보상 책임

카카오에 대한 비판이 선을 넘어 마녀사냥식으로 흐르는 것을 경계한다. 공기업이든 민간 기업이든 어떤 작업장에서도 실수나 사고는 생길 수 있다. 더구나 카톡 서비스는 특정 기업이 혁신적 서비스를 개발해 자발로, 무료로 공개했다. '전 국민'이라고 할 정도로 이용자가 많았던 것도 누가 가입을 강요해서가 아니라 편하고 효율적이어서였다. 많은 이용자가 그간 편하게 잘 이용했고, 사고 수습 이후에도 계속 잘 쓰고 있다. 불안하고 비효율적이면 탈퇴로 얼마든지 응징할 수 있다. 그런데도 "이렇게 많은 이용자가 쓰는데, 뭐가 부족하고 뭐는 미비하다"고 질타하는 것은 원인과 결과를 혼동한 것이다.

물론 카카오 측의 계약 위반이 있다면 손실 보상 요구를 할 수 있다. 가령 '어떤 경우에도 데이터는 안전하다'고 했거나 '사고는 안 난다', '조금이라도 사고가 생기면 다 보상한다'고 했다면 그 조건을 당연히 이행해야 한다. 하지만 '추상적·포괄적 책무'를 부과한다면 다수의 횡포에 다름이 아니다. 이런 식이면 수많은 무상 서비스나 편리한 앱이 어떻게 시장에서 출시·활동할 수 있겠나. 이렇게 활동 자체에 법률적 의무 이상의 무한 책임을 부과하면 어떻게 혁신 서비스나 창의적 기업이 생겨나겠나. 카톡 먹통과 인과관계가 분명한 구체적이고 명백한 손실에 대해 법에 명시된 만큼의 손실 보상 이상은 인민재판과 다를 바 없다. 이런 포퓰리즘도 경계해야 한다. 피해 보상은 독립적 법원 판단에 따라야 한다.

정부가 뒤늦게 행정 제재를 말하고 국회는 간섭 법부터 만들려는 것도 난센스다. 이런 사고에 대비해 문서 소통, 행정 처리 등을 공무원 스스로 안전하게 했어야 한다. 무료의 민간 서비스가 불안했다면 공기업을 만들어 했으면 될 일 아닌가. 심지어 회사를 제치고 사고 수습까지 정부가 하겠다는 것은 상식적이지 않은 일이다.

IT 공룡의 취약한 보안 놀라운 일,
그래도 법·행정 과도 개입은 경계해야

카카오가 공정거래위원회의 직접 관리를 받는 대기업 집단에 포함되는 것은 사실이다. 이런 굴지의 'IT 공룡'의 보안 관리, 데이터 백업이 그렇게 허술했다는 사실에 많은 소비자가 놀라기도 했다. 기본 대비도 없이 사업만 마구 늘린, 상당히 부실한 기업이라는 비판을 면하기 어려운 사고였다. 당장 주가에서부터 기업 평판·신인도에까지 큰 금이 갈 수밖에 없다. 더구나 영업 피해에 대비하는 '기업 휴지 보험'에 가입도 안 된 것으로 알려져 소비자들 매를 벌었다. 그렇다 해도 본질은 '기업과 소비자의 자율 관계' 문제다. 법원이 판단할 손실 보상을 정부가 미리 왈가불가하는 것도 곤란하다. 소비자의 기본 응징은 주식을 팔아치우고, 해당 상품을 구매하지 않으며, 서비스를 이용하지 않는 것이다. '기회는 이때'라며 지나친 간섭 행정을 하고 과잉 입법을 하면 그 자체로 또 하나의 규제 신설이다. 그만큼 혁신이 나올 기반도 악화된다.

아마존도 진출한 온라인 약 판매, 한국도 도입해야 할까?

세계 최대 전자상거래 기업인 아마존이 '온라인 약 판매' 시장에 진출했다. 이에 따라 미국의 약 판매 시장에 큰 변화가 나타날 것이라는 전망이 나왔다. 미국의 약국 시장은 3,000억 달러(2020년 기준 약 330조 원)에 달하는 방대한 규모다. 물론 소비자, 즉 약 구매자의 편리도 크게 증진됐다. 아마존이 세운 '아마존 파머시(Amazon Pharmacy)'는 온라인으로 처방약과 일반의약품을 주문해 가정으로 배송해주는 서비스다. 구매자가 약품 가격을 미리 비교하거나 결제 때 보험 적용 여부를 선택할수 있는 기능도 뒤따른다. 이 서비스로 약품을 사면 소비자는 복제 약품 등 종류에 따라 약값의 최대 80퍼센트까지 할인받을 수 있다고 한다. 환자(구입자)가 아닌 의사가 처방전을 바로 이 회사에 보내는 서비스도 가능하다. 원격 의료는 20년째 시범 사업에 머물러 있고, 약품은 아예 배달도 안 되는 한국 현실과 매우 큰 차이가 있다. 정보통신기술(ICT)은 나날이 발전하고 있는데 국내에는 아직도 곳곳에 큰 벽이 있다. 의약품 온라인 판매, 한국에 도입할 수 있을까?

【 찬성 】

구입자 이용 편익 외면한 채
약사 집단에 휘둘려서는 안 돼

의약품도 현대화된 공장에서 생산되는 하나의 공산품이고, 규격화된 재화일 뿐이다. 임상시험과 엄격한 검증을 거쳐 생산되고 있고, 포장과 관리 체계도 꼼꼼하다. 가장 보편적으로 구입·판매·소비되고 있는 비타민·영양제부터 고혈압·당뇨병 등 기저질환 치료제는 그 내용도 많은 이용자가 평소에 잘 알고 있는 그대로다. 감기약이나 해열제, 진통제, 항생제도 복잡하거나 위험한 것이 아니라 일상적으로 소비될 수 있는 것들이다.

이용자인 보통 시민들의 의식도 매우 높아졌다. 본인이 상시 복용하는 약에 대해서는 대부분이 성분과 용법을 잘 알고 있다. 병원에서 한 번쯤 처방받은 것이어서 상비약 때문에 '약국'을 일일이 방문하는 것은 불필요한 비용 지출과 불편만 가중시킬 뿐이다. 도서 벽지라든가 지방의 경우 이런 약 구입 때문에 노인까지 멀리 떨어진 약국을 직접 방문해 약을 구입하게 하는 것은 비합리적이다. 약사들의 '판매 이익'을 보장해주기 위한 것이며, 정부가 전문가 집단인 약사협회의 '밥그릇 지키기'에 휘둘려 소비자인 구입자 불편을 눈감은 결과가 아니라고 할 수 있겠나.

또 약사와 소비자인 환자들 사이에 있는 정보가 비대칭(불균형) 상태에서 온라인 판매나 약품 배달을 법으로 가로막는 것은 약국의 이익만 보장하는 불공정 상행위가 아니라고 할 수 있을까. 비슷한 효능에, 심지어 똑같은 성분을 가진 약이라도 상표나 판매자에 따라 가격이 몇 배씩 차이가 나는 것도 그런 이유에서다. 일부 소비자가 해외직구까지 하는 현실을 감안할 필요가 있다. 지금처럼 인터넷과 온라인 판매 시스템이 잘돼 있는 상황에서 약 구입을 위해 시간과 비용을 쏟고, 싼 약을 비싸게 구입하도록 법이 강요해서는 안 된다.

【 반대 】
시민 건강과 직결,
약국 생존 기반도 감안해야

의약품은 어떤 것이라도 이용자의 건강과 연결되며, 심지어 생사를 결정하는 약 종류도 적지 않다. 정부가 공인한 약사가 약을 직접 관리해야 하는 이유다. 약사가 약품을 관리하는 것은 한국만의 행정이 아니다. 세계 대부분 국가가 그렇게 한다. 온라인으로 약품을 구입하고 배달까지 하게 한다면, 설령 감기약 정도라도 과다 복용과 오용에 대한 부작용을 어떻게 방지할 것이며 그 책임을 누가 질 것인가. 한 번 둑이 터지면 걷잡을 수 없는 결과가 나올 수 있기 때문에 사전에 관리를 잘 해두는 게 원만한 대책인 것이다.

미국과 한국의 사정이 다르다는 점도 분명히 할 필요가 있다. 미국은 약국당 인구가 한국보다 2배 이상 많고, 국토 면적도 워낙 넓어 배달 제도가 활용되는 것이다. 국토가 좁고 교통망 발달로 약국에의 접근성이 좋은 한국과 단순 비교는 어렵다. 또 미국에서는 대형 판매시설 안에서 일반약을 판매하는 '약 매장'에 약사가 상주하게 돼 있어 구입자가 무자격자로부터 어떤 종류의 약을 마구 구입할 수 있는 것도 아니다.

의사들이나 병원협회가 원격 의료의 부작용을 우려하며 전면 시행에 반대하는 것과 비슷한 사정도 있다. 원격 의료가 제한 없이 허용되면 '동네 병원'이 겪을 경영의 어려움이 훤히 예상되지 않나. 지방에는 병원이 아예 없어질 가능성도 있다. 약국도 마찬가지다. 대중적으로 많이 이용되는 약이라고 온라인 판매를 허용하고, 대면 구입 방식이 아니라 일반 배송업체들이 다른 보통 상품과 함께 의약품을 배달할 수 있게 하면 많은 약국이 경영 압박으로 문을 닫을 수밖에 없을 것이다. 그렇게 되면 지금과 같은 의약 분업 기반의 의료 보험 체제가 유지될 수 있을 것인가 하는 점까지 감안해야 한다.

IT·온라인 환경 변화 외면 못해…
전문 배달업체 지정제도도 대안

'의약품은 특별한 상품인 만큼 구매나 배달 방식도 달라야 하는 가', '이미 일반 공산품 수준이 된 대량 소비 약품이라면 구입자 편리를 도모할 것인가' 등이 1차 쟁점이다. 보건복지부와 식품의 약품안전처가 국내외의 의약품 온라인 거래를 가로막는 것에는 약사들의 '밥그릇'을 챙겨주는 측면도 없지 않다.

반면 미래창조과학부는 전자상거래 활성화 차원에서 온라인 판매의 필요성을 강조하고 있다.

변하는 IT(정보기술) 환경과 e커머스(전자상거래)의 진화도 감안해야 한다. 먼저 온라인 구입이 가능한 의약품 종류부터 가리고 안전을 감안해 단계적으로 허용 범위를 넓혀가는 것이 방법이 될수 있다. 배달 문제에서는 엄격한 심사를 거쳐 의약품 전문배달 지정업체를 도입하는 것도 보완이 될 것이다. 원격 의료처럼 약사들의 '직역(職域) 이기주의(자기 직업에 유리한 쪽으로 행동하고 사고하는 것)'라는 지적이 반복되는 것은 바람직하지 않다.

프랑스 국민 배우가 선택한 안락사, 국내서도 허용될 수 있을까?

유명한 프랑스 국민 배우 알랭 들롱이 국내에서 또 다시 뉴스메이커가 된 적이 있다. 영화나 문화 얘기가 아니었다. 인간 최후의 단계, 죽음에 대한 그의 선택이 그를 기억하는 옛 팬들에게 전한 메시지였다. '세기의 미남'이라는 들롱이 안락사를 결심했다는 것이다. 프랑스와 스위스 이중 국적자인 그는 현재 스위스에서 노년을 보내고 있다. 1935년생인 그는 자신이 세상을 떠날 순간을 결정하면 임종을 지켜봐달라고 아들에게 부탁했다고 한다. 2019년 뇌졸중 수술 후 안락사를 염두에 두고 있다는 소식이다. 스위스는 자기 생명을 본인이 결정하는 안락사를 법적으로 허용하는 대표적인 나라다. 한국은 초보적 단계지만 많은 나라에서 안락사의 정당성과 허용 여부를 두고 오랫동안 논란과 논쟁을 벌여왔다. 안락사, 허용할 것인가.

〔 찬성 〕

중증 환자 극한 고통 덜어줘야 웰빙 이어 웰다잉, 개인 고유 권한

인간은 자기 삶을 주체적으로 영위하면서 모든 책임을 스스로 질 수 있다. 생명 그 자체가 각 개인의 유일무이한 고유의 것으로 불가침의 영역이다. 오직 자신이 자기 의지로 결정할 수 있다. 알랭 들롱은 과거에도 "특정 나이, 특정 시점부터 우리는 병원이나 생명유지 장치를 거치지 않고 조용히 떠날 권리가 있다"고 말해왔다. 안락사에 찬성하는 뜻을 우회적으로 둘러말한 것이다.

조용히 떠날 권리는 물론, 고통 없이 떠날 권리 차원에서 이 문제를 볼 필요가 있다. 흔히 인간의 삶을 생로병사(生老病死)로 말한다. 늙고 노쇠하면 온갖 병이 드는데, 그 고통은 이루 말할 수 없는 경우가 많다. 나이가 들어 수월하고 편안하게 임종하는 사례는 드물다. 극심한 고통이 따르는 말기 암, 자기 아들딸조차 알아보지 못하는 중증 치매, 혼자 이동할 수 없어 침대에만 갇혀 있는 노환, 식사도 못해 누군가 음식을 수발해야 하는 중증 환자, 심지어 본인 대소변을 가리지 못해 가족이 일일이 뒤처리를 해줘야만 하는 경우를 생각해보라. 자신의 말 못할 고통도 고통이지만, 가족과 보호자의 고충도 이루 말할 수 없다. 이런 삶을 억지로 유지하게 하는 것이 인간을 존엄하게 대하는 길이라고 누가 장담할 수 있겠는가. 웬만한 진통제로도 통증이 관리되지 않는 신경계통 이상의 중증 환자, 24시간 간병인 없이는 아무것도 할 수 없고 재활 가능성도 없는 환자 입장이 어떨지 한번 가정해보라. 살아 있다는 그 자체가 지옥 같은 고통의 나날이 될 수 있다.

이런 환자에게 선택할 권리를 인정해줘야 한다. 웰빙(well being)에 이어 웰다잉(well dying)이 사회적 관심사가 된 지도 오래다. 웰다잉의 핵심도 이 문제다. 젊어서부터 자기 의사를 분명히 해둔 경우나 정신적으로는 정상인 중증 환자의 자기 결정은 발달한 의료가 도와줄 필요가 있다. 인류애에 대해 적극적 해석을 할 때다.

【 반대 】

사형 제도 왜 없어지나…
한 번 잘못한 결정 돌이킬 수 없어

생명은 숭고하다. 왜 숭고한 것이라고 하는가. 그 끝을 쉽게 결정할 수 없고, 한 번의 결정이 잘못됐을 때 돌이킬 수 없는 유일한 것이기 때문이다. 전근대 이전에 보편적이었던 사형 제도에 왜 많은 나라가 반대하면서 추방하고 있는가. 잘못된 판단을 돌이킬 방법이 없기 때문이다. 물론 중대한 죄를 저질렀더라도 인간이 인간의 생명을 앗을 권리는 없다는 성찰에서 비롯된 측면도 있다.

안락사도 크게 봐서 같은 맥락의 논쟁점이다. 사형 제도만큼이나 무고한 생명, 죽지 않아도 될 목숨을 앗아갈 가능성을 배제할 수 없다. 안락사의 절차를 아무리 투명하게 하고, 본인의 의사를 거듭 확인하고 또 확인한다 해도 사람이 하는 일에는 오류가 생길 수 있다. 그런 위험을 완벽하게 배제하지 못한 채 어떻게 유일무이한 생명을 주사 한 방으로 결정한다는 말인가. 종교적인 문제도 있다. 기독교와 천주교에서 특히 안락사를 반대하고 있다. 한국 전통의 유교 문화에서도 부모로부터 받은 소중한 육신을 스스로 버리게 한다는 것은 말이 안 된다. 안락사를 인정하면 생명에 대한 존중이 희석되고 생명 경시 분위기가 생길 수 있다. 안락사가 인정되는 마당에 자살 조력 같은 일도 흔해질 수 있다. 어느 경우든 안정된 개인의 삶과 사회 발전에 도움이 되지 않을 공산이 크다. 심지어 안락사를 가장한 범죄 행위도 미리 걱정해야 한다. 이런 경우는 살인이라는 중범죄가 된다.

단순히 중증 환자에 대한 배려 등 의학적 문제로만 봐서는 안 된다. 종교·윤리·도덕과 맞닿는 중요한 문제다. 성숙한 사회적 공론이 다각도로 필요하고, 그런 이후에도 최종 결정에는 신중해야 한다. 인간의 삶이 여러 형태의 고통과 분리되기 어렵다는 철학적 성찰도 필요하다. 부족함이 적고 모든 것이 편리한 현대사회에서는 더욱 그렇다. 질병과 노환이 당면 문제라면 의료·의학 발전에 한층 매진해야 한다.

연명 치료 거부자 121만 명, 안락사 긍정 기류
선진국 사례 연구 필요

노령사회가 되면서 여러 가지 현실적 문제가 생긴다. 치매를 예로 볼 때, 가족 중에 치매 환자가 있는 경우와 없는 경우에 따라 보건복지부 관련 공무원의 접근 방식이 확 달라진다고 한다. 그만큼 실감을 하면 모든 현상이 달라진다. 객관적 관점에서 이론을 말하는 것과 한번 당해본 입장은 천지 차이다. 스위스·벨기에·네덜란드 등 안락사를 허용하는 나라들이 선진국이라는 사실도 눈여겨볼 만하다. 경제적으로 잘살고, 대체로 이성과 합리가 통하는 국가다. 생전에 연명 치료 거부를 서약한 사람이 국내에서만 121만 명에 달하는 점을 보면 안락사에 대한 바람이 커지고 있음을 알 수 있다. 진정한 인간의 존엄성과 존엄한 죽음의 길이 무엇인지, 서두르지 않고 차분히 공론화할 때가 됐다.

'촉법소년' 연령 하향, 실효성 있을까?

범죄를 저질러도 일정한 나이가 되지 않으면 형사 처벌을 받지 않는다. 그 대신 가정법원 등을 통해 감호 위탁, 사회봉사, 소년원 송치 등 '보호처분'을 받는다. 한국은 일본과 같이 그 기준이 만 14세 미만이었으나 2022년 10월 26일, 그 연령을 만 13세로 하향 조정할 것이라고 밝혔다. 이렇게 만 10~13세 미만 미성년자 중 범법 행위자를 촉법소년(觸法少年)이라고 한다. 이런 촉법소년 범죄가 늘어나고 있다. 형사 처벌을 받지 않는다는 사실을 알고 흉악 범죄를 저지르는 사례도 많아졌다. 촉법소년의 나이 기준을 낮춰 형사 처벌을 강화해야 한다는 목소리가 커졌던 이유다. 반대론도 만만찮다. 처벌 강화로 소년 범죄를 줄이기 어렵고, 성장 단계의 미성년이므로 최대한 훈육·교화를 해야 한다는 논리다. 촉법소년 연령을 낮추고 처벌을 강화하는 게 실효가 있을까?

"범죄 저질러도 교도소 안 간다"
소년 범죄 3명 중 1명 다시 범행

과거 몇 건의 소년 범죄를 돌아보면 무엇이 해법이고, 어떤 결론이 필요한지 바로 알 수 있다. 대구의 한 식당에서 13~15세 중학생 3명이 주인을 위협하고 행패를 부리다 경찰에 입건된 일이 있었다. 이들은 식당 앞에서 자주 담배를 피우다 주인이 타이르자 두 차례에 걸쳐 손님을 내쫓고 식당 집기를 파손했다. 놀라운 것은 이들이 "우리는 사람 죽여도 교도소에 안 간다"고 했다는 것이다. 촉법소년 제도를 알고 있었다는 얘기다. 서울 일대에서 이틀 새 차량 4대를 훔치고, 무면허 운전까지 하다 붙잡힌 촉법소년 3명도 있었다. 이들도 여러 차례 잡혔지만 형사 처벌을 받지 않으면서 같은 범죄를 저질렀다. 무면허 운전, 절도, 사기 등으로 장기 보호관찰, 야간외출제한 명령을 받은 뒤에 같은 범행을 저지른 소년범죄도 적지 않다.

이런 촉법소년이 매년 늘어난다. 경찰청 집계를 보면 2018년 7,364명에서 2019년 8,615명, 2020년엔 9,176명으로 급증했다. 곧 연간 1만 명을 넘을 전망이다. 재범률도 높아 최근 3년간 통계를 보면 33퍼센트, 3명 중 1명꼴로 범죄를 다시 일으킨다. 3회 이상 재범률도 증가하는 추세다.

미성년자라며 엄벌하는 대신 '봐주기'로 대응해온 결과다. 결국 촉법소년 제도를 없애거나 최소한 더 강화해야 한다. 소년 범죄라지만 상습화되고 갈수록 지능화된다는 사실을 간과해선 안 된다. 보호자 위탁 등 보호 제도도 보호자의 의지나 능력이 제대로 갖춰졌을 때 효과를 낼 뿐, 어려운 가정에서 방치되면 많은 촉법소년이 재차 범죄를 저지르게 된다. 소년 보호 시설에 상담과 인성 위주의 교육, 사회 진출 및 타인과의 교류 관련 프로그램이 있지만 재범률을 낮추는 데는 한계가 있다. 보호 처분 상태로 위탁 시설에서 서로 범죄를 배우는 일도 있다. 처벌 강화로 일벌백계하는 게 어쩔 수 없는 현실적 대응책이다.

【 반대 】

인격·신체적으로 미성숙한 청소년, 처벌 강화보다 보호와 훈육에 중점을

청소년은 인격적으로 신체적으로 미성숙한, 말 그대로 미성년자다. 선악과 가치 판단이 부족한데, 범죄에 노출되기는 쉬운 시기다. 성장 과정에 있는 이런 학생은 사회 전체가 책임을 더 느끼며 교화와 지도, 훈육 중심으로 정상적인 성인이 되도록 이끌고 보살펴줄 필요가 있다. 그런 노력을 당사자는 물론 개별 가정에만 맡겨둘 수도 없다. 예전과 달리 부모 중 한쪽과만 생활하는 경우도 많고, 사회·경제적으로 양극화되면서 형편이 어려운 가정도 적지 않다. 학교와 지역사회, 나아가 국가가 '우리 모두의 아이'라는 심정으로 보살피면서 안고 가야 한다. 그런 측면에서 처벌 강화만이 해법은 아니다.

그렇게 본다면 소년 범죄는 예방이 가장 좋은 방법이며, 재범률을 낮추는 것도 중요하다. 교육과 이런 방향에서의 복지 확대가 필요하다. 각급 지방 자치 단체는 물론 국가에서도 좀 더 효율적이고 종합적인 대응 프로그램을 강구해나가야 한다. 청소년 범죄, 촉법소년 문제는 가정·학교·지역사회·국가 모두가 관련된 종합적 사회 문제다. 미국엔 촉법소년 개념이나 법·제도는 없지만, 낮은 연령의 청소년 범죄 행위에 대한 지역사회 차원의 대응 프로그램이 지역별로 잘 갖춰져 있다. 법원이 어떤 처분을 내리기에 앞서 어떤 프로그램을 적용할지 살피는데, 이 같은 관행을 적극 참고할 필요가 있다. 처벌 강화로 촉법소년이 줄어들고 이들의 재범률이 떨어진다면 처벌 수위를 높이도록 촉법 연령을 낮추면 그만이다. 하지만 현실은 그렇게 간단하지 않다.

당장의 현안만 봐서는 뚜렷한 해법이 없는 만큼 중장기적 관점에서 지속적인 과제로 꾸준히 보는 것도 중요하다. 무엇보다 학교가 더 많은 책임감을 가져야 한다. 아울러 청소년과 비행 청소년 대응 전문가를 국가·사회적으로 잘 육성해나가는 것도 필요하다.

촉법소년 '보호 처분' 종류만 10여 가지, 정부·국회 관심 더 가져야

문제 청소년을 사실상 방치하는 가정이 늘어나고 있다. 보호 시설이 존재하지만 갇혀 있는 생활에 적응하지 못하는 문제 학생이 적지 않다. 형법·소년법 등에 따르면 촉법소년에 대한 보호처분은 10여 가지에 달한다. 보호자 위탁부터 소년원 송치에 이르기까지 방식도 다양하다. 종류가 다양하다는 것은 역설적으로 그만큼 해법 마련이 어렵다는 의미도 된다.

촉법소년 연령을 심지어 만 12세로 낮추자는 형법 개정안도 국회에 이미 발의되어 있고, 2022년 1월, 법무부가 촉법소년 연령을 만 13세 미만으로 하향 조정하고 소년 관련 형사사법 절차를 개선하며 소년 범죄 예방 및 교화를 위한 프로그램도 강화하는 대책을 내놓은 상태다. 법적 제도는 없지만 지역사회가 나서 보호 관찰 교육을 해나가는 미국의 교정 문화를 보면 법률에 전적으로 기댈 문제는 아니라는 걸 알 수 있다. 이런 문제를 차분하고 슬기롭게 풀어나가는 게 성숙한 사회다. 하지만 정부도 국회도 그동안 그다지 관심을 기울이지 않아왔던 것이 문제다. 표만 생각하는 한국적 정치풍토의 한계다.

데이터 보호, 어디까지 해야 적정할까?

2022년 4월 20일 데이터 보호에 관한 내용을 담은 '부정경쟁방지 및 영업비밀보호에 관한 법률(부정경쟁방지법)'이 발효됐다. 데이터를 이용해 새로운 서비스를 준비하는 입장에서는 법 개정으로 데이터 보호의 길이 열렸다고 평가했다. 개정법은 '데이터'에 대해 '업(業)으로써 특정인 또는 특정 다수에게 제공되는 것'으로 규정했다. 그러면서 '거래·유통을 위한 데이터'만을 보호 대상으로 했다. 보호 대상이 되는 데이터를 '불특정 다수'가 아니라 '특정 다수'에게 제공되는 데이터로 제한한 것이다. 데이터 유통의 활성화를 꾀하되 규제 대상은 최소화했다는 평가다. 그럼에도 개인 생활과 관련된 데이터의 수집·가공으로 상업적 활용을 넓힌 것에 불안해하는 시각도 없지 않다. 개인 정보의 악용과 유출에 대한 소비자의 민감도는 그만큼 높다. 데이터 거래와 보호를 함께 도모한다는 법, 타당할까?

데이터 '소유'보다 '부당 유용' 막는 장치, 데이터 산업 발전에 기여

개정된 부정경쟁방지법은 데이터 유통 등과 관련해 '부정한 행위'를 규제하며 데이터를 보호한다. 시대적 흐름이 된 빅데이터는 무수히 많은 개별 데이터를 포함하고 있다. 따라서 '소유권' 개념 부여로 보호하면 문제가 생긴다. 소유권 분쟁이라는 단점을 피하고, 자유로운 데이터 거래·활용의 위축도 막으면서 빅데이터 활용도를 높였다고 할 수 있다. 바람직한 방향이다.

개정된 법은 데이터를 수집하는 데 들인 투자와 노력에 누군가 무임승차하려는 행위를 제재하게 된다. 이 또한 데이터 보호책이다. 예를 들면 개정법은 데이터의 '부정 사용 행위'를 구체화했다. '접근권한이 없는 자가 절취·사기·부정 접속, 그 밖의 부정한 수단으로 데이터를 취득하거나 그 취득한 데이터를 사용·공개하는 행위'와 '데이터에 접근권한이 있는 자가 부정한 이익을 얻거나 데이터 보유자에게 손해를 입힐 목적으로 그 데이터를 사용·공개하거나 제3자에게 제공하는 행위'를 해서는 안 된다고 명시한 것이다. 부정 취득이나 정당 권리자의 부정행위에 대해 알면서 데이터를 취득하거나, 그렇게 취득한 데이터를 사용·공개하는 행위도 부정 사용이 될 수 있다. 나아가 기업은 데이터를 보호하기 위해 기술적 보호 조치를 적용할 수 있게 했다. 이런 것들은 개인 정보를 보호하면서 빅데이터 산업이 발전하는 데 위험 요소를 없애려는 것이다. 정당한 권한 없이 고의로 데이터를 훼손하기 위한 방법이나 관련 장치 등을 제공하는 행위 등을 해서도 안 된다. 아울러 데이터 부정 사용 행위로 피해를 본 사업자는 그로 인해 발생한 손해에 대해 배상을 청구할 수 있다.

법 개정으로 빅데이터 산업에서 큰 비중을 차지하는 SNS·이메일·동영상·사진 등 '비정형 데이터(체계적으로 배열되지 않은 데이터)'에 대한 기존 법의 사각지대를 없앤 셈이다. 경제 발전과 미래 성장을 견인할 한국의 데이터 산업이 도약하는 데 도움이 될 것이다.

【 반대 】

법만 만든다고 '데이터 보호' 장담 못해…
오남용 부추기고 정부 간섭 키울 수도

데이터의 활용이 미래 발전에 도움이 된다는 것 자체는 부인할 수 없는 사실이다. 빅데이터 활용이 4차 산업혁명 시대에 주요한 발전 축이며, 경제와 산업의 경쟁력을 좌우한다는 것도 주지의 사실이다. 빅테크 기업(Big Tech, 대형 정보기술 기업)은 물론 대학 등지에서도 데이터의 가공과 활용, 유통에 대한 연구가 깊이 진행되고 있다. 성과도 나오고 있어 소비자 편리가 증진되는 것 또한 사실이다.

하지만 그럴수록 무한정 쌓여가는 각종 데이터의 기형적 남용, 부당한 가공, 불법 유출에 대한 경각심은 조금도 늦출 수 없다. 구글 같은 곳은 이미 가공할 정보 집중으로 인해 '구글 신(神)'이라는 경계감이 생기지 않았나. 금융 거래와 신용카드 사용 정보 정도로도 한 개인의 생활이 모두 노출될 수 있는 시대에 들어섰다. 여기에 국세청의 세금 정보, 고속도로 등 유료도로에서 사용한 하이패스 정보, 건강보험의 개인 진료 및 치료 정보 등을 합치면 어떻게 되겠나. 현대의 개인들 본인보다 '관찰자'가 특정인에 대해 더 많은 정보를 가질 수 있는 시대가 됐다.

물론 이 법은 데이터의 활용도를 높이면서 유통과 거래에서의 보호 방안을 구체적으로 포함하고 있다. 그 점은 바람직하다. 그러나 법안에 보호 조치가 있다고 해도 유통을 활성화하고 부추기면서 부지불식간에 파놉티콘(panopticon, 권력을 지닌 소수가 다수를 전방위 감시하는 구조) 사회로 가는 데 가속도를 붙일 것이다. 우리가 걱정하는 '빅브라더' 사회가 어느 날 갑자기 오는 게 아니라, 이런 과정을 통해 '결과적으로' 형성돼비린다는 사실을 잊어선 안 된다. 이 법은 데이터에 대한 합법적 소유권을 부여하고 있다. 그런다고 기업이 숱한 노력과 투자로 만든 데이터를 선뜻 내놓을까?

데이터의 부정 사용에 대한 정부 개입을 용인하면서 '행정 조사' 등의 권리를 부여한 것도 걱정스러운 대목이다. 부정 사용이란 어떤 행위를 말하며, 그에 대한 판단은 누가 정확하게 할 수 있을까. 어떤 경우든 정부에 감독 권한을 과도하게 부여하는 것은 바람직하지 않다.

【 생각하기 】

'산업의 햇빛' 데이터 이동·결합·거래 규칙 마련, 독소조항 경계

영국 주간지 〈이코노미스트〉는 데이터를 햇빛에 비유했다. 모든 생명에 필요한 태양처럼 산업에 필수적 자원이라는 의미다. 글로벌 공룡인 애플·구글·아마존 등 빅테크가 데이터 처리 기업인 점이 시사하는 바도 크다. 국내에서도 빅테크 기업이 약진하는 가운데 데이터 산업이 커지고 있다. 흔히 데이터는 데이터끼리 연결·결합을 통해 새로운 경제적 가치를 더 만들어낸다고 한다. 자유로운 이동과 거래가 필수다. 다만 그렇게 경제적 자산으로 키워가는 과정에서 정보의 보호와 관리가 중요하다. 그런 법적 기반이 마련된 셈이다. 문제는 법이 새로운 규제가 될 수도 있고, 때로는 행정 간섭을 불러들이는 독소 조항까지 안고 있다는 점이다. 거듭 중요한 것은 관련 산업계의 자율적 자정과 관리 역량을 키우는 것이다. 정부도 법도 심각한 문제가 반복적으로 발생할 때 개입하는 게 최선이다.

디지털 성범죄 막기 위한 'n번방 방지법', 사전 검열은 아닐까?

2021년 말, 디지털 성범죄물의 유통을 막기 위한 일명 'n번방 방지법'을 둘러싼 공방이 인터넷과 정치권을 중심으로 거칠게 일었다. 해외 메신저 텔레그램에서 성범죄 동영상이 유포돼 큰 물의를 일으킨 'n번방 사건' 이후 대책으로 마련된 게 이 법이다. 범죄적 불법 영상의 유통을 막겠다는 취지였다. 그런데 2021년 12월 10일 법 시행과 동시에 재개정 논의가 나온 것은 이 법이 카카오톡의 오픈채팅방, 인터넷 커뮤니티 게시판까지 사전 검사 대상으로 삼고 있기 때문이다. 인터넷 교류 공간에 대한 사진 김열이 빚어지고 있다는 우려가 커진 것이다. 반발에는 헌법이 보장하고 있는 통신비밀의 자유에 대한 침해라는 불만이 있다. 카톡 등 오픈채팅방의 영상까지 검열할 수 있는 n번방 방지법, 이대로 갈 것인가, 보완이 필요한가.

디지털 성범죄물 추방 위해 필요,
피해자 고통 생각해봐야

2019년 n번방 사건이 드러나면서 한국 사회는 큰 충격에 빠졌다. 성폭력이 확실한 불법 촬영물을 디지털 인터넷 공간에서 유포해 돈을 버는 신종 범죄가 버젓이 자행되면서 반인륜 범행과 인권 침해는 심각한 사회적 문제가 됐다. 대책을 마련하라는 주장이 컸고, 그 바탕에서 입법 논의가 시작됐다. 그렇게 국회가 만든 게 n번방 방지법이다. 성범죄만으로도 심각한 문제인데, 이런 영상이 불법적으로 인터넷에서 유통되면서 2차 피해를 유발해 법을 통해 막을 수밖에 없다는 분위기가 강했다.

이 법은 부가적 통신사업자(기업)에 불법으로 촬영된 영상물을 삭제토록 하고 접속도 차단하게 하는 등 유통 방지와 기술적·관리적 조치 의무를 부과하고 있다. 이렇게 강력한 대응이 있지 않으면 재발할 수 있는 현대 사회의 병리적 현상이었다. 네이버·카카오 등 주요 인터넷 커뮤니티 등에 이런 필터링이 적용됐지만, 어디까지나 오픈채팅의 단체방에 올라가는 동영상이 그 대상이다. 사적 대화는 대상이 아니어서 사전 검열이라는 주장은 타당하지 않다. 뒤늦게 문제로 제기된 '검열 공포'는 법 제정 과정에서도 이미 불거진 것이었다. 더구나 당시 야당도 찬성해 법안이 통과됐는데, 시행하자마자 반대하고 나서는 것은 법 흔들기나 다름없다. 갈수록 교묘해지는 디지털 성범죄를 추방하기 위해선 아직도 갈 길이 멀다. 이 법은 오히려 그 출발점일 뿐이다.

이런 범죄로 희생당한 당사자나 그 가족 입장을 한번 생각해보라. 강력한 법이 없다면 현대 사회의 이런 흉악 범죄에 어떻게 대처할 수 있을까? 반대론자들은 최소한 대안이라도 내놓고 반대해야 한다. 과잉 검열 논란과 관련해서는 앞으로 법을 시행하면서 운영의 묘를 발휘하고, 필요하면 보완책을 마련하는 것으로도 충분히 해소 가능하다. 당시 재개정을 주장한 야당 쪽에서도 상당수 의원이 이 법에 찬성했다는 사실을 무시할 수 없다.

【 반대 】
통신 비밀 침해 보완책 있어야…
정작 텔레그램에는 법 적용도 못해

n번방 방지법은 다수의 선량한 시민에게 '검열 공포'를 심어주고 있다. 현대 민주국가 어디에서 국민 개인의 통신물을 들여다본다는 말인가. 이준석 전 국민의힘 대표가 이 법을 두고 '정부가 국민의 편지 봉투를 뜯어보는 것'이라고 비유한 그대로다. 당초 그 사건이 빚어졌을 때 워낙 사회적 충격이 컸던 탓에 부랴부랴 성급하게 법을 만들어버린 것이다. 그때는 제정된 법이 초래할 문제점

과 부작용에 대해 이야기를 꺼낼 상황이 전혀 아니었다. 한국 사회 특유의 쏠림 현상 탓에 날림법이 생겨나버린 것이다. 법을 시행하자마자 그 문제점이 드러나고 있다.

성범죄가 아니더라도 불법으로 촬영된 디지털 범죄와 기타 흉악 범죄를 처벌하지 말자는 게 아니다. 문제는 이를 빌미로 국민의 일상이 된 SNS와 인터넷 커뮤니티에 대한 사전 검열을 하는 게 명확한 과잉 대처라는 사실이다. 여러 나라가 온라인의 유해 영상물을 다각도로 단속·추방하고 있지만 한국처럼 해당 기업에 사전적 책임을 의무화한 곳이 있나. 더구나 문제가 된 텔레그램은 서버가 나라 밖에 있어 정작 이 법을 적용하기 어려운 게 현실이다. 일을 저지른 주체는 손도 못 댄 채 엉뚱한 네이버·카카오 등만 검열한다면 실효성도 타당성도 없다. 그러면서 위헌 논란까지 유발하고 있다.

인터넷 성범죄에 대해서는 처벌할 수 있는 다른 법이 얼마든지 있다. 현실에서 도움도 되지 않는 법 때문에 국민 기본권이 침해받는다면 빈대 잡자고 집 다 태우는 격이 된다. 문제가 더 커지기 전에 법을 현실성 있게 고쳐야 한다. 필터링이라는 명분 아래 해당 기업에 부과되는 과도한 의무를 완화해야 한다.

법안 발효 3개월 전에야 개발된 필터링 기술은 완전하지도 않다. 언론의 자유와 통신의 비밀 보장은 어떤 상황에서든 쉽게 침해돼선 안 된다. 국민청원이 나오는 근본 이유를 볼 필요가 있다.

기본권 보장하며 혐오 범죄는 예방을…
민간 사찰 논란 경계할 일

과거에는 국가 주도의 검열에 대한 반대나 우려를 통상 진보·좌파 정당에서 많이 해왔다. 그런데 당시 야당이던 보수·우파진영에서 문제를 제기했으니 한국 사회도 많이 변했다. 검열 이슈가 논란이 된 데도 다양한 측면이 있다. 정치권만이 아니라 일반 국민도 민감한 반응을 보였다. 그만큼 침해받지 않아야 할 통신 비밀과 개인 표현의 자유는 중요한 것이다.

  SNS 등을 제공하는 기업의 책임이 어디까지인지에 대한 진지한 논의도 필요하다. 혐오 범죄는 추방하고 예방도 하되 국민 기본권을 철저히 보장해야 한다는 두 마리 토끼를 다 잡는 게 중요하다. 운영의 묘를 살리며 급히 제정된 법을 보완할 필요도 있다. 법은 최대 다수가 수긍하고 수용할 때 지킬 수 있는 사회적 규율이 된다.

포털 사이트의 'AI 알고리즘' 공개, 법으로 강제할 수 있을까?

2021년 더불어민주당을 중심으로 '포털 규제'가 본격화되었다. 포털의 뉴스 편집 등을 자동으로 하는 인공지능(AI) 알고리즘 공개를 의무화하는 법까지 추진되었다. 법안은 처음 발의됐을 때부터 논란이 분분했다. "정부 비판이 많다고 포털을 규제하겠다는 것 아니냐"는 불만과 비판이 컸다. 네이버·다음 등이 주 타깃이었다. 당시 여당의 '언론 개혁' 주장과 같은 맥락이었다. "정책 실패에 대한 반성은 하지 않은 채 언론과 포털 탓이나 하며 문제의 본질을 흐리고 있다"는 반론이 만만찮았지만, 알고리즘 공개를 의무화하고 심지어 정부가 시정 요구까지 강제할 수 있는 법안까지 나왔다. '포털 손보기', '포털 길들이기'라는 지적도 나왔지만 당시 여당은 당내에 관련 태스크포스를 구성하고, 입법 절차에 들어갔다. 내세우는 논리는 "뉴스 편집에서 정치적 중립성이 의심된다"는 것이다. "쇼핑과 광고 편집 때도 편향적 입장을 취한다"는 주장도 내세웠다.

그러면서 포털도 사회적 책임을 다하라고 다그쳤다. 하지만 민간 기업인 포털에 알고리즘은 사업을 유지하는 핵심 노하우이면서 막대한 투자로 개발한 고유의 기술이다. 이를 공개하라는 것은 곧 기술 기밀과 영업 비밀을 공개하라는 게 될 수 있다. 네이버 같은 포털에 AI 알고리즘 공개를 법으로 강요할 수 있을까?

【 찬성 】

포털, 새로운 미디어로 자리 잡아…
'사회적 책임'도 함께 져야

포털의 뉴스 편집에 정치적 중립성이 의심되는 경우가 적지 않았다. 포털 측이 정치적 편향성이 없다고 계속 주장한다면 AI 방식의 알고리즘을 공개하고, 사회적으로 검증을 못 받을 이유가 없다. 스스로도 당당해지는 길 아닌가. 법으로 강제한다고 불만만 나타낼 상황이 아닌 것이다. 뉴스뿐만이 아니다. 포털이 주요 사업 분야로 키우고 있는 쇼핑이나 광고에서도 편향적 입장을 취한다는 소비자 불만이 종종 나오고 있다. 이에 대해서도 적극적인 해명이 필요하다. 거대 기업으로 계속 성장하고 있는 포털이 한 단계 발전하기 위해서도 꼭 필요한 과정이다.

　포털은 이제 그 자체로 언론이라고 봐야 한다. 그것도 영향력과 파급력이 매우 큰 미디어가 됐다. 많은 신문과 방송, 인터넷 매체들이 포털에 종속되면서 '갑을 관계'처럼 변했다. 포털은 늘 객관성을 내세우고 있고, 뉴스 등의 콘텐츠는 생산자(개별 언론사)에 소유 권한과 책임이 있다고 한다. 그렇게 책임을 피하면서 포털 스스로는 '사회적 책임'에서 벗어나려고 한다. 커진 덩치나 행사하는 영향력에 걸맞은 법적인 책임, 사회적 책임을 질 때가 됐다는 여론이 적지 않다.

그런 차원에서 공개된 곳에서 객관적인 방식으로 검증을 하자는 주장이고, 이를 수용하라는 것이다. 뉴스의 경우 포털이 기사 배열 알고리즘의 구성 요소와 배치 기준을 공개하는 것이 과연 어려운 일이라고 할 수 있나. 여론 형성에 큰 영향을 미칠 수 있다는 차원에서 볼 때 포털은 분명히 새로운 형태의 언론이다. 그런데도 네이버·다음 등 국내 포털은 AI 알고리즘 뒤에 숨고 있다. 알고리즘을 짜는 주체가 사람인 만큼 사람이 입력하는 구성 요소나 가중치, 빅데이터 가공 방법 등에 따라 결과가 달라질 수 있다. 그런 것을 공개하고 정해진 절차에 따라 검증을 받으라는 것이다. 신문이나 방송 없이는 살 수 있어도 포털 없이는 살 수 없는 게 현대인이다.

기술·영업 기밀 다 공개하라는 것,
정부의 '비판 언론 길들이기'

포털의 AI 알고리즘을 강제로 공개하라는 것은 정부 입맛에 맞도록 하는 '포털 길들이기'이자 새로운 규제다. '정치적 중립성'이나 '편향성'을 거론하지만 비판 뉴스에 재갈을 물리겠다는 의심을 받기에 충분하다. 이른바 '가짜뉴스 처벌' 주장이나 '언론 개혁' 목소리의 연장선에 있다. 이런 주장은 언론의 존재 이유를 부인하고 의사표현의 자유를 부정하는 것이며, 거듭된 우려와 비판에도 끝내 강행하겠다는 것이다.

  포털은 스스로 책임을 지는 민간 정보기술 서비스 기업이다. 중립성이 없고 편향성이 강하다면, 이용자가 알아서 외면할 것이다. 그런 포털은 누가 도와도 홀로 설 수가 없다. 홀로서기를 못하면 존재할 수 없고 도태된다. 그게 시장 원리다. 검색 시장, 포털 서비스 시장도 예외가 아니다. 설령 포털에 일시적·기술적으로 문제가 있다 해도, 그래서 '공공'이나 정부의 대응이 필요한 상황이라면 정부 기관인 방송통신위원회나 공정거래위원회가 나서 시정명령 등 행정 조치를 얼마든지 내릴 수 있다. 이밖에 편향된 보도로 누군가 피해를 봤다면 언론중재위원회도 있다. 사적(私的) 영역에서는 법원으로 찾아가는 손해배상 소송도 가능하다. 그런

데도 '알고리즘 공개법' 외에 '알고리즘 시정 요구'까지 가능한 법안이 발의돼 있다.

　검색이 업(業)의 주요 핵심인 포털에 알고리즘을 공개하라는 것은 기술 비밀과 영업 기밀을 다 내놓으라는 것과 뭐가 다른가. 그렇게 강제하면 어느 포털이 막대한 연구개발비를 투입하겠나. 그렇게 투자를 회피하다가 국내 검색 시장을 아예 구글에 다 내주겠다는 것인가. 청와대 대변인 출신인 김의겸 열린민주당 의원은 아예 정부 돈으로 '공영 포털'을 만들자고 했다. 정부 광고를 매개로 이런 '관제 포털'에 언론이 순응하게 하자는 주장까지 했다. 그 연장선상의 시도라는 것을 많은 국민이 알고 있다.

【 생각하기 】
포털 규제, 언론 통제돼선 곤란…

포털의 영향력이 갈수록 커지는 것은 사실이다. 그에 따른 사회적 책임을 져야 한다는 주장도 일리는 있다. 하지만 포털 규제가 언론 통제로 이어져서는 곤란하다. 언론 보도에 따른 피해구제 방법은 지금도 다양하게 열려 있다. '공영 포털'을 만들고 정부 예산을 광고로 내걸어 언론 활동에 개입하자는 주장과 연계해보면 '큰 정부'의 부작용이 다양한 형태로 나타난다는 우려로 이어질 수 있다. 언론의 자율성과 독립성, 표현의 자유 등은 민주주의의 근본 가치라는 사실도 중요하다. 기사나 보도라는 것은 접하고 보는 관점에 따라 상당히 달라질 수 있다는 사실을 인정하는 것도 중요하다.

한국 현대건축의 걸작
서울 밀레니엄 힐튼 호텔 철거,
어떻게 봐야 할까?

서울 남산 기슭에 '밀레니엄 힐튼'이라는 멋진 고층 건물이 있다. 서울역 주변에 속속 들어선 고층 건물로 가려지긴 했지만 한때 이 일대 랜드마크 구실도 했다. 세계적 힐튼 체인의 5성급 고급 호텔이다. 멋진 행사장과 다양한 고급 식당이 있어 내부도 멋지다. 39년 된 이 현대식 건물은 미국에서 활동하던 저명한 건축가인 김종성 씨가 설계한 것이어서 더 유명해졌다. 이 건물이 철거 상황에 놓이면서 보존을 주장·호소하는 목소리가 높았다. 물론 재산권을 행사하는 소유주는 분명히 있다. 처음엔 대우그룹 소유였다가 지금은 특정 자산운용사 것이 됐다. '보존 호소 그룹'도 문화적·건축사적 가치에 주목할 뿐, 당장 소유권을 침해하려는 것은 아니다. 효율성을 높이도록 재개발하느냐, 최대한 존치하느냐로 건설업계 논쟁이 뜨거웠다. 결국 서울 밀레니엄 힐튼 호텔은 2022년 12월 31일에 운영을 종료하게 되었고 이 건물은 허물어지게 되었다. 문화적·

【 찬성 】

더 멋진 건물 세우면 새 명소 가능,
1조 원 투자자 의지 중요

김우중 전 대우그룹 창업자의 제안으로 건설된 힐튼 호텔의 건축 사적 가치는 분명 있다. '근대 건축의 거장' 미스 반 데어 로에에 게 건축을 배웠고, 그의 사무실에서 근무한 유일한 한국인 제자인 김종성 건축가가 설계한 멋진 현대식 건물인 것은 사실이다. 하지 만 건축물의 수명이 다했다. 낡은 측면이 있는 데다 기능 자체가 뒤떨어졌다. 콘크리트 철골 건물은 100년 이상 가지만, 기능과 용 도는 바뀔 수밖에 없다.

여러 손을 거쳐 지금은 국내 부동산펀드 운용회사인 이지스자 산운용 소유다. 1999년 싱가포르 부동산 투자 회사가 사들였다가 2004년 밀레니엄 힐튼 호텔로 재출발했지만 경영난도 겪었다. 이 건물을 사들인 자산운용사는 무려 1조 원을 투자했다. 투자자 수 익 기대에 맞춰야 한다. 재개발도 못하는 건물에 1조 원을 투자해 발이 묶이면 투자자 손해는 이만저만이 아니다. 당초 계획한 대로 재건축·재개발을 할 수 없게 되면 부동산펀드 등 자산운용업계 는 침체될 수밖에 없다. 그러면 '재개발을 통한 진화'라는 도시의 발달 모델에까지 부정적인 영향을 미칠 수 있다.

재건축이라고 무조건 경계할 필요는 없다. 더 높이, 더 멋지게, 현대 감각이 한층 우러나는 건물을 세우면 된다. 소유주도 그럴 계획에서 1조 원이라는 거액을 투자한 것이다. 투자에 따른 개발 이익을 누리고, 현대식 설계와 빼어난 첨단 공법으로 더 멋진 21세기형 랜드마크 빌딩을 서울 강북 도심 인근에 올리면 새로운 관광 명소를 창출하는 일이 된다. '보존 논리'에 따라 남겨온 청계천의 오래된 세운상가와 그 주변이 지금 어떤 모습인가. '한국 근대사의 발전 현장'이라지만 너무 누추하고 지저분해 사람들의 통행이 끊겨버린 도심의 공동화 지역으로 전락한 것 아닌가. 가장 중요한 것은 소유권자의 개발 의지다. 사적 소유에 대해 주변에서 이러쿵저러쿵 설익은 자기 이상을 내세우며 재활용 계획에 과도하게 참견해선 안 된다.

【 반대 】

한국의 대표적 현대 문화유산,
가능하면 보존해 '스토리' 만들어가야

효율성이 떨어진다는 이유만으로 헐어버리기엔 너무 아까운 건물이었다. 서울의 대표적 현대 건축물이라는 점, 설계자의 명성, 대우 그룹의 흥망사가 담긴 기업 애환의 현장 등 의미와 스토리가 많이 있는 하나의 '작품'이다. 더구나 호텔은 건축사적 측면으로 볼 때 수많은 국가에서 근대화와 현대의 상징물이었다. 이런 건물을 최대한 남겨야 수도 서울에도 문화와 스토리가 축적된다. 그렇게 외국인을 유치하고 한국인도 현대 문화의 자긍심을 키워갈 수 있다.

많은 국민의 기억과 추억에 남아 있는 이 건물은 구조적으로나 용도로 보나 빼어난 수작이다. 화려한 중앙 홀과 여러 부대시설은 완성도 차원에서 다시 만들기가 쉽지 않다는 게 많은 건축 전문가의 지적이다. 실제로 설계자가 지을 때도 수익을 더 내려 하기보다 멋과 철학을 담은 것으로 유명하다. 미래로 나아가도 이런 건물은 문화유산이라는 인식에서 보전할 가치가 있다. 그나마도 근래에 중수한 몇몇 고궁을 빼면 서울에 문화적 가치와 역사성을 가진 구조물이 얼마나 있나. 잘 지키고 가꾸며 미래 세대에 유산으로 남길 만한 건물이었다.

물론 주인이 분명히 있는 사적 소유물이라는 점을 부인할 순 없다. 손해를 보면서까지 적자가 계속되는 고급 호텔로 무조건 유지하라고 강요할 수도 없다. 그렇다 해도 '전면 철거, 전면 재시공'으로 가기에는 너무 아까운 건물이다. 단순히 건축물 하나가 없어지는 게 아니라 한국 현대사의 한 단면이, 서울의 소중한 문화 공간 하나가 사라진다는 차원에서 볼 필요가 있다. 일반인은 건축 전문가와 달리 밀레니엄 힐튼 호텔의 진짜 가치를 모를 수 있다. 더 높고 더 편리한 새 건물이라고 반드시 좋다는 보장도 없다.

건물 내부의 리노베이션 같은 것도 적극 모색해볼 필요가 있다. 조금 더 보존하면서 사고의 유연성을 발휘해 호텔 외 수익을 더 낼 수 있는 상업적 건물로 용도 변경을 생각해보는 것도 하나의 대안이 될 수 있다.

[생각하기]

도시 진화 과정서 '보존 vs 개발' 충돌,
'자발적 존치' 유도 어려울까

'보존 논리'와 '개발 논리'는 현대의 도시가 진화하는 과정에서 흔히 나타나는 갈등 테마다. 역사·문화적 관점에서 이전 시대의 유산을 최대한 보존하자는 주장이 나온다. 반면 효율·편리를 따지는 관점에서 새롭게 개발하자는 목소리도 커진다. 세계적으로 오랜 도시들이 대개 구도심(old city)을 보호하면서 신도심 개발을 병행하는 식으로 발전해왔다. 서울도 그렇다. 한국건축가협회 등이 토론회까지 연 것을 보면 힐튼 호텔의 가치는 분명했다. 하지만 1조 원을 투자한 자산운용사가 더 멋진 공간을 창출하겠다는 의지도 중요하다. 서울시가 용도 변경 같은 부분에서 우대해주면서 건물의 자발적 존치를 유도하는 것도 한 방법이었다. 어떤 경우든 사적 소유권의 존중이라는 큰 틀이 훼손돼서는 안 된다. 그래야 어떻게든 도시가 진화할 수 있다.

학교 수업 자료도
저작권료 지급해야 할까?

국회에 발의된 법안 가운데 교사들의 수업 자료에도 저작권을 부여해야 한다는 게 있다. 교육계에 논란을 불러일으킨 '저작권법 일부 개정안'이다. 핵심은 초·중·고교 교육 현장에서 활용되는 수업 자료에 대해 저작권 사용에 따른 보상금을 지급해야 한다는 것이다. 교과서는 물론 각종 교재의 그림과 도안, 다큐멘터리물이 해당된다. 지금까지 이런 저작물은 무료로 교실에서 활용돼왔다. 이 법이 통과되면 당장 연간 69억 원가량이 지출될 것이라는 분석이 나왔다. 이 돈은 신탁단체를 통해 저작권자에게 간다. 반대론도 만만찮다. 대표적 '공익'인 공교육의 교재에까지 저작권료를 내는 게 옳지 않다는 주장이다. 넘치는 지방교육재정교부금을 마구 쓰려는 의도라는 비판이 있지만, 저작권료 지급이 교사의 저작물 사용을 활성화할 것이라는 긍정론도 있다. 어느 쪽이 타당할까?

【 찬성 】

지식재산권 보호가 대세,
다양한 저작물 교육에 더 활용될 것

현대는 지식 사회다. 지식재산권을 보호하지 않으면 지식 사회로의 발전은 요원해진다. 재산권자 본인의 자발적 '재능 기부' 같은 경우를 제외하면 어떤 이유에서든 지식재산권 침범은 곤란하다. 잘나가는 변호사, 유명한 의사 같은 직업이 선망받고 경제적으로도 넉넉한 것은 지식재산권의 경제적 이용, 정당한 대가를 치른 교환 시스템에 따른 것 아닌가. 그렇게 유능한 인재들이 지식재산권이 중시되는 직업과 산업 쪽으로 몰리고, 그 결과 사회는 진보하고 국가는 성장한다.

더구나 저작권 같은 지식재산권은 현대 사회의 주요한 사적 재산이다. 개인 재산권은 헌법이 배타적 가치를 보장하고 있다. 하위 법률로 헌법의 그런 취지를 이행해나가야 한다. 그래야 지식산업이 융성해지고, 저작권 확보를 위한 창의성도 한층 발휘될 것이다.

'코로나 쇼크'를 거치면서 학교에서도 비대면 수업, 온라인 교육이 급격히 늘었다. 이런 상황에서 교사 개인을 대리해 각 교육청이나 중앙정부가 저작권에 따른 사용료를 지급한다면 일선 교사들은 다양한 저작물을 수업에 적극 활용할 것이다. 교사가 마음 놓고 다양한 시청각 자료를 확보할 수 있어야 한다. 모두가 주장하는 공교육 정상화, 공교육 수준 높이기에 도움이 된다. 남아도는 지방교육재정교부금을 이런 데 우선 활용해야 한다. 학생은 매년 크게 줄어드는데 각 교육청으로 가는 교부금은 거꾸로 크게 늘어나고 있다. 지방교육재정교부법에 따른 것인데, 이 법을 개정하라는 여론이 갈수록 비등해진다. 그런 여론에 따르는 차원에서도 여유 있는 교부금을 이런 분야에 쓸 필요가 있다. 교사나 학교가 모든 수업의 모든 교재에 대해 일일이 저작권료를 챙기는 게 아니라, 교육청이 한국문학예술저작권협회 등에 저작권자를 대신해 일괄 지급하면 간단한 행정 처리만으로 결제에서도 복잡한 과정을 막을 수 있다.

【 반대 】
'사회적 가치'인 공교육 위축 가능성, 재원·저작권 침해 논란 초래할 우려

저작권 보호도, 공교육도 모두 중요한 사회적 가치다. 하지만 공교육의 근간인 학교 교육 교재에서까지 저작권이 강조되고 법적인 보호를 강제한다면 교실의 학습은 위축될 수밖에 없을 것이다.

무엇보다 학교와 일선 교사의 위축이 큰 걱정이다. 저작권은 그 내용부터 매우 복잡하고 다면적이다. 저작권 보호나 보상 방식은 더 복잡하다. 경제적으로 계산하는 게 쉽지 않다. 저작권자와 사용자의 시각이 크게 다를 수 있는 데다 중개자도 마땅찮다. 저작권을 둘러싼 권리와 침해·보상 등에서 분쟁이 많은 이유다. 처음에는 값싸게 출발해도 저작권 사용료가 해마다 급증할 수 있고, 협회 등을 내세운 간접 중개 계산이 앞으로도 계속된다는 보장이 없다.

결국 교사 개인의 책임 문제로 귀속될 가능성이 크다. 학교나 교육청은 보수적인 곳이다. 보상 방식과 계산에서 저작권 업계의 시각과 다를 수 있다. 보상금을 간접 지급하거나 후지급으로 시작한다 해도 문제의 소지가 조금이라도 있으면 교사들은 저작권물을 사용하지 않는 쪽으로 갈 공산이 크다. 문제가 생기고, 그 문제가 개인 책임으로 될 때의 위험을 어느 교사가 감내하겠나. 지금처럼 법에 따라 저작권료를 내지 않고 편하게 수업에 활용할 때와 달리 교재가 전반적으로 부실해질 수 있다. 더구나 저작권물은 범위가 매우 넓어 사용자가 사전에 일일이 점검하기도 쉽지 않다. 수업자료 준비에서 교사들이 위축되면 처음 의도와 달리 수업의 질이 떨어질 수 있다. 그러니 지금처럼 공교육, 학교 교실에서의 교재는 아예 저작권의 보상 대상에서 제외하는 게 문제의 소지를 막는 길이다.

지방교육재정교부금이 많다고 하지만 쓸 곳이 많다. 더구나 법이 바뀌면 학교로 지원되는 이 돈은 줄어들 것이고, 최악의 경우 중단될 수도 있다. 그때는 저작권물 사용료를 어떻게 조달할 것인가. 늘어나는 교사들의 행정 업무도 부담이다.

[생각하기]

소요 예산 산정부터…
교재 개발 위축 예방과 교육현장 의견도 중요

저작권 보호를 강화할 것인가 아니면 또 하나의 탁상공론인가. 교육 현장에서는 공익 차원에서 적어도 공교육에서는 저작권료를 내지 않는 게 옳다는 의견이 많은 것으로 알려진다. 물론 다수라고 해서 꼭 정의나 공정인 것은 아니다. 다만 법으로 저작권을 보호하면 교사 사회에서 혼란이 생길 수 있다. 수업 준비가 위축될지, 시간이 흐를수록 활성화될지 바로 판단하기에는 일러 보인다.

넘치는 교육 교부금만 바라보는 주장이라면 숙고가 필요하다. 다른 재정 자금처럼 이것도 화수분은 아니다. 제각각 의미가 있는 두 가치가 충돌한다면 단기적 관점과 장기적 관점을 동시에 보면서 차분한 공론회로 준비를 좀 더 하는 것도 하나의 지혜다. 어느 쪽으로 가든 학교 교육과 현대 사회의 다양한 측면을 더 많이 수용하면서 공교육이 발전하는 게 중요하다.

2030 탄소중립 목표, 경제위기에도 유지해야 할까?

글로벌 공급망의 큰 틀이 흔들리고 재편되는 과정에서 세계적인 인플레이션 공포가 심화되고 있다. 이로 인해 기업 조달 원가가 올라가고 영업이익은 급감하면서 위기감이 고조되고 있다. 이 바람에 국내 산업계에서는 정부가 정한 탄소 감축 목표치가 과도한 부담이 되고 있다고 호소한다. 2030년의 탄소 배출량을 2018년 대비 40퍼센트 줄이는 탄소중립기본법을 지키기 어렵게 됐다는 것이다. 일각에서는 공장 가동을 감축하지 않고는 불가능한 목표라고 주장한다. 탄소중립을 지키기 위한 비용이 철강·화학·시멘트 업종에서만 400조 원(2050년까지)에 달한다는 분석도 있다. 문재인 정부 때 설정해 발표한 탄소중립 목표, 힘들더라도 그대로 지켜야 할까. 아니면 복합경제 위기라는 특수 사정을 감안해 대폭 수정해야 할까.

'저탄소 경제' 힘들어도 가야 할 길, 기술 개발로 생산 공정 개선해야

저탄소 배출의 탄소중립은 힘들어도 우리 산업이 나아가야 할 길이다. 과잉 탄소 배출로 인한 기후 변화와 환경 파괴는 갈수록 심각해지고 있다. 기후 변화는 국내에서도 급속도로 진행돼 모두가 실감할 정도다. 수목의 남방·북방 한계선이 변하고 있고, 사과를 비롯한 과일의 주산지도 급격하게 북상하고 있다. 엘니뇨 현상을 비롯한 지구온난화는 남의 나라 일이 아니다. 단순히 기온이 올라가는 정도가 아니라 급격한 기온 변화, 강수량의 급변동 등 일기 자체가 매우 불안정하고 불규칙해지고 있다. 이 모든 게 과잉 탄소 배출로 인한 것이다. 탄소제로로 나아가기 위한 국제 사회의 노력이 커지는 이유다.

한국은 이런 '탄소중립 경제'로 이행하는 국가 가운데 모범적 나라다. 2021년 문재인 정부는 국제 사회의 이 같은 노력에 적극 부응해 '2030 국가탄소감축목표(NDC) 올리기'를 공식 발표했다. 한마디로 국제 사회에 탄소중립을 약속하며 연도별 탄소 배출 감축 계획과 목표치를 공언한 것이다. 그런데 이제 와서 이걸 부인하면 국제 사회에 한국이 어떤 나라로 비칠지 생각해야 한다.

저탄소 산업·경제는 선택의 문제가 아니라 어차피 가야 할 길이다. 개인과 가정에서 에너지 사용을 합리화하고 정부 등 공공 부문에서도 특별히 각성해야 한다. 가장 중요한 것은 산업계의 구조 개편이다. 특히 중후장대한 전통적 제조업은 생산 공정을 획기적으로 변혁해 친환경 시스템으로 가야 한다. 기술적 어려움이 적지 않고 비용도 더 들겠지만, 이를 돌파해내면 기술적 우위를 점할 수도 있다. 기왕에 탄소 감축 기술이 필요하다면 우리가 더 많은 연구를 해 기술을 선점하고 이를 비즈니스에 활용하면 일석이조의 효과도 누릴 수 있다. 기업이 이익 내기에 너무 집착하지 말고 기술 개발에 투자한다는 각오로 임해야 하는 상황이다. 경제적으로 어려운 시기라는 이유로 지금 후퇴하면 기후와 환경 보호라는 인류 생존의 중차대한 과제 달성은 물 건너 갈 수 있다.

【 반대 】

경제 복합 위기에 가혹한 기업 부담, 애초부터 무리한 목표, 정부가 강행

정부가 탄소 배출량을 2030년까지 40퍼센트 줄이기로 했던 2021년에만 한국에서 탄소 배출량은 4.2퍼센트 증가했다. 역대 최대치로 늘어난 것인데, 기업이 현재 확보한 모든 기술을 총동원해도 이렇게 늘어나는 게 엄연한 현실이다. 기업도 줄이고 싶지만 현재 기술로는 더 줄일 수 없는 것이다. 이런 상황에서 정부가 강제한 목표치에 억지로 접근하려면 생산 감축, 즉 공장을 세우는 길뿐이다. 가뜩이나 유례없는 복합 위기가 심해지는 판에 철강·자동차·반도체 공장을 세우고 굶을 것인가. 더구나 탄소 배출량이 많은 산업은 대부분 수출기업이다. 심각한 위기 와중에도 우리 경제가 이나마 유지하는 것은 수출의 힘이다. 수출로 벌어들인 달러로 석유·가스 등 에너지와 곡물·육류 같은 식량 자원을 사오는 것이다. 무차별로 국제 가격이 치솟고 있지만 수출의 힘으로 안정적인 물량 공급에 나서면서 위기를 돌파하고 있다는 엄연한 현실을 잊어선 안 된다.

논란의 탄소중립기본법은 제정 때부터 문제가 심각했다. 산업계의 의견을 무시한 채 정부 내 일부 명분주의자가 관변의 '환경원리주의' 그룹과 결탁해 2030년도 감축 목표를 일방적으로 설정했다. 국제 사회에 생색은 정부가 다 내면서 그에 따른 부담은 고스란히 기업에 떠넘겨버린 것이다. 이제라도 이를 바로잡아야 한다.

애초 탈원전이라는 엇나간 정책을 펴면서 효율성도 없는 신재생에너지 비중을 늘려 탄소제로를 달성한다는 계획 자체가 허황한 것이었다. 이렇게 잘못된 정책과 오도된 약속을 지키기 위해 너무 큰 대가를 치를 수는 없다. 지금처럼 탄소중립 비용을 계속 치르면 국제 경쟁력을 유지할 길이 없다. 에너지난이 심해지자 탄소 배출이 엄청난 석탄 화력 쪽으로 다시 눈을 돌리는 독일과 네덜란드의 방향 전환이 보이지도 않나. 기술 개발을 말하지만 하루

아침에 가능한 일이 아니다. 탄소 감축 기술은 상용화되려면 아직 멀었고, 배출이 많은 기업은 많은 비용을 들여 탄소 배출권을 사 와야 한다.

【 생각하기 】

자국 산업 보호 위해 시기 늦추는 국가 많아… 원전 등 저탄소 에너지 필요

국제 사회에 한 약속이라는 주장도 있지만, 사실 한국이 그런 약속을 지킨다고 알아줄 국가도 별로 없다. 미국도 2017년 저탄소 이행 계획을 논의한 '파리협정'에서 탈퇴했다가 2021년 재가입한 적이 있다. 중국과 인도는 자국 산업 보호 차원에서 탄소중립 달성 시기를 2060년, 2070년으로 늦춰 잡고 있다. 온실가스 감축 목표를 내지 않은 나라도 적지 않다.

탄소 배출이 사실상 없는 원전 비중을 확대하면서 탄소 감축 기술 개발에 정부가 세제·예산지원 등의 인센티브를 과감하게 내거는 것도 방법이다. 필요한 과정이라도 기업이 수용할 정도로 속도를 조절하는 게 현실성 있는 정책이다. 현재 저탄소 기술 수준이 뻔한데 자꾸 몰아치면 기업의 생산비용이 늘어나면서 경제위기 극복에 어려움만 가중될 것이다. 융통성 있는 정책이 아쉽다.

태양광 패널,
저효율에 환경 훼손도 따른다면?

2021년 10월, 당시 정부의 온실가스 감축 방안대로 하면 8년 뒤인 2030년에는 서울시 면적 1.1배(678.5제곱킬로미터)에 해당하는 만큼의 국토가 태양광 패널로 덮일 것이라는 추계 분석이 나왔다. 대통령 직속 초대형 정부 위원회였던 '2050 탄소중립녹색성장위원회'가 제시한 시나리오에 근거한 추산이었다. 기존에 깔린 태양광 패널 외에 새로 깔아야 하는 것들만 봐도 서울시 면적의 70퍼센트를 웃돈다는 예측이다. 2050 탄소중립녹색성장위원회를 앞세운 당시 정부 로드맵에 따라 2030년 온실가스를 2018년 대비 40퍼센트 줄이려면 태양광 설비 용량은 51.4GW가 필요했다. 이 시나리오대로 가면 2050년엔 서울 면적의 다섯 배 이상의 국토가 태양광 패널로 뒤덮일 판이었다. 태양광은 그 자체로 보면 친환경적인 에너지로 분류될 수 있다. 문제는 태양광 패널의 설치·관리 과정에서 심각한 환경 훼손이 빚어진다는 사실이다. 멀쩡한 수목을 베어내고 산비탈을 깎아내 산지가 험하게 상하고, 논밭이 패널로 뒤덮이면서 농경지도 줄어든다. 저수지 등을 뒤덮으면서 수면에 도달하는 태양 빛이 차단돼 수중 생태계에 미치는 충격도 우려되는 점이다. 난개발 문제만이 아니다. 태양광의 전력 생산 효율도 아직까지는 만족할 만한 수준이 못 된다. 아울러 태양광 패널이 값싼 중국산으로 뒤덮이면서 경제적 이익은 외국이 가져간다는 비판도 있다. 태양광 패널을 더 깔아 원자력 발전을 대신하는 전력 생산 방안으로 삼겠다는 정부 계획은 계속 추진할 만한 것이었을까?

【 찬성 】

신재생 에너지 확대 불가피,
효율 높이기가 과제

태양광 발전을 확대해야 한다는 것은 피할 수 없는 과제다. 비단 태양광만이 아니라 풍력 등 환경친화적 에너지, 신재생 에너지 비중을 늘리는 것은 세계적 추세다. '탈(脫)원전' 방침을 세운 이상 원자력 발전의 공백을 메워야 하는데 석탄·석유 등 화석 연료에만 기댈 수도 없지 않은가. 석탄·천연가스(LNG) 등은 국제 시장의 가격변화도 크고, 장기적으로 안정적인 수급 대책에 어려움도 있다. 결국 약간의 부작용에도 불구하고 신재생 에너지 비중을 늘려나가는 수밖에 없다.

가장 큰 애로점은 태양광의 전기 에너지 전환율이 아직 기대만큼 확 올라가지 않는다는 사실이다. 결국 투자비용 대비 효율성의 문제인데, 앞으로 점차 개선될 것이다. 독일·중국 등이 이미 태양광 패널 고급화에 적극 앞서 나가고 있고, 국내에서도 관련 업계가 기술 개발 노력을 기울이고 있다. 외국산이 국내 태양광 물량을 많이 장악하고 있어 '외국 업체 배만 불려준다'는 비판도 있지만, 지금 같은 시장 개방 시대에 국내 산업 보호만 외칠 수도 없지 않은가. 우리가 외국의 다양한 시장에 수출을 확대해가는 현실을 본다면 외국산 수입에 과민 반응할 필요는 없다.

환경 파괴 논란도 과장된 측면이 있다. 지금은 태양광 패널의 전력 생산 효율성이 떨어지면서 문제가 되고 있다. 기술이 발달해 장비가 간소화하면서 패널 면적이 줄어들고 가벼워지면 부지 면적도 감소할 것으로 기대된다. 산지나 경작이 어려운 전답에 태양광 패널을 설치하기 위한 진입로와 축대 등 기반 조성으로 인한 환경 훼손은 지방자치단체 등에서 감시 활동을 좀 더 엄격히 한다면 부작용이 상당 부분 보완될 수 있다. 대안으로 근래 들어 기존 건물의 옥상, 유리창, 주차장과 공장 시설의 지붕 등 다양한 공간을 적극 활용하고 있다는 점도 주목할 만하다. 화석 연료를 이용한 발전과 원전에서 생기는 수익금을 이쪽으로 적극 돌린다면 태양광 기술과 산업 발전에 도움이 된다.

'환경' 외치며 산림·경작지 파괴,
중금속 폐패널 처리도 골치

태양광 발전 자체의 문제점이나 오류도 크지만, 오도된 '탈원전 정책'의 수습책으로 동원된다는 게 더 문제다. 가장 적은 비용이 들며, 탄소 배출은 '0(제로)'인 안정적인 에너지 원자력을 포기한 대가가 엉뚱한 데서 나타나는 셈이다.

문재인 정부 출범 후 전국에 태양광 열풍이 불며 이미 서울시 면적의 43퍼센트(263제곱킬로미터)에 해당하는 만큼의 패널이 전국에 설치됐다. 아름드리 나무를 베어내고 산비탈을 깎아내 평평하게 만드는 통에 산사태가 곳곳에서 빚어졌다. 저수지와 바닷가에도 태양광 패널이 마구 들어서면서 현지 주민과 마찰을 빚곤 했다. 이보다 더한 환경 파괴와 난개발이 어디 있는가. 그런데도 앞으로 이보다 수십 배 면적에 태양광 패널을 깐다면 환경 파괴는 어떻게 될지 보나마나다. 최근 4년간 태양광을 설치하면서 베어낸 성목이 300만 그루인데, 온실가스 감축 대책이라며 '산림 가꾸기'를 하겠다니 이런 코미디가 어디 있나.

자연 파괴만이 아니다. 철거되거나 폐기된 태양광 패널은 재활용이 어렵고 중금속 성분도 있다. 지금은 초기 단계여서 설치 일변도지만 20~30년이 지나면 수명이 다 되거나 효율성이 떨어진

폐패널이 산더미처럼 쏟아져 나오게 된다. 수거할 여력도 없고 수 거해도 재처리가 어려워지면 이 패널은 국토 구석구석에 쌓인 채 방치될 것이다. 그로 인한 환경 오염도 생각해야 하는데, 아무런 대책이 보이지 않는다. 친환경을 외치지만 실제로는 환경 파괴라 는 비판이 나오는 게 당연하다. 태양광 패널만이 문제가 아니라, 생산한 전기 저장 장치나 송전선로 건설에도 크고 작은 문제점이 있다. 태양광을 필두로 무리하게 밀어붙이는 신재생 에너지 확대 정책의 부작용이 크다. 발전 비용이 싼 원전은 줄이고 몇 갑절 비 싼 태양광은 늘리려다 보니 전기료 인상 부담만 커졌다. 정부가 한국전력을 비롯한 발전 공기업을 동원해 정책적으로 전력생산 비용을 뒤섞으면서 고비용인 태양광 발전의 결점과 모순점을 감 추려 노력했지만 언제까지고 가능한 일은 아니었다.

【 생각하기 】
경제성·종합 환경 영향·외국 기업 '놀이'판, 전력 공기업 수지도 봐야

태양광 발전에 대한 문제 제기나 타당성을 어떻게 과학적 접근법 으로 고찰할 것인가. 기본적으로 태양광 발전은 인류의 미래 에너 지가 될 수 있는가에서 출발할 필요가 있다. 친환경 에너지의 하 나로 그렇게 인정한다면 어느 정도 속도로 갈 것인가가 다음 문제다. 효율성과 경제성, '진짜' 친환경성, 국내 산업에 끼치는 파급 효과 같은 요인이 우선 감안돼야 한다. 국민 부담, 즉 전력 요금에 미치는 영향 등이 중요하지만 에너지에서는 안정적인 공급도 무시 못할 요인이다. 가령 풍력 발전이 바람이 없는 계절에는 무용지물이듯이, 동절기나 흐린 날이 많아지면 설령 첨단 제품의 태양광 패널이 설치돼도 제 구실을 하기 어렵다. 전력 공기업들이 고비용·비효율 발전에 매달리다 부실이 누적되면 그에 따른 후유증도 만만찮다. 한전만 해도 미국 뉴욕 증시에 상장돼 있어 국제 투자자의 비판도 무시하기 어려운 게 현실이다. 당장 전력 수급에 영향을 미치지 않는다며 외면해선 안 되는 고려점도 적지 않다.

지하철 적자 심각한데
노인 무임승차 지속해야 할까?

서울을 비롯해 전국 6대 도시 지하철이 장기화된 적자와 누적된 부채로 한계 상황에 몰리고 있다. '안전 비용' 확보도 버거울 정도여서 지금 상황으로는 유지가 어렵다. 적자 운영과 눈덩이 같은 빚을 해결할 특단의 대책이 없으면 '시민의 발'이 대중교통 시스템으로 계속 버티기 어렵게 된 것이다. 그런데도 정부와 서울시, 서울교통공사 모두 '적자 폭탄 돌리기'를 일삼고 있다. '내 임기 중에 문제가 불거지지 않으면 그만(NIMT: Not In My Term)'이라는 것이다.

시하철에 대한 해묵은 구조조징이 그렇게 다시 부각됐고, 이에 지히철 노조는 파업 카드를 들고 맞서기도 했다. 가장 큰 문제는 서울지하철을 운영하는 시 산하 지방공기업인 서울교통공사의 누적 적자와 빚 증가 속도가 너무 빠르다는 사실이다.

2021년 6월 말 기준 이 공사의 채권 발행 규모가 2조 원을 넘어섰다. 코로나 쇼크로 승객이 줄었기 때문이라지만, 반년 새 공사의 빚은 42퍼센트나 급증했다. 단기 빚까지 합치면 공사가 발행한 채권은 2조 7,580억 원에 달한다. 2021년 한 해에만 부족한 운영 자금이 1조 6,000억 원에 달한다는 전망치도 개선될 기미가 보이지 않았다. 이런 상황에서 노인 무임승차 논란이 불거졌다. 65세 이상의 무임승차를 지속해야 할까, 아니면 획기적으로 재조정해야 할까?

[찬성]

'무임의 경제 효과' 큰 대표적 복지, 비용 분담 등 중앙정부가 나서야

고령자 지하철 무임승차는 한국이 일군 대표적 복지다. 평생 일해온 퇴역 세대에게 국가가 그 정도 보상은 해줘야 한다. 노인 개개인이 잘살고 못 살고 형편을 따질 일이 아니다. 노인에 대한 사회적 보상이라고 해도 좋을 것이다.

노인이 지하철을 이용할 때 내야 할 요금을 비용으로 보고 계산한다면 공적 지출인 것은 사실이다. 하지만 최근 서울연구원의 보고서를 보면 서울에서만 하루 평균 약 83만 명의 노인이 지하철을 이용하는 데 긍정적 효과가 상당히 크다. 무엇보다 고령층의 경제 활동이 증가해 전체 경제에 도움을 준다. 이동과 활동을 장려하게 되면서 고령자들이 흔히 겪기 쉬운 우울증을 감소시키고,

자가용·승용차 등을 이용할 때보다 교통사고를 감소시키는 효과도 있다. 이로 인한 경제적 효과가 연간 3,650억 원에 달한다는 분석도 나왔다.

오히려 문제는 노인들의 무임승차 부담을 지하철 공사와 해당 지방자치단체(시)에 모두 떠넘기는 재정 구조다. 1984년부터 시행된 지하철 무임승차 정책은 노인복지법에 따른 국가 정책 차원이다. 그렇다면 그 부담도 국비에서 나가는 것이 맞다. 그런데도 지방 공사에 맡기고 가뜩이나 재정 형편이 열악한 지자체가 이에 대한 책임을 져야 하니 소모적 논쟁이 계속되는 것이다. 정부가 전적으로 이 부담을 떠안는 것이 어렵다면 서울시와 적정 비율로 나누는 것도 방법이다.

노인 인구가 계속 늘어나기 때문에 지금 손을 대지 않으면 무임승차 제도는 지속가능할 수 없다. 서울에서만 65세 이상 인구 비율이 16퍼센트에 달하는데, 2047년에는 이 비율이 37퍼센트로 늘어난다. 그렇게 되면 서울교통공사의 무임승차 손실은 최소 9조 원, 최대 12조 원으로 늘어난다. 공사가 부도날 수 있다. 서울시가 이 비용을 다 메꿔줘야 한다면 시는 다른 행정을 펼 수 없을 것이다.

안전 비용도 없는 '블랙홀', 저소득층 선별 지원해야

고령자 무임승차는 지하철의 적자를 키우고 부실 경영을 재촉하는 주요 요인이다. 지하철 구조조정이 여러 번 시도됐지만, 공사 측은 늘 노인 무임승차가 원인이라며 이를 중앙정부더러 해결해 달라고 요청해온 것도 사실이다. 누적되는 빚과 적자 경영을 무릅쓰고 외면한 채 노인 무임승차를 계속할 수는 없다. 비용 발생과 원가 계산, 수익자 부담 원칙에서도 맞지 않는다. 학생은 급감하고 전체적으로 경제 활동 인구가 줄어들면서 유임 승객은 줄어드는데 무임 승객은 급격히 늘어나고 있으니 지하철 경영이 어떻게 될지 책임 있는 정부 당국자, 시민이라면 한번 냉철히 생각해보라. 안전 비용이 없어 새 전동차 구입도 어려워지면서 대형 사고라도 일어날까 봐 노심초사하는 상황을 언제까지 이어가야 하나. 정공법은 이용자라면 많든 적든 최소한의 부담을 하는 것이다.

일시에 모든 노인에게 요금을 다 내게 하는 게 부담이라면 대안이 있다. 할인 요금 적용, 매달 10~20장가량의 이용권 지급, 소득과 재산을 따져 일정 수준 이하의 저소득층에만 무임승차권 지급 등이 현실적 대안이 된다.

무임승차에 대한 부담을 중앙정부로 미루는 것도 설득력이 약하다. 대중교통의 운영 주체는 어디까지나 지자체다. 법에 그렇게 돼 있는 만큼 비용도 지자체가 부담하는 게 원칙이다. 시내버스가 그렇듯이, 지하철의 건설부터 운영에 관한 권한이 다 서울시에 있으니 그에 대한 권리와 책임을 다하는 게 지방자치의 취지에도 부합한다. 요금 인상권을 행사해 적자를 줄이거나 심야나 주말에는 요금을 더 받는 차등요금제 등 유연한 행정으로 지하철 부실을 줄일 수 있다. 인기 있고 폼 나는 정책은 다 행사하면서 조금이라도 반대가 예상되는 결정은 기피하니 책임 행정이라 볼 수 없다. 무임승차 연령을 올리기만 해도 적자는 크게 줄어들 수 있는데도 그런 결정은 피한 채 중앙정부에 모든 책임을 미루는 게 과연 잘하는 일인가.

【 생각하기 】

2,081원 드는데 요금은 1,250원, 정부·지자체·공사 모두 책임

정부도 지자체도 'NIMT 신드롬'에 빠지면서 문제를 키워왔다. 한국의 복지는 대개 중앙정부와 지자체의 분담 체제다. 재정 자립도가 낮고 자율성도 부족한 지자체에서는 불만이 생길 수밖에 없다. "결정은 정부가 하고, 시행은 왜 우리가?" 하는 불만이다. 모든 물가가 다 오르는 상황에서 지금껏 누구도 '요금 현실화'를 말하지 않은 것부터가 문제였다. 고령 인구가 급증한 데다 '부자 노인'도 적지 않은 만큼 획일적 '65세 이상 무임승차'는 손봐야 한다. 서울메트로(1~4호선)와 서울도시철도공사(5~8호선)가 통합된 지 5년이나 됐지만 주목할 만한 자구 노력이나 경영 합리화가 단행됐다는 얘기가 없는 것도 문제다. 공사 감독권과 요금 책정 권한까지 가진 서울시부터 문제를 키워왔다. 경영상 '적색 지대'로 뻔히 들어서는데도 최소한의 필요 조치를 하지 않았다. 지방공기업 정책을 담당하는 행정안전부도 서울지하철에 대해서는 부채 한도를 더 높여주는 '특혜'나 줬을 뿐, 빚 감축 이행 계획 등을 제대로 요구하지 않으면서 빚만 쌓아왔다. 이대로 가면 안전 문제도 심각해진다. 자금 부족으로 노후 차량 교체조차 여의치 못하다. 승객 한 명 태우는 데 2,081원이 드는데, 기본요금은 수년째 1,250원이다.

커지는 '세대 분리 완화' 요구, 법 개정해야 할까?

거주를 같이하면서 생계를 함께하는 가족 구성원을 '세대'라고 한다. 세대는 법적으로도 중요한 개념이다. 법적 용어로 세대라는 개념과 표현을 그대로 쓰는 법령이 79개에 달한다는 조사도 있다. 대표적인 것이 대한민국 국민을 증명하는 기준인 주민등록법이다. 주택 문제를 포함한 부동산에서도 세대라는 말이 쓰인다. 요즘처럼 주요 도시 지역의 아파트 청약이 집 마련 과정에서 '로또'로 가는 지름길이 된 상황에서는 독립된 세대의 구성 여부가 매우 중요한 기준이다. 분리된 세대는 그 자체로 하나의 독립된 가구다. 이 때문에 나이가 차고, 독립적 생계유지의 수단이 있는 성인도 부모와 같은 집에서 함께 기거하면 별도 세대가 될 수 없다. 반대로 결혼을 하고 별도 직업까지 가진 성인 자녀가 노약한 부모를 돌보면서 생활하기 위해 합가(合家)를 하면 본인 의지와 관계없이 법적으로는 하나의 세대가 돼버린다. 이런저런 사정 때문에 국회 일각에서

'세대 분리' 요건을 완화하자는 주장이 나온다. 법적으로 세대 분리를 쉽게 할 수 있도록 해 주택난 등 주거 문제, 급등한 집값 문제에 대응할 여지를 갖자는 취지다. 하지만 세금 회피 수단이 될 것이라는 우려도 적지 않다. 세대 분리 완화, 어떻게 봐야 할까?

【 찬성 】
급변하는 가족 제도 반영 필요해…
'독립 생계'라면 완화해야

가족의 형태가 갈수록 다양해지고 있다. 과거 조부모-부모-자녀 3대가 한 가족을 이루며 살던 대가족에서 산업화와 더불어 부모와 직계 자녀가 분리해 사는 핵가족으로 바뀐 지도 한참 됐다. 산업화·도시화·현대화의 거대한 물결에 따라 이제는 핵가족 시대를 넘어 '1인 가구'가 조금도 낯설지 않은 시대다. 북유럽 등 '앞서가는' 사회의 도시 지역에서는 1인 가구 비율이 급상승하고 있다.

스웨덴 스톡홀름은 1인 가구 비율이 60퍼센트에 달한다. 유럽 도시 가운데는 이보다 더 높은 곳도 있다. 한국에서도 급증해 614만 7,516세대(2019년)가 1인 가구다. 전체 세대의 30.2퍼센트에 달한다.

핵가족에서 성인이 된 자녀들이 분가(分家)를 하면서 1인 가구를 이루는 게 대세다. 결혼을 늦게 하는 만혼(晩婚), 아예 결혼을 기피하는 비혼(非婚) 풍조와 무관치 않다. 사회적으로 큰 숙제거리인 저출산·고령화와 직결되는 문제다.

이렇게 변화한 가족 제도를 법으로 수용해야 한다. 다양해진 가족의 형태와 구성을 인정하고 받아들일 필요가 있다. 세대 분리 기준이 엄격하지 않아야 노약한 부모 부양, 자녀의 양육 등이 수월해진다. 형제자매 간에도 단기적 거주를 위한 합가가 가능해야 주택 문제 해결에 도움이 된다. 형제자매나 부모 자식이 함께 사는 순간 동일 세대가 돼버린다면 형편이 어려운 부모를 모시려들지 않을 것이고, 형제가 함께 사는 모습도 보기 어려워진다. 주택의 재산세 등 세제상의 불이익이 커지기 때문이다. 또 청약에서도 자격 순위가 밀리면 누가 합가하려 하겠는가. 부모 집에서 함께 살면서도 성인 자녀가 무주택 세대주 자격을 유지할 수 있어야 '효(孝)'도 가능해진다. 그렇게 되도록 법적인 뒷받침이 필요하다. 사회복지 부담도 완화될 수 있다. 고령자 등 노약자를 가족이 직접 돌보게 되면 재정에서 나가는 복지 지출도 줄어들 것이고, 복시 사각지대도 크게 줄일 수 있다.

주택 청약 제도에 미칠 영향 크고
'절세 통로'될 가능성도 높아

지금처럼 엄격하게 세대 요건을 법에 규정하고 있는 데는 그만한 이유가 있다. 세대가 다양한 법령에 원용되는 개념인 만큼 기준과 정의부터 명확히 할 필요가 있는 것이다. 그리고 적용도 단순해야 잘 지켜질 수 있다. '같은 집에서 함께 살면 동일 세대'라는 원칙이 그렇게 정립됐다.

세대 분리를 완화할 경우 여러 가지 부작용이나 문제점을 내다볼 수 있다. 예상되는 큰 우려는 집을 여러 채 가진 다주택자가 악용할 가능성이다. 다주택자 부모가 함께 데리고 사는 자녀와 세대를 나누면 세제상 이익을 볼 수 있는 게 현실이다. 한 세대에서 여러 채의 주택을 취득하는 데 패널티를 가하는 취득세 중과세를 회피하는 수단이 될 것이고, 종합부동산세금에도 영향을 미칠 것이다. 한마디로 세대 분리가 쉬워지면 꼼수 '절세'의 방편이 될 수 있다는 얘기다. 엄격하게 적용돼온 주택청약 제도에도 적지 않은 혼란을 불러일으킬 수 있다. 세대 분리 기준이 완화되면 현실적으로 부모와 함께 살면서도 독립 생계로 인정받아 무주택 자격을 갖게 되는 이들이 늘어날 공산이 크다. 청약 제도는 남녀 연령대를 떠나 무주택자에겐 매우 민감한 사안이다. 지금처럼 집 문제가 사회적 관심사가 되면서 공개 청약에 목매는 상황에서는 이런 것도 무시할 일이 못 된다.

보편화되지는 않았지만 지방의 경우 농가 직불금 부정수급 사례도 있었다. 세대 단위로 소규모 농가에 지급하는 농업보조금인 직불금을 세대로 나눠 이중으로 타간 것도 눈가림식 세대 분리를 통해서였다. 완화의 필요성을 어느 정도 인정한다 해도 악용의 소지를 막는 노력이 중요하다. 완화를 하게 된다면 어느 선까지 할지, 그 이후에도 제대로 지켜질 수 있는 방안이 무엇인지 숙고해야 한다. 사전 보완 대책이 필요한 이유다.

【 생각하기 】
복지에서 재정 부담 줄이기·규제 완화 측면도 봐야

급변한 가족 제도를 인정하고 법 체계에 수용해야 한다는 필요성과 제도 변화 시 예상되는 부작용이 충돌한다. 수많은 규범이나 법규에서 나타날 수 있는 딜레마 같은 고민거리다. 당장은 청약 제도에 미칠 영향이 커 보이는 사안이다. 하지만 주택의 구입·보유에 따른 세금 문제와도 연결되고, 복지 제도에 미칠 파장도 있다. 악용될 상황만 우려하다 보면 시대 변화를 제때 담지 못하게 되고, 오래된 법규를 고치라는 요구에 따르자니 가뜩이나 예민한 주택 문제와 연결된다. 행정이 정교해야 하고, 법규가 다양한 측면을 봐야 하는 이유일 것이다. 주무부처인 행정안전부가 분리 기준은 완화하면서 보완책을 잘 강구할 필요가 있다. 경제적(생계) 독립, 부모와 형제자매 여부 등이 세대 분리에서 핵심이 될 것이다. 규제 완화라는 측면에서 접근할 수도 있다.

일반도로 최고 속도 50킬로미터 제한, 적절한 정책일까?

2021년 4월 17일부터 일반도로는 최고 속도가 시속 50킬로미터, 스쿨존 등 이면도로에서는 시속 30킬로미터로 제한되었다. 이른바 '안전속도 5030' 정책이다. 주행 차량의 속도를 제한함으로써 교통사고를 줄이고, 사고가 발생해도 사망률과 부상을 줄일 수 있다는 취지에서 비롯됐다. 어린이와 노인 등 노약자의 도로교통 안전 문제가 크게 개선될 것이라는 낙관적 전망도 나오고 있다. 정부가 시행에 강한 의지를 보이고 있는 것과 대조적으로 시민들 반응은 그렇지 않은 경우가 적지 않다. 지키는 사람이 적어 실효성이 적을 것이라는 비관론이 반대론의 주된 근거다. 자동차 성능은 날이 갈수록 좋아지고 도로에 안전시설도 강화되고 있는데 제한 속도를 더 낮추면 시민 불편이 커질 것이라는 현실론도 있다. 실제로 경찰은 시민 불편과 현실 도로 상황을 고려해 2022년 10월 24일 서울시내 한강교량 17개 구간 등을 포함해 전국 35개 구간의 제한

속도를 시속 60킬로미터로 상향 조정했다. 또한 마구 달리다가 감시 카메라 앞에서만 감속하는 운전자가 늘면서 법규가 우습게 여겨질 것이고, 이는 곧 법치(法治)의 훼손이라는 큰 우려도 있었다. 한 발 더 나아가면 국민 일상활동에 대한 정부의 개입과 간섭이 어디에까지 미칠 것이며, 어느 선까지 허용될 것이냐는 담론으로 이어질 수 있는 사안이다. "정부가 '과태료 장사'를 하겠다는 것인가"라는 불만도 나왔다. 반면 교통사고로 인한 후진국형 사망 사고가 줄어들 것이라는 찬성론자도 있다. '거북이 운행'을 요구한 정부의 제한 속도 낮추기, 어떻게 봐야 할까?

【 찬성 】

'교통약자'들 안전 강화해야…
차량 속도 줄이면 사망자 감소

마구 달리는 자동차는 일종의 흉기라고 볼 수 있다. 특히 도시지역 등 보행자가 많은 곳에서 과속하는 자동차는 도로의 최대 위험 요인이다. 한국인의 운전 습성이 상당히 거칠고, 자동차 중심인 경우도 적지 않다. 다소 무리가 따르더라도 정부가 나서 속도를 제한하고, 위반하면 과태료를 부과할 수밖에 없는 현실이다. 저속 운전 등을 자율적으로 하도록 호소한다거나 안전 운전에 좀 더 적극적으로 나서달라고 호소만 할 단계는 지난 것이다.

자동차로 인한 사고도 과다하다. 속도 제한만으로도 상당한 줄이기 효과를 기대할 수 있을 것이다. 제한 속도를 시속 50킬로미터로 낮추니 사고 때 사망자 수가 3분의 1이나 줄어들었다는 분석 결과도 있다. 전국 12개 도시에서 시험한 경찰 측 실험 자료를 보면, 제한 속도 줄이기가 사고의 크기는 획기적으로 줄이는 반면 이동 시간에는 그다지 큰 변수가 되지 않았다는 내용도 있다. 즉, 10킬로미터가량의 거리를 시속 60킬로미터와 50킬로미터로 각각 달렸을 때 주행 시간은 평균 2분 정도 더 걸렸다. 반면 이들 속도에서 보행자와 부딪치는 사고가 났을 때 사망 가능성은 각각 85퍼센트와 55퍼센트로 추산됐다는 것이다. 그렇다면 속도를 법을 동원해 강제로라도 낮추게 할 수밖에 없다.

한국인들의 운전 문화는 과연 선진 사회 수준과 비교할 만한가. 횡단보도만 해도 절대적으로 보행자들 보호 구간인 셈인데, 정지선을 정확하게 지키는 경우가 과연 얼마나 되나. 골목길에서도 빠르게 달리는 차량은 널렸다. 최근 들어 스쿨존에서 강력한 단속을 하지만 규정을 지키지 않다가 적발되는 경우가 적지 않다. 100킬로미터 미만까지에 대해 4~13만 원의 과태료 부담은 과도한 수준도 아니나. 어린이·노약자·장애인 등 '교통 약자'를 좀 더 살펴나가야 한다. 장기적으로는 빅데이터와 AI 활용을 늘려가면서 도로 안전을 보완할 필요가 있다.

교통 체증 유발하고 실효성도 의문, '속도'는 도시 경쟁력 좌우

도시의 경쟁력은 속도전에 달렸다. 현대는 바쁜 사회다. 따라서 한국의 도로 현실을 고려하지 않은 과도한 제한이다. 날로 개선되는 자동차 성능을 감안한다면 또 하나의 생활형 규제다. 대로에서 50킬로미터로 한번 주행해보라. 이미 그 이상의 속도에 익숙해진 도시인들 입장에서는 갑갑해 견디기 어려울 것이다. 가령 왕복 10차선이 넘는 서울 강남 지역의 대로에서 50킬로미터로 주행하게 하는 것은 일부러 도로에 브레이크 장치를 달아 교통 체증을 유발하는 격이다.

운전 문화나 운전자의 습관 문제라면 '교통 문화', '안전 운전' 차원에서 시민 단체 등이 중심이 된 자율 캠페인 같은 것도 기대해 볼 수 있다. 지나친 규제로 출퇴근 시간이 길어지고, 약속 시간에 늦어지게 하는 행정은 곤란하다. 정부가 괜한 교통 체증을 유발한다는 내용의 국민 청원이 나온 배경도 볼 필요가 있다.

비싼 비용을 들여 넓은 도로를 만들고 저속 시대로 억지로 간다면 이것도 퇴행이다. 도로 위 자동차와 인도의 행인을 단순 비교하는 것도 잘못됐다. 자동차는 사람을 태우지 않은 채 스스로 다니는 게 아니다. 자동차 운전자들도 언제든지 걸어 다니는 보통의 시민이다. 군이 도로 속도를 더 제한하겠다면 장소와 시간에 따라 달리 하는 것도 절충 방안이 될 것이다. 도로 여건에 따라, 또 시간대에 따라 신축성 있게 탄력적으로 운영한다면 운전자 불편은 많이 해결된다. 자율주행차가 눈앞에 성큼 다가섰다. 자율주행차가 보편화되면 안전 운전은 저절로 크게 개선될 것이다.

수많은 도로를 모두 단속할 방법도 없다. 지키는 사람이 적은 법이라면 문제가 있다. 실효성에 의문이 생긴다면 어떤 법이라도 존재 이유가 없어진다. 모든 일에 일일이 정부가 나서겠다는 식은 곤란하다. 법의 이름으로 시민의 일상을 옥죄고 불편을 가중하는 일은 곤란하다. 스쿨존 등지에서의 과속은 이미 단속 법규도 있다.

【 생각하기 】
도로 여건·시간대 감안하는 운영의 묘 절실

생활체감형 규제 가운데 헌법보다 무서운 법규가 적지 않다. 갖가지 교통 법규도 그런 사례다. 운전자 따로 있고, 보행자 따로 있는 것도 아니다. 많은 성인이 운전자도 되고 보행자도 된다. 가장 바람직한 것은 성숙한 '시민의식'이지만, 이게 말처럼 쉽지 않다. 시민 생활에 정부가 개입하는 이유다. 그렇다 해도 어디까지, 어떤 식으로 개입·감시할 수 있는지 모두가 질문하고 의심해야 한다.

자칫하면 천부의 자유, 개인의 기본권이 훼손될 수 있다. 작은 것에도 원칙이 분명하고, 시민들의 상식과 보편·타당·합리성이 제대로 반영돼야 한다. 이런 데서 선진 사회와 그렇지 못한 곳이 구별된다. 운영의 묘도 중요하다. 획일적인 규제보다 도로 여건을 본다거나 시간대와 요일 등을 감안하는 것도 절충안이 될 수 있다. 모든 도로에 폐쇄회로TV(CCTV)를 최대한 설치해 감시를 극대화하는 것은 대안이 될 수 없다. 예사로 경계하지 않으면 '파놉티콘 사회'가 올 수 있다. '빅브라더 정부'도 작은 감시망이 쌓이고 쌓여 결과적으로 어느 날 그렇게 된다. 운전 습관 하나에서도 시민 스스로 타인을 배려하는 매너와 양심을 실행하지 못한다면 국가는 언제든지 개인의 자유에 개입하려 들기 마련이다. 국가의 오랜 본성이다.

병사 월급 200만 원 공약, 조기 시행해야 할까?

2022년 대선 때 갑론을박 논란을 유발했던 병사 월급 200만 원 공약 이행 문제로 새 정부 출범 이후까지 떠들썩했다. 공약으로 내걸었던 만큼 약속대로 바로 이행해야 한다는 목소리와 재정 여건을 살필 때 조기 시행이 어렵다는 주장이 함께 나왔다. 이전 정부의 과도한 재정 지출과 급증한 국가 채무를 볼 때 나라 살림이 여유롭지 못하다는 게 현실론이다. 단순히 재정 지출 부담 차원을 넘어 '신성한 국방 의무'에 월급 주기가 부적절하다는 근본적인 반대론도 만만찮다. 국민 모두가 공평하게 이행해야 하는 국방 의무에 대해 보상을 하더라도 다른 방식이어야 한다는 것이다. 청년과 기성세대 입장이 다르고, 남녀 시각차도 있다. 새 정부는 바로 시행하기 어렵다는 입장을 조심스럽게 밝혔다. 병사 월급 200만 원 공약, 조기에 시행해야 할까?

자발적 복무 늘어야 군 전력도 강화, 사회 진출 지체에 보상 필요

병역이 기본 의무라지만, 모두가 가는 것은 아니다. 단순히 여성만 군대에 가지 않는 게 아니라 청년 남성 중에도 입대하지 않는 경우가 적지 않다. 그렇다면 군대에 들어가는 이들에 대한 국가 차원의 보상은 당연하다. 병영 생활이 좋아서 하는 청년은 드물다. 학업을 중단하고 청춘의 중요한 시기에 본인 의지와 관계없이 집단 생활을 하고 힘겨운 군사 훈련까지 받아야 한다. 자유는 유보되고, 위험도 적지 않다.

늘어나는 재정 지출 등 나라 살림이 어렵다지만, 큰 시야로 봐야 한다. 대한민국은 세계 10위권 경제 대국으로 1인당 국민소득 3만 달러 시대에 들어서 있다. 국방이 중요하고 병역의 의무 이행이 소중하다면 어느 정도 비용은 지출해야 한다. 이것도 일종의 필요 경비고, 큰 틀에서는 경제력에 부응하는 국방비다.

군 복무가 좋아서 기꺼이 입대하는 젊은이들은 많지 않다. 법에 따라 마지못해 입영하는 경우가 대부분이다. 이들에게 쾌적한 병영 생활과 보다 나은 급식을 제공하면서 국방 의무에 적극 나서도록 유도할 필요가 있다. 일종의 인센티브 제공이다. 일정 수준의 급여를 제공하는 것보다 더 나은 동기 부여가 있을까. 이런 식으로 입대에 대한 저항을 없애고, 군대라는 집단 생활에 능동적으로 임하도록 해야 국군의 전투력도 강화된다.

입대자 개인이 군 복무로 희생하는 기회비용도 생각해야 한다. 동년배 여성이나 군 면제자들이 사회에 먼저 진출해 그 기간에 받을 수 있는 임금이 적지 않을 것이다. 직장에서의 기술 습득, 경력 축적으로 진급과 승진에도 격차가 생긴다. 이에 대한 최소한의 보상을 국가가 해줄 필요가 있다. 군 복무로 인해 피해의식이 생기지 않도록 하고, 병역 이행자는 육체적 고충 외에 경제적으로까지 손해를 본다는 생각이 들지 않도록 정부가 적극 나서야 한다.

【 반대 】

부사관·장교 연쇄 인상 불가피,
병사 안전·전투 장비 먼저 현대화해야

분단국가로, 실질적 '휴전' 상태인 대한민국의 특수성부터 생각해야 한다. 신체적·정신적으로 이상이 없는 한국의 모든 성인 남자는 그래서 군 복무를 하도록 돼 있다. 얼마간의 돈으로 보상할 수 없는 국민의 의무인 것이다. 진정 돈으로 보상한다면 200만 원이 아니라 그 이상의 금액으로도 20대 황금기의 군 복무 기간을 보상할 수 없다.

현실적으로 제일 큰 애로는 막대한 재원이다. 대한민국은 과도

한 복지 등으로 정부 예산에 여유가 없다. 국가 채무는 갈수록 늘고 경제가 어려워지면서 세금도 제대로 걷히지 않아 정부의 재원 조달에 심각한 문제가 될 것이다. 군이 병사의 월급을 대폭 올리려면 차라리 그 예산으로 유사시 병사 개인의 생명을 보호하고 안전을 강화하도록 장비를 고도화·현대화하는 데 쓰는 게 낫다. 전쟁이 난 우크라이나의 군인보다 더 못한 전투 장비가 병사들에게 보급되는 게 우리 현실이다. 화생방 전투에 대비한 안전 방비나 전쟁을 근원적으로 막을 수 있는 최첨단 방어 무기를 갖추는 게 진정 군문의 청년을 위하는 길이다. 월급이라며 현금을 쥐여주는 것은 신성한 군 복무자의 표를 겨냥한 포퓰리즘이다.

사병 임금을 월 200만 원으로 올리면 부사관과 장교들에 대한 연쇄적인 임금 인상도 불가피해진다. 병장 월급이 200만 원이면 장기 복무하는 직업 군인인 부사관이나 장교에게는 얼마씩을 주겠다는 것인가. 비슷한 월급으로는 군이라는 특수한 조직이 정상적으로 운영되기 어렵다. 눈앞에 보이는 것은 병사들 월급이지만, 그들을 관리하는 수많은 직업 군인의 유지 비용까지 생각해야 한다. 더구나 그들은 20년 이상만 근무하면 군인연금까지 평생 받기 때문에 인건비 부담은 기하급수로 늘어날 것이다. 제한된 방위 예산으로 값비싼 무기 도입은 아예 포기하고 말 것인가. 대한민국에서 군인은 서양 일부 국가처럼 돈으로 유지하는 용병이 아니다.

【 생각하기 】

제대 후 장학금, 공직 채용 시 가점 부활,
추가 복무 때만 급여 확대도 대안

군 복무자에 대한 보상과 인센티브가 중요하다면 월급 형식의 현금 외에도 다양한 방법이 있다. 미국처럼 현역 복무자에게는 소방·경찰 등 제복 공무원은 물론 일반 공직 채용 때 가산점을 부여하는 제도를 부활시킬 수도 있다. 재학 중 입대자는 복학 시 장학금 지급에 우선권을 주고 금액도 넉넉하게 줄 수도 있다. 인구 감소로 군 복무 대상이 줄어드는 문제까지 해결하려면 18개월(육군)까지는 현행대로 하고 추가로 1~2년 더 복무할 때 '200만 원 +a'를 주는 것도 방법이다. 군 전력이 증강되는 쪽으로 가는 게 중요하다. 가뜩이나 젠더 갈등이 심해지는 판에 정치권이 표 모으기 방편으로 악용되는 것은 막아야 한다. 군 복무 기간에 가입할 수 있는 금리우대 적금을 확대해 간접 지원을 더 하는 방식도 좋다. 군 복무가 냉소나 자기 비하가 아니라 자부심과 명예의 대상이 되도록 할 필요가 있다.

아프간 난민 수용 문제,
어떻게 봐야 할까?

미군 철수 직후 아프가니스탄의 비극이 국제 사회의 핫이슈였다. '월남 패망, 사이공 대함락'에 비교되면서 한국도 남의 일이 아니라는 경고와 탄식이 나왔다. 모순덩어리의 부실한 빈국이 통합·자립하지 못한 채 대책 없이 외세를 불러들이면서 비롯된 아프간의 혼란은 하나하나 정리해 보기에도 딱한 처지였다.

당장의 문제는 탈(脫)아프가니스탄 난민들이었다. 반(反)탈레반 아프간 인들의 사정은 안타깝지만, 국제 사회로서는 이들의 처리가 보통 난제가 아니었다. 전격 철군 결정을 내린 미국이 반탈레반 쪽 아프간인의 안전에 적극 나서기는 했다. 하지만 숫자가 얼마나 되는지도 정확히 알 길이 없었다. 이륙하는 비행기의 바퀴에까지 매달리면서, 또 아이만이라도 피란시키기 위해 철조망 너머 미군 쪽으로 던지는 모습만 봐도 상황은 짐작이 됐다. 이 어려운 문제의 불똥이 한국으로도 튀었다. 미국이 해외 미군 기지에 피란민을 수용하기로 결정했기 때문이다.

이것만으로도 난제인데, 한국으로 들어온 난민의 한국 정착 가능성도 염두에 둬야 한다. 피란민 수용 주장과 쉽게 결정할 사안이 아니라는 신중론이 맞섰다. 2018년 제주도로 들이닥친 500여 명의 예멘 난민 사태로 온 사회가 시끄러웠던 적도 있다. 아프간 난민 수용, 적극 나섰어야 했을까, 좀더 신중하게 유예해야 했을까?

【 찬성 】

아프간 난민, 보편가치 인권 문제 어려움 있지만
국제 사회 역할 필요

위기에 처한 아프간 난민을 외면한 채 한국이 국제 사회에서 인권을 말하기 어렵다. 복잡한 우리 사정만 내세울 수가 없다. 미군이 철수하고 곧바로 탈레반이 국가 사회를 장악해버린 아프간에서 빚어지는 참극을 한번 보라. 부르카를 쓰지 않았다고 여성들을 학대하고 어린이에게도 못할 짓을 자행했다. 이것까지 저지하지는 못할망정 자유를 찾는 난민은 적극 돕는 게 맞다. 탈레반 정부가 보편적 이성 국가로 설 수 있도록 국제 사회가 할 수 있는 노력은 다해야 한다. 유엔의 활동과 역할 강화도 그런 노력이 될 것이다.

난민에 대한 대우도 그런 노력의 연장선에서 접근해야 했다.

신변 안전을 위협받는 난민을 돕고 지원하는 것은 국제 사회의 책임 있는 일원으로서 당연한 책무이기도 하다. 경제력 등 종합 국력으로 볼 때 한국이 그런 노력을 할 때도 됐다. 마침 당시 미국이 해외 각지의 자국 군대 기지를 피란민 수용소로 활용한다는 계획을 세웠다. 한국에 있는 주한미군 기지도 그 대상이었다. 치밀한 업무 협조로 합리적인 방안을 찾는 건 옳았다.

한국에는 난민법이 있다. 한국은 아시아에서 최초로 이 법을 제정했다. 이제 이 법을 활용할 상황이 됐다. 세계 10위권 경제 교역 대국으로서 국제 사회에서 유무형의 책무가 있고 인도적 역할도 주어져 있다. 이런 일을 잘 수행해낼 때 책임 있는 국제 사회의 리더 국가로 성장할 수 있고, 국제 교역 기반의 경제 발전도 가능해진다. 난민을 위한 인도적 지원 차원에서 유엔난민기구(UNHCR) 등에 대한 재정적 도움 주기나 국제 난민촌에 대한 물적 지원도 있지만, 난민 수용도 큰 의미가 있을 것이다. 저출산으로 인구 감소 시대에 들어서면서 그 해법으로 한국이 주장하고 추구해온 '다문화 사회'로 가는 데도 도움이 될 수 있다. 다문화 사회가 가져다주는 긍정적 측면은 미국만 봐도 잘 알 수 있다.

일자리·사회 적응 난제 '첩첩산중'
국론 분열된 '제주 예멘 난민' 보라

국제 사회에서 난민의 법적 지위를 향상시키는 노력을 함께 기울이고, 이들에 대한 다양한 지원을 해나가는 것과 피란민을 대거 받아들이는 것은 다른 차원이다. 극단적으로 분열된 이슬람 사회, 극빈국의 피란민을 제대로 준비도 안 된 상황에서 대거 수용할 때 한국 사회에서 빚어질 문제점들을 한 번만이라도 생각해보라. 더구나 국민적 합의 또는 공감대도 없이 외국의 요구에 따라 난민촌이라도 만들 경우 과연 인권보호가 될 것이며, 이들의 사회적 독립이나 경제적 자활이 가능할 것인가. '이상' 하나만 내세운 채 난민을 지금 곧바로 수용할 경우 빚어질 '현실'을 보자는 것이다.

2018년 제주도로 예멘인들이 입국해 난민 신청을 했을 때 한국 사회가 어떠했나. 500여 명 들어온 것만으로도 우리 사회는 벌집을 쑤신 듯 혼란스러웠고 국론은 분열됐다. 한국인 입국 브로커가 개입됐냐는 의혹 속에 가짜 난민에 대한 지적부터 범죄와 테러 우려까지 나오는 등 소모적 논쟁이 전국적으로 빚어졌다. 한마디로 난민을 받아들일 준비가 안 돼 있었던 것이다. 인권이 위협받는 난민인지, 범죄와 관련된 우범자인지 구별할 역량도 없었다. 그런 난민이 급증할 경우에 덩달아 늘어나는 치안 수요도 걱정이었다.

인권 난민을 위한 난민법과 무비자 제도를 악용하는 구체적 사례도 나왔다. 인도주의를 강조하고 국제적 역할에 목소리를 높인 수용론자 가운데 자기 집으로 난민을 한 사람이라도 받아들인 경우가 있었던가. 모두 이상에 빠진 채 입으로만 인권을 외친 게 한국 사회였다. 경우는 다소 다르지만, 서울의 조선족 밀집 지역과 경기 안산 등 외국인이 많은 지역을 보면 난민이 아닌 '정상 입국 외국인' 쪽에서도 크고 작은 문제가 발생하고 있다. 입 밖에 내기 꺼리지만 지극히 현실적인 문제부터 지원을 위한 재원 등 여러 문제를 충분히 검토하고 최소한의 준비를 한 뒤에 받아들여도 늦지 않다.

【 생각하기 】
'한국으로!' 아닌 '내 옆집 이웃'으로
받아들일 준비됐나

난민 수용에 대한 인터넷 여론은 극단적으로 나뉜다. SNS 등을 보면 우려와 반대 의견이 좀 더 적극적으로 나오는 것도 사실이다. 그런 우려에도 일리가 있다. 정부와 정치권이 앞서 나가면서 설익은 방안을 중구난방으로 내놓을 게 아니라, 오히려 한걸음 뒤 따라가면서 차분하면서도 치밀하게 대응하는 게 중요하다. 2018

년 제주도 예멘인 난민 신청 때 혼란을 잘 복기해보면서 경계점으로 삼을 필요가 있었다. 터키·그리스 등이 바로 국경선을 높인 것도 참고할 만하다. 그렇다고 국제 사회 일각의 요구나 요청을 바로 묵살하는 것도 바람직하지는 않다. 그런 기류는 그것대로 인정하고 동참할 필요가 있다.

아프간 난민 수용과 관련하여 한국이 어려운 것은 미국 측의 입장 때문이었다. 주한미군 기지에 난민을 수용하는 정도도 막을 수는 없었다. 혈맹 미국의 요청이기도 할뿐더러, 미군 기지는 외교공관 같은 치외법권 지위도 있다. 이곳에 아프간 난민이 들어올 경우, 경유지가 될 것인지 한국이 종착지가 될 것인지도 중요했다. 1,000명을 잘 수용해도 1명에게 문제가 생기면 한국이 자칫 난민 인권유린 국가처럼 비칠 위험도 있다. 한국이 난민을 받아들이려면 앞으로도 치밀한 준비가 필요해 보인다.

여성가족부 폐지, 무엇이 문제일까?

2021년 7월, 정치권에서 '여성가족부 폐지론'을 제기했다. 평소에도 목소리가 컸던 당시 '대선 주자'들 주장이어서 더 이목이 쏠렸다. 당시 제1야당의 젊은 대표는 아예 "이런 대선 공약이 더 나와야 한다"며 논의에 불을 붙였다. 폐지론은 야당 쪽에서 나왔다. 이에 대해 범여권 정당이 한목소리로 격하게 반대했다. 당사자인 여가부는 물론, '여성계'에서도 즉각 반대하고 나섰다. 폐지론자들도 정부 부처 여가부를 없애자는 것이지, 여성 문제나 이에 대한 정책적 개선 노력을 그만두자는 주장을 한 것은 아니다. 여가부가 그동안 제 역할을 했느냐는 문제 제기이고, 여성부를 따로 둔 나라가 한국을 제외하면 잘 없다는 사실도 보자는 것이다. 존치론자들은 '편 가르기'라며 이 주장을 맹비난했다. 문제의 핵심은 '젠더 어젠다'다. 한국 사회에서 젊은이들 사이의 대립적 남녀 갈등이 심각한 지경에 달한 것은 사실이다. 극단적 예가 '한남충', '김치녀'라는 무서운 말이다. 이런 상황이 되도록 여가부가 한 게 뭐냐는 것이 폐지론의 근본 문제 제기로 보인다. 반대론자들은 "여가부만 비난할 일이 아니다"라고 항변했다.

2022년 당선된 윤석열 대통령은 대선 공약에 따라 여성가족부를 폐지하고 주요 기능을 보건복지부로 이관하겠다고 밝혔다. 여가부는 과연 수명을 다했는가. 젠더 갈등 등의 문제를 새로운 접근법, 새로운 형태의 정책 기관에 맡길 때가 된 것일까.

【 찬성 】
그간 여가부 뭐 했나,
각 부처별 여성 정책 추진이 효율적

여성과 가족 문제, 양성 평등 노력은 1990년대부터 정부 정책으로 다양하게 추진돼왔다. 대통령 직속 특별위원회가 구성돼 여성의 사회적 진출 확대와 불이익 방지 등을 제도화하기도 했다. 민주 정부와 현대 사회가 의당 기울여야 할 노력이고 한국에서도 여러 실험적 정책과 제도가 도입돼왔다.

그런 과정을 거쳐 2001년 여성부가 발족했다. 법령 집행권과 예산 편성 권한을 가진 독립된 부(部)가 된 것이다. 이후 이름이 바뀌기도 했지만 대체로 아동과 청소년, 다문화 가정 정책까지 맡고 있다. 하지만 여가부가 정작 이룬 게 무엇인가. 정책을 더 잘 수행하라고 독립된 부처로 승격했지만 현실은 그 반대로 갔다고 해도 여가부는 할 말이 없을 것이다. 무엇보다 여가부의 기능 중 대부분이 여가부가 아닌 다른 부처로 가도 충분히 할 수 있다. 1년 예산 1조 2,000억 원 가운데 여성 문제에 쓰이는 게 많지도 않았다. 인구의 절반이 여성인데, 여가부가 전담 부서라고 있으니 다른 모든 부처가 여성 문제를 손 놓고 있는 게 현실이었다. 여성 정책이나 양성 평등이 여성 문제로만, 즉 여가부 홀로 다 다룰 수가 없는 만큼 각 부처가 고유의 업무에서 이런 일을 적용해 가는 게 더 현실적이고 효율적이다. 그렇게 본다면 여가부를 없애고 모든 부처에 책임과 권한을 고루 나누는 게 더 나은 성과를 낼 수 있다.

여가부가 이전 정부 때 수행한 업무도 매우 실망스럽다. 마땅히 해야 할 일을 제대로 했는지 의문스럽고, 권한을 갖고 있으면서도 하지 않았던 일도 분명했다. 이전 서울시장과 부산시장의 성추행 같은 부당한 일이 발생했을 때 제때, 제대로 된 성명서라도 내면서 재발방지책이라도 낸 게 있는가. '이대남', '이대녀'의 대립에서도 합리적 해법을 내기는커녕 갈등을 조장했다는 비판이 갈수록 커졌다. 폐지론도 제 기능 못하는 현재의 여가부를 없애고 더 나은 방식으로 가자는 것이지, 여성 정책과 양성평등 노력을 기울이지 말자는 얘기는 아니다.

여성 문제 정책적 접근·배려 필요,
'젠더 갈등' 여전히 심각

고용 시장에서 여성의 비중, 취업 형태에서 여성이 부닥치는 현실적 불이익, 여러 형태의 직장 안에서 승진과 관련된 논란 등으로 볼 때 아직도 여성 전담 부처가 필요한 게 한국 현실이다. 사회 전반적으로 여성이 극복해야 할 차별의 벽이나 장애가 곳곳에 널렸다. 일차적으로 여성 당사자들이 해결해야 하기도 하지만 여성만의 문제가 아니다. 여성 정책이 필요하고 전담 부처도 있어야 한다는 얘기다.

물론 여가부가 제 기능을 다해왔느냐 하는 문제 제기는 충분히 할 수 있을 것이다. 특히 이전 정부 집권 시절에 보여준 여가부의 역할은 결코 만족스럽다고 하기 어려운 게 사실이다. 그런 점에서 현재의 여가부 스스로 진지한 성찰과 반성이 필요한 것은 부인하기 어렵다. 하지만 부처 등 정부 기관이 모두 자기 구실을 다해왔느냐고 물으면 어띤 기관인들 자신 있게 그렇다고 할 수 있겠나. 문제가 생긴다고 부처를 없애라고 한다면 살아남을 수 있는 정부 기관은 많지 않을 것이다.

여가부가 없어도 여성 문제나 양성평등 노력을 정책적으로 기울일 수 있다고 하지만, 현실적으로 충분한 효과를 낼 수 있을지는 미지수다. 지금도 정부 안에서 여가부에 '힘'이 실리지 못해 정책 수행에 애로를 겪는다. 그런데 여성의 문제에서 복지 관련은 보건복지부에, 취업은 고용노동부에, 교육은 교육부에, 안전은 경찰에, 법적 권리 같은 문제는 법무부에 맡긴다면 지금 수준의 성과라도 이어갈 수 있을까. 아직도 갈 길은 멀다. 그렇게 본다면 다른 정부 부처가 여가부 정책에 좀 더 협조적으로 나서게 해 여가부에 힘을 실어주며 정책 효과를 내게 하는 노력이 중요하다. 업무를 다른 부처로 분산하면 책임 소재도 불명확해진다.

폐지론의 또 다른 문제는 이게 여성 문제와 젠더 갈등을 부추길 수 있다는 점이다. 가뜩이나 예민한 성(性) 대결 상황을 더 악화시킬 수 있다는 게 현실적 우려점이다. 정치적으로 악용될 소지가 있다.

【 생각하기 】

정부 조직, 수시로 바뀌는 것,
'큰 정부' 비효율 규명 계기돼야

정부 조직은 영원한 것이 아니다. 대형 선거라도 있을 때면 정부 부처의 통폐합과 신설 공약이 난무한다. 정권 출범 때마다 부·처·청·위원회 등이 뚝딱뚝딱 생겼다 없어지는 건 흔한 일이다. 그게 아니더라도 부처가 제 업무를 수행하지 못하면 폐지론이 나오는 게 자연스럽다. 논란거리 정책이 나올 때면 수시로 교육부 폐지론이 나오고, 노사 간에 균형을 잡지 못하고 한쪽으로 편향될 때 고용노동부를 없애라는 주장 등이 나오곤 하는 것도 그런 이유다.

문제는 젠더 이슈를 어떻게 풀 것인가다. '여성 문제'가 불거졌을 때 여가부가 과연 무엇을 했는지, 독립 부처로서의 업무 성과를 냉정하게 평가하고 점검하는 것에서 논의를 시작할 필요가 있다. 스웨덴 같은 나라에 남녀 성 구별 정책이 없는 것도 참고할 만하다. '성 대결'을 해소하는 쪽의 논쟁이 돼야 한다. 폐지론에 대한 과격한 반대와 역공세가 또 다른 차원의 남녀 편가르기가 될 수도 있다는 점도 간과해선 곤란하다. 궁극적으로 '큰 정부'와 '작은 정부'의 장단점, 특히 큰 정부의 비효율에 대한 건설적 대안 마련으로 이어져야 한다.

납세 의무와 납세자 권리, 무엇이 우선일까?

민주 사회에서 권리와 의무는 보통 함께 간다. 참정권, 선거권이 대표적이다. 동전의 양면 같지만 그래도 100퍼센트의 완전 등가적 가치는 아니다. 투표는 일종의 국민적 의무지만, 본질은 권리에 더 가깝다. 역시 '4대 국민 의무' 가운데 하나인 국방(병역) 의무도 '입대할 권리'와 나란히 비교하기 어렵다. '교육을 받을 권리'도 '(학교에 가야 할) 교육의 의무'와 비중이 같다고 보기는 어렵다. '납세의 의무'는 어떨까. 한국에서는 국민의 의무로 강하게 강조돼 왔다. 그렇다면 '납세자의 의무'와 대등한 개념으로 '납세자의 권리'는 어느 정도 용인·고취될 수 있을까. 납세 의무는 한국의 법률체계와 학교 교육에서 특별히 강조돼 왔다. 이제는 납세자의 권리에 대한 국가적·사회적 공론도 필요하지 않을까. 그래도 납세는 의무일 뿐일까?

법도 교육도 '납세 의무' 강조, 납세자 권리 우선해 '건전 재정' 요구해야

'납세자의 날(3월 3일)'을 맞아 매년 여러 행사가 열린다. 납세자의 날은 정부가 성실한 납세 정신을 고취하고 세수 증대를 도모하기 위해 55년 전에 정한 법정 기념일이다. '조세의 날'로 시작했다가 징세 분위기 때문에 이름이 바뀌었다. 이런 기념일을 제정한 것부터가 납세자의 의무를 강조하기 위해서였다.

진정 유감스러운 것은 한국에서는 '납세자의 의무'만 강조돼 왔을 뿐 '납세자의 권리'는 뒷전으로 방치된 채 사실상 무시돼왔다는 사실이다. 법률 체계부터가 그렇다. 법에도 납세 의무가 주로 명시돼 있고, 초·중·고 교육도 다르지 않다. 세금에 관한 정책과 담론도 대개 그런 수준이었다. 헌법도 일반적 '국민의 권리'를 자세히 열거하면서 정작 세금을 내는 납세자로서의 권리에 대한 언급은 없다. 헌법은 납세의 의무를 독립 조항(제38조)으로 명문화하고 있다.

납세 의무는 당연히 중요하다. 하지만 이 의무가 중하다면, 나라 살림의 주체로서 납세자 권리도 존중돼야 한다. 징세 과정은 물론이고 혈세 지출까지, 그럼으로써 재정 전반에 대한 납세자의 주장과 요구가 국정에 충분히 반영돼야 한다. 하지만 그런 통로나 수단이 제대로 없다. 납세자의 권리 관점에서 본다면 지난 정부의 세제는 문제투성이었다. 집값 대책 수단으로 전락한 부동산 관련 보유세·양도세·취득세부터 보편성을 결여한 소득세·상속세까지 왜곡과 오류가 쌓여가고 있었다. 시행령을 통한 기형적이고 행정 편의적인 증세는 '조세법률주의'를 비웃을 정도였다.

세금 지출에도 문제가 많았다. 집행 규모와 지출 적합성으로 본다면 일자리 예산, 무분별한 과속 복지 같은 정책적 오류를 바로잡아야 했다. 국가 기관의 법인카드를 공무원 가족이 유용하는 공금 횡령까지 빚어졌다. 질이 나쁜 공공 범죄다. 납세자는 세금이 정당하게 쓰였는지 알 권리가 있고 제대로 쓰라고 요구할 권리가 있다. '건전재정 요구권'은 납세자의 기본권이다.

[의무 우선]

'권리' 앞서면 '사회적 쏠림' 우려, 면세자 줄이기 선결돼야

아직은 '납세자의 권리'가 '납세자의 의무'보다 앞설 여건이 못 된다. 세금을 납부하는 일은 중요하고 의미가 크다. 특히 한국처럼 재정, 나라 살림을 사실상 세금에 전적으로 의존하는 국가에서는 더욱 그렇다. 중앙 정부든 각급 지방자치단체든 한국의 국가 기관은 다른 가용 재원이 없다. 석유·가스·목재 같은 부존자원도 없다. 공기업이 경영 결과에 따른 소액의 배당금을 정부에 내지만 거대한 재정 지출에 비하면 의미 있는 금액이 못 된다. 오히려 공공요금 책정 과정 등을 보면 공기업과 공공 기관을 설립하고 운영하는 데 들어가는 재정지원은 갈수록 커진다. 이 말은 국가 운영을 오로지 국민 세금에 기대야 한다는 의미가 된다.

이런 상황에서 납세자의 권리가 유난히 강조되면 어떻게 되겠나. 기업인이든 개인이든 세금을 많이 내는 그룹의 사회적 목소리가 커진다면 우려스러운 '쏠림 현상'이 나타날 것이다. 납세자는 국민의 의무라는 차원에서 소득이나 자산에 비례해 묵묵히 납세를 해주고, 집단적 요구도 자제해주는 것이 국가 사회에 더 도움이 될 것이다. 대신 세금을 많이 내는 납세자들의 입장을 정치(국회)나 행정(정부)에서 반영해주면 된다. 그러기 위해 국회의원이 있고, 직업 공무원이 있는 것 아닌가. 그렇게 가는 게 불필요한 사회적 갈등을 줄이고, 지속가능한 국가 발전 시스템을 유지하는 길이다. 설령 '최선'이 아니어도 '차선'의 길이 된다.

물론 근로자의 40퍼센트가량이 소득세를 한 푼도 내지 않고, 법인세도 소수의 우량 대기업이 거의 전부를 부담하고 있는 현실은 개선돼야 한다. 재정을 유지하는 3대 세목에 포함되는 소득세와 법인세가 특정 납세그룹에 편중 부담되고 있는 것에 대한 개선은 필요하다. 다만 이들의 주장이 국정에 갑작스럽게 과잉 반영된다고 생각해보라. 가뜩이나 격차가 심각한 사회에 어떤 영향을 미칠까. 납세자 권리를 국정에 직접 반영할 방편도 마땅치 않다.

'구멍 난 재정 지출'이 화근,
선언적 '납세자 장전' 생각해볼 만

국회가 '통합의 정치'를 못하고, 정부가 '효율의 행정'을 못하니 생기는 갈등이다. 부실한 나라 살림으로 국가 채무는 급증하는데 재정 지출은 곳곳에서 빈틈이 보이니 납세자로서는 뿔이 날 만도 하다. 본질은 한국의 세금 제도가 경제 성장과 국가 발전에 이상적으로 기여하고 있는가, 징세권은 공정하고 효율적으로 운용되며, 걷힌 세금은 낭비 없이 제대로 쓰이고 있느냐는 문제로 귀착된다. 세금은 국가 가용 재원의 합리적 조성과 배분 제도라는 사실도 중요하다. 납세자 권리에 대해 국회나 정부가 하나의 '선언문'이나 '납세자 장전(章典)' 같은 것을 만들어보면 어떨까. 당장 강제 조항이 필요한 게 아닌 만큼 민간 차원의 선언적 권리문도 의미는 있을 것이다. 어떻든 납세자가 쥐어짜면 나오는 '세금 ATM'은 아니다.

수술실 CCTV 설치, 강제할 수 있을까?

2021년 6월 임시국회에 상정된 의료법 개정안이 논란을 불러일으켰다. 병원 수술실에 폐쇄회로TV(CCTV)를 설치하라는 내용이다. 환자 보호를 내세운 수술실 녹화 감시로 병원과 의사 반발이 적지 않았다.

대한민국 국회처럼 법을 많이 만들어내는 의회도 많지 않다. 국회의원을 평가하겠다는 사회단체나 학계도 발의된 법안 수를 기준으로 삼고 있으니 법을 양산한다고 국회만 나무라기도 어렵다. 문제는 뚝딱뚝딱 쉽게 법이 만들어지면서 '법 만능주의'가 만연해 있다는 사실이다. 쉽게 만들어지는 법안 가운데 상당수가 규제입법이어서 '폭주 입법'이라는 비판이 크다.

이 법 역시 마찬가지였다. '포털 알고리즘 공개법', '언론중재 및 피해구제법 개정안'과 함께 새로운 감시 감독이 될 규제 법안의 대표격이었다. 수술실 CCTV 설치법, 어떻게 봐야 할까?

【 찬성 】

의료 분쟁 발생 시 환자에 도움,
의료 사고 예방 효과도

경제 성장과 더불어 한국 의료계는 눈부신 변화와 진보를 이뤄 냈다. 불과 몇십 년 전만 해도 병원은 아무나 갈 수 있는 곳이 아니었다. 다수 국민이 생의 마지막 단계에서 '한풀이'라도 해보자는 심정으로 겨우 갈 수 있는 곳이 종합병원이었다. 의사를 만나는 것 자체가 어려웠다. 의료 서비스라는 말이 나온 게 얼마나 되나.

이런 양적 변화와 발전에 맞춰 최고급 서비스로서의 진료와 치료도 함께 발전했는가. 현대식 병원과 늘어난 의료진을 보면 외형적 성장은 부인할 수 없다. 그럼에도 불구하고 의료 서비스에 대한 이용자 만족도는 여전히 낮은 게 현실이다. 그 가운데 대표적인 것이 의료 사고와 의료 분쟁이다. 의료 사고는 줄어들지 않고, 이로 인한 의료 분쟁 역시 증가하는 추세다. 치료와 진료 행위가 워낙 보편화되면서 의료가 공공 서비스처럼 변했다는 측면도 있지만, 무엇보다 병원·의료진과 환자 및 그 가족 사이에 불균형이 존재해서다. 문제가 발생하고 분란이 일어날 때 일종의 '비대칭 정보 관계'가 생기는 것이다. 의료 사고가 날 경우 환자가 억울함과 답답함을 하소연할 곳이 현실적으로 거의 없다시피 하다. 변호사를 선임한다 해도 변호사가 병원에서 활동하는 데 한계가 있는데다, 비용이 만만찮은 게 현실이다. 의료 약자가 기댈 곳은 병원뿐인 게 역설적인 현실이다.

수술실이 특히 문제다. 응급실과 입원실, 일반 치료실에는 의사 외에 간호사와 보호자라도 있다. 하지만 수술실은 완전히 배타적인 공간이다. 최근에는 '대리 의사'에 의한 수술이나 시술 논란이 있고 수술실 내 성추행, 음주 진료로 인한 사건도 있다. 최소한 이런 행위는 걸러져야 한다. 수술실에 CCTV를 설치하는 것만으로도 이런 일을 상당 부분 막을 수 있다. 명백히 의료진 실수로 인한 의료 사고도 어느 정도 예방할 수 있을 것이다. 아울러 사고 발생 시 원인 규명이나 책임 소재를 밝히는 데도 도움이 될 수 있다.

【 반대 】

'방어 진료' 초래해 의료 발전 저해, '사회적 빅브라더' 발상

선국 병원에 수술실이 산재해 있다. 이 중 한두 군데에서 불미스러운 일이 발생했다고 전체를 CCTV로 녹화하고 감시하겠다는 발상 자체가 민주 국가에서 어떻게 가능한가. 특정 식당 주방에서 성추행이 일어나거나 대리 요리사가 한 명 나타났다고 해서 전국의 모든 주방에 CCTV를 설치할 텐가. 수업이 미덥지 못한 교사가 있다고 모든 교실에 CCTV를 설치해 일일이 감독할 수 있나. 먼저 관공서 등 모든 공공 기관의 사업장부터 감시 시스템을 만들어놓은 뒤에나 민간에 요구할 일이다.

의료진을 이런 식으로 과도하게 위축시키며 일종의 '위협'을 가하는 것은 민주 사회가 아니다. 의사를 이렇게 차원 낮게 감시하고 몰아세우면 위험한 수술을 기피하는 '방어 진료'를 하게 될 것이고, 이로 인한 피해는 모두 환자, 즉 의료 소비자에게 돌아간다. 대리 수술이 발생하면 의료법 등으로 얼마든지 처벌이 가능하다. 수술실 내 성추행이 얼마나 잦은지 알 수 없으나, 그런 일이 생기면 당사자나 목격자의 고소·고발에 따라 형사 처벌이 충분히 가능하다.

병원과 의사는 끊임없이 제기되는 의료 사고 주장에 가뜩이나 긴장돼 있다. 수사 당국과 법원도 환자 쪽 손을 들어주는 경우가 많아진다. 병원은 무결점 기관이 아니고, 의사 역시 신이 아니다. 모든 수술이나 시술이 완벽하게 진행될 수는 없다는 것은 인간 사회의 다른 모든 영역에서와 마찬가지다. 개인의 신체적 특성이나 질병 상태가 다 다르기 때문에 최선을 다하는 과정에서도 환자가 회복하지 못하는 경우가 생긴다. 그러나 큰 병원일수록 치료와 진료 과정의 희생이나 병세 악화를 의료진의 과실로만 여기는 경우가 많다. 심지어 고의나 태만 차원의 중과실로 몰아세우는 때도 있다. 이렇게 사회적 풍조가 의료진을 궁지로 몰아세우는 판에 수술실에 CCTV를 설치해 감시한다고 하면 누가 적극적으로 진료하겠나. 중장기적으로 우수 인재가 의사를 지원할까. 민주사회에 걸맞지 않은 '사회적 빅브라더' 발상이다.

[생각하기]

'의사 자기 방어' 환자에 불리…
다른 모든 사업장도 설치하자면?

의료 사고를 방지하자는 노력은 중요하다. 의료 분쟁이 생겼을 경우 병원·의사와 환자·가족 간 정보가 균형을 이루고 서로 동등한 방어권을 가질 수 있어야 한다. 동시에 의료진이 자기 방어에나 신경 쓰면서 만일의 사고에 대비한 '자기 보호'부터 챙기는 풍토에서 의료 발전은 연목구어(緣木求魚)라는 사실도 감안해야 한다. 소수의 이례적 사건을 일반화하면서 과도한 감시를 하는 게 정당한지도 생각해볼 일이다. 수술실 특성상 의사만의 배타적 공간인 것은 사실이지만, 청정 관리와 오염 예방 같은 목적도 있다. 수술실 내부에 CCTV를 설치하기보디 입구에 설치한다거나 사건·사고가 빈발한 병원에 패널티로 다는 방법은 대안이 될 수 있을까. 근본적인 문제는 수술실에 CCTV를 다는 순간, 다른 모든 작업장, 교육장 등 사회활동 공간에 이를 달자는 주장이 얼마든지 나올 수 있다는 사실이다. 그렇게 되면 진짜로 빅브라더 사회로 성큼 다가서는 것은 아닐지……. '나는 상관없다'보다 '나도 언제든지 그런 감시의 대상이 될 수 있다'라고 보는 게 민주 시민의 출발이다.

'이태원 참사'로 제기된
'국가 무한 책임론', 타당한가?

2022년 10월 29일 오후 10시 15분경에 벌어진 '이태원 참사'로 많은 국민이 충격과 슬픔에 빠졌다. 이런 초대형 사고나 큰 재난이 발생할 때면 불거지곤 하는 것이 '국가 책임론'이다. 국가의 '무한 책임론'까지 나온다. 참사나 재앙적 사고에 대한 피해 수습과 더불어 나라가 경제적 보상을 충분히 해야 한다는 주장이다. 국가 배상론이다. 하지만 유무형의 배상에 대한 책임을 물으려면 법적으로 어떤 부분이 잘못됐고, 무엇이 법 위반인지 제대로 규명돼야 한다. 법원의 판단이 중요하다. 이와 별개로 특정 공무원에 대한 책임 추궁은 몰라도, 무형의 실체인 국가에 책임을 묻는 행위 자체가 성립되지 않는다는 주장도 만만찮다. 개별 사고에 대한 국가 책임론은 일종의 집단적 행동이라는 지적도 있고, '무한 책임론은 무한 간섭론이 될 수 있다'는 차원에서 경계의 대상이라는 반론도 만만찮다. 국가 무한 책임론, 타당한가?

국가는 국민 안전에 총괄 책임져야…
정부·지자체 사고 보상 선례 많아

국가는 국민 안전에 총체적으로 책임져야 한다. 아직 정확한 원인은 나오지 않았지만, 이태원 참사에서도 경찰의 사전 준비나 사후 대응에 문제점이 드러났다. 시민 안전에 책임져야 할 경찰이 제 역할을 제대로 하지 못했다는 얘기가 된다. 심지어 사고 후 출동한 소방조차 인명 구조 역할을 최대한 수행했는지에 관한 문제 제기도 있다. 이 모든 게 국가가 기본 안전 책무를 수행하지 못했다는 것으로 귀결된다. 그 결과 수많은 사상자가 나왔으니 국가 혹은 정부가 책임져야 할 것 아닌가.

더구나 정부는 '안전한 국가', '안전한 사회'를 이루겠다고 다짐해왔다. 설령 윤석열 정부가 직접 이런 공약을 내세우지 않았더라도 전임 문재인 정부 때 한 약속이 있으니 정부의 연속성 차원에서 이에 대한 책임을 져야 한다. 국민이 의무로 세금을 내고 국방의 의무 등을 다하는 이유가 무엇인가. 국민에게 의무가 있다면, 누릴 권리도 있다. 안전은 국민으로서 개인이 누릴 대표적 권한이다. 국가나 지방자치단체가 책임지고 배상한 사례도 있다. 2003년 192명이 목숨을 잃은 대구지하철 화재, 1994년 32명이 숨진 서울 성수대교 붕괴 사고, 2014년 304명이 사망·실종한 세월호 때 국가나 지방자치단체(대구시·서울시)가 유족에 보상을 했다. 대구지하철 사고 때는 대구시(의회)가 조례를 만들어 보상했고, 세월호 때는 특별법도 제정됐다. 공무원이 직무 수행 과정에서 국민에게 손해를 입혔다고 정부나 해당 지자체가 인정해 공식적으로 피해 구제에 나섰던 것이다.

이번 이태원 참사에도 같은 보상이 적용돼야 한다. 원인 규명을 해나가다 보면 경찰이나 구청 등 공무원의 잘못도 확인될 것이다. 이게 이번 사고의 직접 원인이든 아니든 정부가 총괄 책임져야 한다. 수백조 원 규모의 예산을 매년 편성·지출하는 정부에는 재원도 있다. 정부를 구성·운영하는 이유를 다른 데서 찾을 일이 아니다.

【 반대 】

500명 숨진 삼풍 때도 국가 배상 없어…
'국가 책임' 커지면 국민 간섭·통제도 커져

국가 책임론이 필요할 때가 있겠지만, 남발해서는 안 된다. 더구나 아무도 예측하지도 상상하지도 못한 불의의 사고까지 국가가 어떻게 책임을 진다는 말인가. 직무의 해태나 유기, 독직 등 관련 공무원의 명백한 잘못이 드러난다면 또 모르지만, 잘못이 구체적으로 입증되지 않은 사안에 대한 막연한 국가 책임론은 근거도 없고 선동적이다. 1995년 500여 명 사망자가 발생한 서울 삼풍백화점 붕괴 사고 때를 돌아보면, 공무원이 뇌물을 받고 무단 증축을 눈감아준 사실까지 드러났지만 국가의 배상 책임은 인정되지 않았다.

이번 이태원 사고가 건물 전체가 내려앉은 삼풍백화점 때보다 공무원(정부) 연관성이 더하다고 할 근거가 있나. 공무원 잘못은 관련법에 따라 당연히 처벌받아야 하지만, 그게 국가 책임론으로 이어지기는 어렵다. 국가는 전 국민을 위한 존재다. 어렵고 힘든 일이 생길 때마다 전부 직접 책임지면 다수를 위하는 기능이 손상될 수밖에 없고, 이는 나라 전체의 손해로 귀결된다. 이 점을 경계할 필요가 있다.

더구나 국가의 무한 책임론은 국가가 유사 사고를 막는다는 명분에서 무한의 간섭·감독권을 발동할 수도 있다는 게 치명적 약점이다. 가령 안전사고에 대한 국가의 무한 책임은 안전 유지를 이유로 국민에 대한 온갖 간섭과 통제를 남발하는 근거가 된다. 그게 통제 행정이고, 독재 정부다. '국민통제 정부'로 가면 민주주의의 역행이라는 사실이 중요하다. 사고 예방, 안전 강화도 중요하지만 자유로운 시민에 대한 간섭·통제·감독을 쉽게 용인해서는 안 된다. 가치로 보면 시민의 기본 자유권이 더 중요하다는 주장도 만만찮다. 개별 공무원의 잘못이 있다면 그에 따른 합리적 문책이 선진사회로 가는 길이다. 공무원이 무한 책임을 지겠다고 하는 상황을 가정해보라. 규제가 겹겹이 넘쳐나면서 정부가 국민 개인에게 어떤 강압적 요구를 할지 무섭다.

【 생각하기 】
'전지전능 정부', '초강력 통제 권력' 될 수 있어…
법과 규정대로 정확·충실하게

국가 책임을 키울수록 정부의 국민 간섭도 늘어날 수밖에 없다. 시민 자유권은 한껏 보장하면서 모든 사고에 대한 정부 책임도 무한대로 간다는 것은 원천적으로 불가능하다. 자유로운 기본권 신장과 통제 기반의 정부 책임 강화론은 배타적 가치다. 결국 선택의 문제가 된다. 규제의 탄생 회로에 시사점이 있다. 늘 규제 혁파론이 나오고, 정도의 차이는 있지만 모든 정부가 규제 개혁을 주장한다. 그럼에도 규제는 늘어난다. 신설 규제 하나하나마다 명분이 있다. 안전 문제로 대책을 세울 때도 대책의 상당 부분은 새 규제다. 산업 정책, 온갖 시장 대책에 늘 그런 속성이 있다. 공무원이 무한 책임을 지겠다고 나서면, 오히려 말려야 한다. 정답은 '법과 규정에 정해진 대로, 정확하고 충실하게'다. 실현도 불가능한 '전지전능 국가' 요구는 '초강력 통제 권력'만 키울 수 있다.

2부

경쟁과 규제

시장 개입, 어디까지 용인되나?

THE POWER OF DEBATE
THE QUALITY OF THOUGHTS

코로나 피해 중소 사업자의 신용도, 정부가 개입해도 될까?

2021년 4월, 금융감독 당국이 은행을 향해 신종 코로나바이러스 감염증(코로나19) 쇼크로 신용등급이 떨어진 중소기업에 대한 대출 업무에서 신용도를 깎지 말라고 요구했다. 쉽게 말해 매출이 줄거나 이익이 급감해 신용도(평가)가 떨어져도 대출을 계속 해주고 기존 빚도 회수하지 말라는 요구다. 이런 지침은 금융감독 업무를 담당하는 금융위원회가 은행장들을 불러 모은 '간담회'에서 전해졌다. 금융위원장은 "불가피하게 신용등급이 떨어진 기업에 대해서는 대출한도, 금리 등에 미치는 영향이 최소화되도록 하겠다"고 말했지만, 은행은 부실 사업자에 계속 자금을 빌려주고 금리도 올리지 말라는 의미로 받아들일 수밖에 없었다. 한국의 관치금융은 늘 말은 우아하고 그럴듯하지만 메시지는 명확하다. 이런 것도 하나의 한국적 전통이다. 문제는 가계든 기업이든 신용평가는 금융업계 자율 사항이라는 것이다. 돈을 빌려주는 입장에서는 신용

평가보다 더 중요한 기준이 없다. 어떤 대상에, 얼마만큼, 어느 정도 금리로 빌려줄 것인가가 금융업의 핵심인데 이 모든 게 신용평가에 달려 있다. 금융업 본질에 정부가 개입한 것이다. 물론 코로나 쇼크라는 예상하지 못한 위기가 큰 요인이었다. 하지만 금융업계 자율로 판단할 신용 업무에 대해 정부가 개입하는 데 비판이 적지 않았다. 경영이 급속도로 악화돼 부실한 사업자에게도 아무 일이 없던 것처럼 계속 자금을 빌려주라는 정부 개입은 정당한 것이었을까?

【 찬성 】

'블랙 스완'처럼 닥친 위기,
다소 무리해도 지원해줘야

코로나 쇼크는 누구도 예상하지 못한 이례적 상황이었다. 이런 위기에서 웬만한 중소기업이나 개인 사업자는 견디기 어려웠다. 여행과 이벤트, 외식과 숙박업 등을 비롯해 여러 산업 분야에 심각한 타격이 가해졌다. 대형 항공사나 여행사만이 아니다. 식당이나 커피집 등 수많은 시비스 사업자가 고충을 겪었다.

코로나 위기는 특정 분야의 산업만 겪는 어려움이 아니다. 한국만의 애로도 물론 아니다. 서로 맞물린 채 돌아가는 경제가 어느 날 정지되고 중단되다시피 하면서 산업 생태계 자체가 무너질 위기에 처한 이런 상황은 누구도 예상 못한 것이었다. 초대형 여행 항공사들이 도산 위기에 처해 정부 지원을 받았고, 수많은 식당업 등은 아직도 위태위태한 상황이다. 한계 산업에 대한 정부 차원의 지원이 그렇게 행해졌다. 위기의 사업자들 가운데는 스스로의 경영 부실 때문에 벼랑으로 몰린 곳도 있겠지만, '블랙스완'처럼 이례적으로 닥친 충격적 상황으로 인해 갑자기 궁지에 몰린 곳도 적지 않았다. 이런 중소기업이나 영세 사업자는 정부가 지원해줘야 한다. 그러자면 지원 방식도 예외적일 수밖에 없다. 전통적인 기존 방식으로는 지원에 한계가 있다. 확실하게 도움이 될 정도로 제대로 지원해줘야 한다. 그래야 재기가 가능해진다.

없는 기업을 억지로라도 만들어내야 할 상황이었다. 정부의 창업 정책도 그런 것 아닌가. 기업과 사업자를 새로 만들어내고 육성하는 것보다는 기존의 사업체가 지속되도록 도와주는 것이 훨씬 용이하다. 지원 비용도 적게 들 것이다. 그렇다면 이것저것 따질 것 없이 기존의 사업체에 대한 지원을 극대화하는 게 맞다. 금융 지원뿐 아니라 세금 감면도 못할 이유가 없다. 신용보증기금, 기술신용보증 등을 통해 특례보증을 확대하고, 한계 중소기업에 대해서는 신용평가의 기준도 달리할 필요가 있었다.

【 반대 】

금융의 자율성과 건전성도 봐야…
통상적 구조조정까지 막아선 안돼

코로나로 인한 충격이 대기업보다 중소기업과 소상공인들에게 더 컸다는 것은 부인할 수 없다. 금융감독 당국이 이들의 어려움을 파악하고, 지원을 늘려 가는 것은 필요한 일이었다. 자영업자들은 부실이 확대되고 빚도 늘어났을 것이다. 위기가 바로 끝난다는 보장도 없었다. 한국은행 통계를 보면 부채가 과도한 고위험 자영업 가구가 2020년 3월 10만 9,000곳에서 12월에는 19만 2,000곳으로 늘어났다.

  그렇다고 모든 한계 사업자를 다 끌고 갈 수는 없다. 이런 식으로 부실을 키우면 나중에는 커진 부실을 어떻게 감당하나. 종래에는 대출 은행을 비롯해 금융권 전체가 위기에 봉착하게 된다. 나라 경제가 총체적으로 뒤흔들렸던 1997년 외환위기가 바로 그런 경제난이었다. 부실을 덮고 키우는 게 위기의 사업자 당사자에게 도움이 된다는 보장도 없다. 위기를 위기로 인식하지 못해 부실을 키우면 나중에는 재기가 어려울 수준이 될 수 있다는 점도 알아야 한다. 앞서 금융감독 당국이 대출 회수 등에서 유예 조치를 이미 했던 점도 간과해서는 안 된다. 코로나 충격에도 어음부도율이 사상 최저로 떨어진 것은 무엇을 의미하나. 코로나 충격을 이유로 정부가 대출 환수를 못하게 막았기 때문이다. 이미 문을 닫아야 할 사업자나 한계 상황에 몰린 중소기업까지 다 살려냈다는 얘기가 된다. 그런데 여전히 옥석(玉石) 구분을 않겠다면 그 뒷감당은 누가 하나. 부실 처리, 구조조정 등 모든 악역을 다음 정부에 넘기겠다는 것으로 해석될 여지가 있었다.

사업자들의 도덕적 해이 문제도 있다. 금융의 작동원리는 수익을 좇아가면서 위험을 회피하는 것이다. 그래야 금융이 건전성을 유지하면서 장기 발전할 수 있다. 부실의 정도를 파악해 심한 곳은 우선 힘들어도 정리해야 한다. 은행 등 금융 회사에 맡기면 알아서 해낸다. 감독 당국은 부실 사업자 무작정 감싸기에 나설 게 아니라, 금융 회사가 고유의 업무를 해나가도록 독려하는 게 중요하다.

【 생각하기 】
금융 산업 경쟁력 유지도 중요…
'한시적 별도 대출 기준'도 생각해볼 만

또 다른 형태의 관치금융, 금융 회사 고유의 핵심 업무에 금융감독 당국이 개입하면서 비롯된 논란이었다. 코로나 쇼크로 인한 어려움을 외면한 채 대출금을 무조건 회수하라는 것도 능사는 아니지만, 당장 어려우니 계속 자금을 빌려주라는 것 역시 무책임

했다. 3개월, 혹은 6개월 단위로 시한을 정해놓고 대출심사를 일시 유예하거나 중소 개인 사업자에 대한 신용평가 방식을 달리하면서 그 기준을 완화해주는 것도 하나의 방법이 될 수 있었다. 한계 산업이나 '좀비 기업'까지 껴안고 가는 게 당장은 편할 수 있다. 하지만 언젠가는 처리해야 할 부실이고, 미룰수록 어려움이나 부담은 더 커질 수밖에 없다. 상처를 치료하면서 가야 새살이 돋듯이 한계 사업자를 정리해야 위기를 기회로 이용하는 새 기업도 나올 수 있다. 대출 심사나 집행 등은 은행의 고유 업무라는 사실도 중요하다. 은행 경영의 기본 원칙을 훼손해서 정부에 대한 의존도를 높여버리면 금융의 선진화는 요원해진다. '저신용 고금리, 고신용 저금리'라는 만국 불변의 금융 원리도 지켜져야 한다. 부실기업을 자연스럽게 떨어내는 구조조정 기회를 놓치지는 않았을지도 관심사다.

코로나 보상 위해 한국은행 발권력을 동원해도 될까?

2021년 2월, 당시 여당이었던 더불어민주당 일각에서 정부가 발행하는 채권(국채)을 한국은행이 직접 인수하도록 하는 방안을 추진했다. 국가가 발행하는 채권을 금융 시장에 팔아 돈을 조달하는 것이 아니라, 이른바 '국채 직매입' 방식이다. 이유는 코로나 충격이 상대적으로 더 큰 자영업자들의 영업 손실에 대한 보상 재원으로 쓰겠다는 것이었다. 그동안 재원, 즉 돈 문제는 고민도 하지 않은 채 "지원해주자"고만 외친 선심 구호가 난무했던 것과 비교해보면 진일보한 주장이라고 할 수도 있다. 적어도 '어떤 돈을, 어떻게 조달해서'라는 근본적 문제를 고민하면서 지원을 주장했다는 차원에서 특히 그렇다. 이와 비슷한 주장으로 '국민 모두가 부담하는 간접세인 부가가치세를 한시적으로 인상해 그 돈으로 자영업자 손실을 보상하자'는 제안도 있었다. 하지만 증세(增稅)는 어떤 경우에도 신중해야 하고, 동서고금 어디서나 납세자 저항감도 있게 마련이어서 한은의 발권력을 동원하는 방안이 여권 내에서 조금 더 논의가 진행되는 분위기였다. 중앙은행의 발권력 동원은 한마디로 "국가가 돈을 찍어 코로나를 보상하자"는 얘기다. 문제는 여기에 따르는 파급력이나 부작용이 매우 크다는 사실이다. 코로나 보상 재원 마련을 위한 한은의 발권력 동원은 타당한 방법이었나?

【 찬성 】

절실한 자영업자 손실 보상, '재원 문제'로 계속 늦출 수 없어

한은은 대한민국이라는 국가가 세운 중앙은행이다. 중앙은행은 돈의 가치를 유지하면서 물가를 안정시키는 것이 제1의 임무다. 하지만 최근 국내에서도 한은 업무에 '고용 창출을 위한 노력'을 명시하자는 주장도 나왔다. 한국은행법을 바꾸더라도 일자리 만들기에 금융 정책이 기여해야 한다는 논리에서다. 실제로 미국도 그렇게 한다. 미국의 중앙은행인 연방준비제도(Fed)는 실업률을 금리 조성이나 자금 풀기 결정을 하는 데 중요한 요인으로 삼는다.

그만큼 중앙은행은 돈의 가치 유지와 물가 안정 외에도 종합적인 차원에서 경제발전에 기여해야 한다. 한은이 발권력을 동원해 정부가 발행하는 채권(적자 국채)을 매입하면 정부로서는 재원조달이 좀 더 용이할 것이다. 더구나 그 돈으로 코로나 충격을 많이 받은 식당, 카페, 헬스장, 학원 등 자영사업자에게 지원해주자는 것 아닌가. 이들 자영사업자들은 대부분 정부의 주요 방역 대책의 하나인 '집합금지' 조치에 따라 영업할 수 없게 되면서, 매출이 줄어들고 소득도 감소한 것이다.

한은에 국채 직매입을 요구하는 것이 중앙은행의 고유한 통화정책 운용 권한을 침해하는 것이라는 지적도 있었지만, 한은도 그 정도 협조는 할 필요가 있다. 국가적 위기 극복에 중앙은행이 동참한다는 차원에서 접근할 필요가 있다. 정부가 국채를 발행해 증권·금융 시장에서 조달할 수도 있지만 이 경우 시장의 자금 흐름을 왜곡시키는 등의 부작용도 나올 수 있다. 이러나저러나 정부의 채무는 늘어날 수밖에 없는 처지에서 중앙은행이 돈을 더 찍어내는 것이 간편한 측면도 있다. "세금을 더 걷자"는 주장도 설득력은 있다. 하지만 어떤 식으로든 국민 지갑에서 세금을 더 걷게 되면 저항이 생길 수밖에 없는 만큼, 정부 부채를 화폐제도 속으로 적극 수용하자는 것이다.

【 반대 】

화폐 신뢰 흔들면 경제 약자가 피해, 외국 자본 이탈 불러올 수도

각국이 중앙은행의 독립을 강조하고 제도적으로 보장하는 데는 이유가 있다. 독립적·중립적이면서 전문적인 통화정책이어야 화폐·금융 제도가 지속가능한 방식으로 유지·발전되기 때문이다. 역사적으로 봐도 정치권력은 통상 인기영합적 입장을 취해왔다. 선거를 의식하는 상황이 되면 더 심해진다. 화폐·금융 제도에 문제가 생겨도 집권에 도움이 된다면 나쁜 결정도 서슴지 않는 게 정치권의 일반적 습성이다. 이런 일을 예방하고, 정치권력이 중앙은행을 마구 휘두르지 못하도록 하는 유무형의 장치·제도가 중앙은행 독립이다. 사법부나 감사원·선거관리위원회 같은 헌법기구의 독립을 보장하고 정치적 중립을 의무화하는 것과 같은 이치다.

자영사업자 지원 명분이 그럴듯해도 적자국채 발행부터가 쉽게 결정할 일이 아니다. 언젠가 갚아야 하는 빚이다. 더 큰 문제는 그런 적자국채를 시장이 아니라 한은이 그대로 인수하도록 하는 방식이다. 국가의 발권력으로 사실상 적자국채를 무제한 발행할 수 있는 나쁜 길이 트일 것이며, '정부부채의 화폐화'가 진행되면 한국의 돈 가치는 급격히 떨어질 수밖에 없다. 화폐는 1퍼센트, 5퍼센트 더 발행한다고 해서 가치가 1퍼센트, 5퍼센트만 하락하지 않는다는 사실도 중요하다. 신뢰를 잃어버릴 때 종이돈은 휴지가 된다. 미국 달러나 유로화처럼 기축통화가 아닌 경우에는 더 그렇다. 국가가 나서 돈 가치를 떨어뜨린다면 어떤 외국인이 원화에 투자할 것이며, 한국의 경제가 제대로 굴러갈 것으로 보겠나. 한은 발권력을 동원한 국채 인수 방식은 외국인 자금 이탈을 불러올 수 있다. 이런 경제교란 행위는 국가적 자해 행위다. 끝내 강행할 경우 가장 큰 피해자는 경제적 약자다. 돈 가치가 떨어지면 자산이 없는 서민이 더 큰 고통을 받게 되고 정부가 도와주겠다는 자영사업자가 더 큰 애로에 봉착할 수 있다.

【 생각하기 】
대외신인도와도 직결,
후진국형 인플레이션 경계해야

자영사업자들을 지원하자는 취지는 좋았다. 그럴 필요성도 있었다. 재원을 어떻게 조달할 것인가, 즉 돈 문제에 대한 해법을 제시하는 것도 매우 중요하다. 한국의 정치권은 여야 할 것 없이 무조건 주자는 주장은 쉽게 하면서도 재원 문제에서는 '모르쇠'하는 경우가 너무도 많기 때문이다. 다만 세금 더 내기가 국민 부담을 늘린다는 사실만큼이나 한은 발권력 동원이 국민 부담이라는 것도 사실이다. 직접 납부하는 세금도 있지만, 통화증발 등 인플레이션을 통한 징세도 있다. 돈을 찍어내 초래하는 후진국형 인플레이션은 큰 부작용을 초래한다. 서민 자영사업자를 돕자면서 이들의 어려움을 가중시켜서는 곤란하다. 국가 경제의 대외신인도가 떨어질 때 어떤 일이 벌어졌는지 외환위기 때 우리는 똑똑히 체험했다. 정부 지출의 씀씀이를 줄이는 등 재정 구조조정을 하면서 경제에 미치는 악영향을 최소화하는 쪽으로 지원 방법을 모색해야 한다. 기축통화국인 미국조차 중앙은행의 국채 직매입을 불허하는 상황도 참고할 만하고, 한은이 강력 반대했던 현실도 감안해야 한다.

코로나 피해 자영업자 위한 '임대료 멈춤법', 도입해도 될까?

2020년, 더불어민주당이 상가임대료 통제안을 내놨다. 이른바 '임대료 멈춤법'이다. 코로나 쇼크 대응 차원이다. 당시 대통령이 먼저 이 취지에 동의하는 언급을 했던 터라 정부에서도 상가 임대료를 공권력으로 제한하는 방향으로 상가임대차보호법 개정 작업을 시작했다. 정부와 여당의 이런 움직임은 "정부 방침에 따라 영업이 제한·금지된 자영업자가 임대료 부담까지 고스란히 짊어지는 게 공정한 일인가"라는 대통령의 언급 이후 본격화됐다. 요지는 코로나 확산 방지 차원에서 영업을 제한받게 된 '집합 금지 업종'의 경우 임대인이 영업 금지 기간에는 임대료를 못 받도록 법에 명시한다는 것이다. 재산권 침해 등 여러 이유로 반대 의견이 쏟아졌다. 개인 간 계약 사항에 정부가 개입함에 따라 헌법상 '사적(私的) 자치의 원칙'이 훼손될 수 있다는 우려도 나온다. 자영업자들을 지원하더라도 방법이 달라야 한다는 지적이다. 임대료 멈춤법 도입할 만한가?

코로나 충격 집중되는 자영업자,
기반 무너지기 전에 무조건 도와야

유례없는 코로나 충격으로 가뜩이나 취약했던 우리 경제가 매우 어렵게 됐다. 코로나 쇼크는 세계적인 현상이다. 전국적으로 남녀노소 할 것 없이 백신 접종을 시작해야 이 난관을 한고비 넘길 수 있는데, 현재로서는 요원하다. 이런 상황이 지속되면 모두가 예전 흉년의 '보릿고개' 같은 어려움을 겪을 수밖에 없지만, 자영사업자들의 충격은 한층 심각하다. 서울에서 가장 번화한 쇼핑가라는 명동 거리에도 한 집 건너 한 집꼴로 상가가 문을 닫았고, 늘 젊은이들로 붐비는 손꼽히는 상권인 홍대 거리에도 문 닫은 가게가 속출하고 있다.

이들 자영업자를 방치해 폐업이 속출하고 부도가 잇따르면 경제 기반이 흔들리게 된다. 나중에 복구하기도 어렵거니와 자영업을 되살리려면 더 많은 지원 자금이 필요하다. 그럴 바에는 좀 무리가 되더라도 지금 상태에서 최소한 현상 유지는 할 수 있게 도와주는 것이 가장 실리적이고 현실적이다. 헌법이나 민법 등에 계약자유의 원칙이 있지만, 지금 그 조항에 매달리며 손놓고 있을 정도로 한가한 상황이 아니다. 무엇이라도 해야 하는 판이라면 임대료 부담을 어떻게라도 줄여주는 게 최선이다. 그러지 않아도 공기업 등에서 계약 협력사업자들을 상대로 임대료를 깎아주는 '착한 임대료' 운동도 하고 있지 않은가. 정부는 이미 '착한 임대인 세액 공제 제도'를 시행하면서 임대료 경감에 적극 나서왔다. 지방자치단체 소유인 공유 재산의 임대료 인상 폭도 해마다 전년과 비교해 5퍼센트 이상 못 올리도록 하는 '공유재산 및 물품관리법 시행령' 개정안도 국회에서 의결됐다. 소상공인연합회의 설문조사(2020년 9월) 결과를 보면 경영 여건 악화에 따른 비용 부담 가운데 임대료 부담이 70퍼센트로 가장 많았다. '공정' 차원에서 자영업자와 소상공인의 임대료 부담을 사회적으로 분담하자는 얘기다.

【 반대 】
재산권 침해, 결국 임대료 상승 우려,
'생계형 임대인'도 적지 않아

식당·판매업 등 중소사업자들을 지원하지 말자는 것이 아니다. 정부가 나서 법으로 임대료를 강제로 깎는 게 문제다. 사유재산권은 헌법이 보장한 기본권이고, 자유의 본질이다. 임대료 멈춤법 자체가 위헌 소지가 다분하다. 한국이 경제 발전의 발판으로 삼아왔고 앞으로도 더 발전해나가기 위해서는 '경제 주체들의 자유로운 사적(私的) 자치(계약)'의 원칙을 잘 지켜나가는 게 중요하다.

경제적 약자가 된 자영사업자, 그중에서도 임차인을 지원하자는 동기는 선의라고 할지 모른다. 하지만 효과가 나온다 해도 일시적일 뿐 결국은 임차인에게 부담이 전가될 공산이 크다. 또 상가의 건설·분양·임대 산업에 급작스런 충격을 미치면서 결국은 이들 산업 자체를 위축시키고 전체 경제에도 악영향을 미치게 될 것이다. 임대료 또한 기본적으로 경제 주체 사이의 수요·공급 원칙에 따라 정해지는 것이다. 사업이 안 되고, 경제가 어려워지면 정부가 강제하지 않아도 임대료는 내려가게 돼 있다. 임대인 또한 국가의 보호를 받아야 할 국민이다. 늘어난 공실률과 올라간 공시가 및 세금 부담, 이자 부담 등으로 이들도 코로나 영향을 받고 있는데 '임대인=건물주'로 몰고 가는 것에는 포퓰리즘 요소도 다분하다. 은행 빚까지 많이 끌어들여 상가 하나로 살아가는 '생계형 임대인'도 적지 않은 상황에서 이들에게 획일적으로 부담을 지우는 것도 문제다. 그렇다고 퇴직한 생계형 상가 소유자를 따로 구분할 방법도 마땅찮다. 자발적인 착한 임대인 운동은 몰라도 이를 강제화하는 법을 만들면 상황은 완전히 달라진다. 형편이 어려운 자영업자에 대한 세금 감면을 확대하거나, 차라리 독일처럼 정부가 재정을 동원해 임대료와 다른 고정비를 지원해주는 게 더 적절하다. 자영업자들의 분노와 절망을 임대인에게로 향하게 하면서 정부가 임대인과 임차인 간 싸움을 붙인다는 비판에도 귀 기울여야 한다.

직접 개입보다 세제·금융·생활 자금 지원부터…
'편 가르기' 곤란

"임대료 통제는 폭격 다음으로 도시를 파괴하는 가장 효과적인 방법"이란 유명한 말이 있다. 임대 주택의 품질이 악화될 수밖에 없다는 사실을 지적한 말인데, 놀라운 것은 이 말을 하이에크나 프리드먼 같은 자유주의 대가가 한 게 아니라는 사실이다. 스웨덴에서 복지국가 이론을 세운 학자의 말이다. 깨진 유리창을 하나 방치하면 그 주변 일대가 모두 최악으로 전락한다는 이른바 '깨진 유리창 이론'도 함께 염두에 둘 필요가 있다. 각종 공과금 지원, 부가가치세 등을 비롯한 세금 경감, 장기 저리 자금 지원, 자녀학자금 융자 등으로 정부 재정에서 지출하는 지원은 어떨까. 재산권 침해 논란도 피할 수 있는 데다 정부가 임대인과 임차인 간 갈등을 부추긴다는 비판도 피할 수 있다. 시장에 미치는 충격이 클수록 그에 따른 후유증이 있기 마련이다. 임대 시장도 예외가 아니다. 임대인이라고 반드시 여유 있는 계층이 아니라 생계형도 적지 않고, 그들도 온갖 자금을 동원한 하나의 사업자라는 점을 간과해선 안 된다.

인구 감소 문제,
재정 투입으로 풀 수 있을까?

2020년, 한국에서 처음으로 '인구 데드크로스' 현상이 나타났다. 한 해 동안 사망자 수가 새로 태어난 출생아 수보다 많아지면서 인구가 자연 감소한 것이다. 행정안전부 통계를 보면 2020년 12월 31일 주민등록인구는 5,182만 9,023명. 그 전년보다 2만 838명(0.04퍼센트) 줄었다. 예고된 것이 앞당겨진 것이기는 하지만, 전쟁이나 초대형 재해가 발생하지 않은 상황에서 인구 감소는 이례적 현상이다. 1962년 주민등록제도가 도입된 이래 인구통계상 감소가 확인되기는 처음이다. 인구 감소는 오래선부터 예고됐고, 정부도 그동안 저출산 대응 치원에서 천문학적인 자금을 투입했으나 효과가 없다. 재정 투입으로는 효과가 없자 대안이 다양하게 나오고 있다. 정년 퇴직자 가운데서도 경험과 지식이 많은 고령자들을 경제 활동 인력으로 최대한 활용하고, 외국인에 대한 문호도 더 적극적으로 열자는 주장이 나온 지도 한참 됐다. 그럼에도 여전히 직접적인 정부 예산 투입 확대와 인구청 등 정부 조직 신설 등 재정 정책으로 풀자는 주장이 적지 않다. 과연 돈으로 풀 수 있는 문제일까?

【 찬성 】

'선택과 집중' 방식으로 재정 투입,
일자리·주거 대책에 더 집중해야

재정 투입이 필요충분조건이 아닌 것은 사실이다. 하지만 국가 예산을 더 적극적으로 투입하는 것 외에 젊은 세대의 출산율을 획기적으로 끌어올릴 방안이 무엇인가. 정부가 지난 10여 년간 비혼(非婚)·저출산 문제를 해결하기 위해 막대한 돈을 쏟아 넣었지만 역부족이었다.

재정에서 지원한 돈이 적지 않은 것은 사실이지만 정확한 통계도 없다. 2003년 저출산고령화위원회가 출범한 이래 약 200조 원이 투입됐다는 자료도 있고, 2005년 저출산·고령사회기본법이 제정된 이래 누계로 225조 원이 투입됐다는 집계도 있다. 이처럼 통계부터가 종잡을 수 없는 것은 저출산 대응 예산이라며 투입한 예산이나 대응 정책의 실상이 가짓수만 많았을 뿐 선택과 집중이 되지 않았다는 방증에 다름 아니다. 심지어 직접 관련이 없는 정부 지출까지 저출산 대책 재원에 마냥 포함됐을 가능성도 적지 않다. 그런 것도 일종의 '면피 행정'이라고 볼 수 있다. 정부로서는 "어떻게든 노력하고 있다"며 "저출산 예산도 이렇게 많이 집행했다"고 변명하기 위한 통계로 부풀렸을 가능성도 있다는 얘기다.

2020년 12월에 발표된 '제4차 저출산·고령사회 기본계획'도 추가된 것은 영아수당 신설, 육아휴직자 확대 정도다. 단편적·지엽적 대책이라고 볼 수 있다. 저출산의 구조적 문제를 보면 결혼이나 출산, 육아가 힘들기 때문일 것이다. '욜로(YOLO, 한 번뿐인 인생 이 순간을 즐기자)족', '딩크(DINK, 아이 없는 맞벌이 부부)족' 증가 등 젊은 세대가 결혼과 출산을 기피하는 풍조가 있는 것도 사실이지만, 일자리가 적은 데다 불안정하고 도시의 경우 주거비용이 많이 드는 것이 큰 문제다. 이런 문제에 저출산 예산 집행을 집중해야 한다. 그러자면 재정 투입은 계속할 수밖에 없다. 오히려 더 과감하게 집행해야 실질적 효과도 나올 수 있다.

【 반대 】
재정 투입 일변도 대책 한계 달해…
밑 빠진 독에 물 붓기식 탈피해야

약 20년에 걸친 저출산 대책의 근본 틀을 바꿔야 할 때다. 특히 재정 투입 일변도 대책은 '밑 빠진 독에 물 붓기'였을 뿐 효과가 없다는 사실만 확인됐다. 출산장려 비용, 영유아 보육지원 예산만 해도 적다고 보기 어렵다. 완전하지는 않지만 신혼부부를 위한 공공임대주택제도도 있다. 주택 문제가 중요한 변수이기는 하겠지만, 그렇다고 모든 신혼부부에게 민간에서 분양하는 식의 고급 주택을 제공해줄 만큼 재정에 여유가 있는 것도 아니지 않은가. 일부의 극단적 주장처럼 출산 때마다 1억 원씩 현금을 지불할 여력이 있는 것도 아니거니와 독립적 개인이 2세를 출산하는 데 그런 큰돈을 줄 수도 없는 일이다.

가뜩이나 부실한 재정은 저출산 외에도 쓰일 곳이 많다. 국방, 과학·기술 개발, 교육, 각종 사회인프라(SOC) 구축, 보건·의료, 일반 행정 등 고유한 지출이 많은 데다 코로나 충격으로 국가 채무를 확대해가면서 재정 지원을 더 늘려야 할 곳도 적지 않다. 저출산에만 재정 지원을 늘릴 수 없는 현실적 이유다.

재정에 기대지 않고도 규제 개혁 등으로 어려운 경제를 살려낼 수 있듯이, 저출산 대책도 인식의 전환으로 풀어나갈 필요가 있다. 청년세대에 대한 일자리 확대만 해도 '세금으로 만드는 관제(官製) 일자리'가 아니라 기업이 만들어내고, 시장에서 창출되는 '세금 내는 지속가능한 좋은 일자리'가 많이 생기게 하는 게 관건이다. 그렇게 본다면 인구 감소 문제는 단순히 저출산 그 자체만의 문제가 아니다. 산업연수생을 더 받아들이고 외국인에 대한 문호 개방을 더 적극적으로 해나가는 등 개방적인 다문화 정책을 펼친다면 도움이 될 것이다. 차제에 '민족' 개념을 탈피하는 다원화한 사회여야 '개방 교역국'인 우리 경제의 성장 기조도 유지할 수 있다. 미혼모·한부모 가정도 불편함이 없도록 각종 제도를 정비해야 한다.

경제 활동 인구 유지가 중요…
복지·연금까지 미리 대응해야

좀 과한 표현이지만, '인구 절벽은 곧 경제 절벽'이라는 진단도 있다. 고령 인구가 증가하는 와중의 생산 인구 감소는 경제 활력 저하로 이어진다는 경고다. 그런 차원에서 본다면 경제 활동 인구를 적정하게 유지하는 게 당장의 관건이다. 정년퇴직 제도를 아예 없애 경륜이 있는 퇴직자들을 최대한 활용하면서 가정의 여성 인력을 경제 활동에 나서도록 유도하는 정책도 중요하다. 국경이 낮아지는 시대에 내국인·외국인 구별 자체를 없애 '국내 거주인'으로 통합하는 등 해외 인력을 더 많이 수용하는 것도 대안이다. 일자리와 주택 문제가 저출산의 큰 장애 요인이라 해도 정부가 아닌, 시장에서 해결될 방인을 모색해나가야 지속가능해진다. 저출산에 따른 연금과 복지 제도도 잘 살피면서 재설계해야 할 것은 미리미리 준비해야 한다. '인구 3,000만도 초만원'이라는 구호 아래 산아제한 정책을 폈던 게 오래지 않았던 점을 돌아보면 감정적인 과잉 대응은 오히려 지양할 과제이기도 하다.

정부의 분양가 상한제, '시장 안정'에 도움 될까?

정부는 여러 형태로 시장에 개입하고 가격 통제를 시도한다. '공공요금'으로 묶이는 전력·대중교통·가스비가 대표적이다. 정부의 또 다른 강력한 가격 개입이 부동산 시장 '분양가 상한제'다. 처음에는 공공 분양 택지에서 시작했으나 일정 규모 이상의 민간 택지에도 적용된다. 주거정책심의위원회를 내세운 국토교통부의 막강한 권한이다. 취지는 고공행진하는 집값을 분양가 통제로 잡아보겠다는 것이다. 하지만 원활한 공급을 가로막을 뿐 실제 소용이 없다는 무용론에 이어 해악론도 만만찮다. 20대 대통령선거에서도 쟁점이 됐다. 당시 윤석열 후보 측이 민간에서는 분양가 상한제를 폐지하겠다는 공약을 내건 배경이다. 하지만 새 정부가 시작되자 폐지하겠다는 말은 못 하고 있다. 주택 시장에 미칠 영향이 크기 때문이다. 정부의 분양가 통제, 집값 안정에 효과적일까?

부동산 시장 뇌관 '거품 집값', 원가 분석·통제로 폭등 막는 장치

정부가 전국의 모든 분양주택 가격에 개입하는 것은 아니다. 특정 지역에 제한적으로 적용하는 가이드라인이 분양가 상한제다. 원래 대규모 주택 공급이 이뤄지는 공공 택지 내 신규 물량에만 적용해왔다. 공공용지에 건설되는 아파트에 대해 국토교통부령이 정하는 기준에 따라 일정 가격 이하로 첫 매매(분양)가 이뤄지도록 한 것이다. 그러다 서울 등지의 주택 시장이 과열되면서 문재인 정부 때인 2020년부터 민간 택지에도 적용됐다.

이 기준에 따르면 분양가는 세 가지 요소로 들여다본다. 첫째, 택지비다. 건설 회사가 주택 소비자에게 집을 판매하기까지 토지는 원소유주, 택지 조성자인 LH(한국토지주택공사) 등을 거치면서 부가가치가 높아진다. 이 가격에 거품이 없는지부터 보겠다는 취지다. 다음은 공사비다. 실제 투입된 공사 비용 위주로 가격이 형성되게 하자는 의도다. 셋째, 가산비가 있다. 최종적으로 새 아파트가 나오기까지 기간이 오래 걸리고 이 과정에서 주택 조합원 이주비와 금융 비용, 조합 사업비 등이 들어간다. 세입자 유무에 따라 명도 소송 비용 등도 있다. 모두 가산비로 인정되는 항목이다.

그런 세부 항목 평가를 기초로 분양가가 산정되면서 터무니없이 오르는 신규 주택 가격을 어느 정도 규제하고, 이를 통해 기존 주택 시장의 무모한 급등세도 잡아보자는 취지다. 이중 가격 형성 이라는 부작용이 없지 않지만, 실제 가격을 누르는 데 어느 정도 효과가 있다. 치솟는 집값 때문에 분양 시장만 바라보는 수요자, 특히 무주택자의 심정을 헤아려보면 정부의 분양가 개입은 더 확대돼야 한다. 서울 핵심 지역만이 아니라 다른 지역에도 시행 못할 이유가 없다. 극단적인 상황이 되면 분양가의 상한만 규제할 게 아니라, 일정 가격 이상으로 집값이 오르지 못하도록 분양가 승인제라도 해야 한다. '상한제 폐지' 주장이 나오지만, 공급 확대에 대한 의지 정도로 봐야 한다. 실제로 이 제도를 없앨 경우 고삐 풀릴 집값도 예측해야 한다.

【 반대 】

공급 막고 이중 가격 만드는 탁상행정, 윤석열 정부 '폐지 공약' 지켜야

분양가 상한제는 '이론 따로, 현실 따로'인 대표적 정책이다. 선한 의지가 결과도 좋게 할 것이라고 믿는 탁상행정이다. 분양가 상한 제로 인한 결과를 보면 잘 알 수 있다. 제도 도입 때 강조됐던 '투기 수요 억제'라는 정책 목표가 달성됐나. 실수요자 보호는 제대로 이뤄졌나. 모두 빗나갔다.

무엇보다 시장에 필요한 공급 물량을 줄여버린 주요인이 됐다. 2016년부터 지금까지, 나아가 향후 몇 년간 공급될 서울의 아파트 신규 물량 표를 보라. 물량이 확 줄어들었다. 낡은 노후 주택에 대한 재건축과 리모델링 일반 규제가 여전한 이유도 있지만, 분양가 상한제 탓이 크다. 정부가 가격을 억지로 통제하는데 어느 주택조합이, 어떤 건설사가 아파트를 쉽게 지으려 하겠나. 조합에 이득이 되고 건설사도 원하는 수준의 이윤이 보장돼야 사업을 한다. 이 제도를 경직적으로 운용한 결과 물량 부족이 가중됐다. 시장에 필요한 만큼 공급이 따라주지 않으면 가격이 오르는 것은 주택만의 현상이 아니다. 모든 재화와 인적 서비스 거래에 모두 적용되는 원리다.

그 연장선에서 또 다른 심각한 문제점도 초래하고 있다. 이중가격 문제다. 분양가 통제로 물량이 줄어들면서 분양받는 데 성공한 소비자만 로또 당첨자가 되는 서글픈 현실이다. 2021년 한강변의 한 아파트 84제곱미터형은 이 제도에 따라 17억 원에 분양됐다. 주변의 다른 아파트 가격은 27억 원을 넘었다. 분양 당첨자는 그 자리에서 10억 원의 시세 차익을 누렸다. 정부가 원했던 바는 아니지만, 이게 현실이다. 분양에 떨어진 수요자들의 심정을 헤아려 보라. 수많은 주택 수요자가 신규 분양에 목을 매는 이유다. 동시에 새집을 원하는 조합·건설사와 서울시·정부 사이에 수시로 갈등이 빚어지는 요인도 된다. 다른 재화나 자산과 마찬가지로 집값도 오를 수 있고 내릴 수도 있다. 때로는 내버려두는 것도 좋은 대책이다. 단기 관점의 가격 통제는 최악의 결과를 초래한다.

시장 상황, 급등 건설비 잘 반영해야…
새 정부 부동산 정상화 시금석

윤석열 정부의 고민이 시작됐다. 없애자니 안전 고리가 없어질 판이고, 두자니 경직된 제도의 결과가 두렵다. 일거에 없애기보다 부작용을 제거하며 순차적으로 고치는 것도 방법이다.

최근 1만 가구 대단지 아파트를 짓는 서울 둔촌주공 재건축 현장 갈등도 재건축주택조합 내부의 복잡한 사정에다 해묵은 분양가 상한제의 폐단이 겹친 탓이라는 분석이 나온다. 가격에 슬쩍 쌓이는 과도한 거품도 막아야겠지만, 그런 취지가 공급을 가로막는 요인이 돼서도 곤란하다. 노련한 연착륙 기술과 정교한 정책의 '출구 전략'이 필요해 보인다. 물가 등 시장 여건과 연동제는 최소한이다. 집값 정책에 대한 신뢰 여부가 일차적으로 여기에 달렸다고 해도 과언이 아니다. 윤석열 정부 부동산 대책의 성패를 좌우하는 시금석이 될 수 있다.

주택 공급, '민간 기능 확대' 아닌 '공공 역할 강화'로 효과 낼 수 있을까?

문재인 정부 시절 서울을 비롯해 2배 이상 급등한 지역이 속출한 집값 문제는 전 국민적 관심사가 됐다. 전 세대에 걸친 뜨거운 이슈가 됐다. 집값 문제에 관한 한 물러난 정부는 입이 열 개라도 할 말이 없게 됐다. 무능에 대한 쏟아지는 질타 속에 전 정부 스스로도 정책 실패를 인정하는 분위기였다. 지난 20대 대선판에서도 주택 공급 방안과 그 과정에서 '공공'과 '민간'의 역할을 놓고 후보 간 상당히 대조적인 주장과 공약을 내놓았다. 크게 봐서 규제를 더 죄고 개발 이익의 환수 장치를 강화하는 등 공공의 역할을 더키우겠다는 목소리(이재명)와 양도소득세 한시적 인하와 민간 주도의 건설로 부족한 공급을 채우겠다는 약속(윤석열)으로 나뉘었다. 요컨대 공공의 역할 강화냐, 민간 기능의 극대화냐의 문제다. 시장에 필요한 물량을 충분히 대면서 집값을 안정시킬 수 있을까. 주택 공급과 집값 안정, '규제 강화론'에 주목해야 할까, '민간 확대론'에 희망을 걸어봐야 할까?

개발 이익 환수·규제 강화해야…
국토보유세 신설도 고려할 만

더 적극적으로 주택 공급을 해야 하는 상황이다. 그러자면 LH(한국토지주택공사)와 각급 지방자치단체 산하 '개발공사'를 움직이게 할 수밖에 없다. 개발 이익 처리가 관건인데, 시장과 민간에만 맡겨둘 순 없다. 경기 성남시 대장동의 개발 이익을 놓고 온 나라가 시끄럽지만, 이는 잘못된 사례로 그냥 범죄 행위일 뿐이다. 개발 이익을 그렇게 개발 주체 세력이 은밀하게 나눠 가지지 못하도록 막는 장치가 중요하다. 이제부터라도 성남도시개발공사와 그 주변 결탁 그룹의 행태가 되풀이되지 않도록 제도적 방지책을 세우면 된다.

당시 이재명 더불어민주당 후보가 제시한 공약이 그런 내용이었다. 개발 이익을 공공 부문에서 관리해야 부족한 공급분을 채울 수 있다. 물론 성남시에서의 초대형 의혹을 지켜본 국민의 거부감은 이해할 만하다. 하지만 제대로 장치를 마련하고 감시 체계를 가동한다면 개발 이익 사유화는 막을 수 있다. 그런 점에서 '대장동 스캔들'은 하나의 반면교사다. 이 후보는 부동산과 관련한 수익을 '불로소득'으로 규정하고 실질적 환수 방안을 모색한다고 말한 바 있다. 세금 강화가 대표적이다. 기존 주택 관련 세금의 세율을 높이고, 종합부동산세와는 다른 차원의 국토보유세 신설을 주장하는 것도 그런 이유에서다. 국토보유세는 개념이고, 현실적으로 적용된다면 '기본소득토지세' 같은 형식이 될 것이다. 일정 금액이 넘는 주택이나 토지에 과세하는 종합부동산세와 달리 모든 개인과 법인이 소유한 집과 땅에 부과하는 일종의 '징벌적 세금'이라고 할 수 있다. 다만 이로 인해 경제 전반에 미칠 영향이 크기 때문에 걷은 세금을 '기본소득'이라는 형태로 국민에게 되돌려줘 조세 저항을 줄이는 방안도 함께 연구 중이다.

같은 맥락에서 낡은 아파트 등의 재건축·재개발에 따른 개발 이익은 더 적극적으로 환수해야 한다. 다만 늘어나는 세 부담은 납부 시기를 미뤄주는 과세이연제도 도입 등으로 보완된다.

【 반대 】
규제 일변도의 문재인 정부 실패사, 세제 완화·민간 주도로 공급 늘려야

문재인 정부 최대의 실정(失政) 중 하나가 폭등한 집값이다. 5년간 26차례의 각종 대책을 쏟아냈지만 헛발질 연속이었다. 그 결과 집권기에 도시 지역 집값을 2~3배로 올려버렸다. 이런 기가 막히는 결과를 초래한 원인을 냉철히 파악하지 못하면 같은 전철이 되풀이된다. 끊임없이 반복된 규제에다 시장 기능을 억누르고 민간 건설회사 등의 역할을 무시한 게 큰 원인이었다. 저금리와 전반적인 자산 가격 급등 등 세계적으로 나타난 다른 요인도 있었지만, 적어도 한국에서는 정책 실패가 주된 원인이었던 것이다.

그런데도 비슷한 정책을 계속 이어간다면 어떤 결과가 나올 것인지는 보나마나다. 이제 정책의 방향을 확 바꿔야 한다. 그래야 주택 시장 참여자의 신뢰를 회복할 수 있다. 정책에 대한 최소한의 믿음, 이것이 집값 안정의 출발점이 될 수 있다. 집에 대한 세금 강화는 해법이 아니라는 사실은 지난 5년간의 실험만이 아니라 역대 정부에서도 충분히 확인됐다. 보유세·양도세 모두 완화할 필요가 있다. 세금 신설이 아니라 기존의 종합부동산세도 1주택자를 중심으로 부담을 덜어주는 것이 시장 안정에 더 효과적이다. 대출 금지 등으로 무조건 수요만 틀어막는다고 수요가 억제되지 않을뿐더러 미래의 수요까지 앞당겨 가수요를 부채질하게 된다. 시장의 수급(需給)이 자연스럽게 돼야 한다.

개발 이익 환수 주장도 언뜻 약자를 위하는 것처럼 보이지만 다분히 선동적이다. 개발 이익 환수를 과도하게 하자 낡은 아파트 주민들이 재건축·재개발에 나서지 않은 채 이른바 '몸테크(몸은 불편해도 낡은 집에서 계속 거주하며 재건축이나 재개발을 기다리는 재테크 방식)'로 버틴다. 많은 사람이 바라는 지역에 새집이 나오지 않는 이유다. 개발 이익을 집주인과 공공이 합리적·상식적 선에서 적절히 나눈다면 서울에서만도 몇십만 가구가 나올 수 있다. 하지만 경직된 규제와 일방적 개발 이익 환수가 이를 가로막는다. 수요과 공급 양 측면에서 시장에 자율을 주면 균형점이 형성된다.

[생각하기]

이익 환수 강화 땐 공급 절벽 심화, 청년·서민 주택 공급에 집중해야

개발 이익 환수는 명분이나 정치적 구호로는 상당히 그럴듯하다. 하지만 개발 이익 환수를 강조할수록 '공급 절벽'이라는 현실의 벽이 심화될 공산이 매우 크다. 오래된 낡은 아파트에서 버티는 집주인은 '나의 새집'에 살 것이라는 희망으로 불편함을 무릅쓰는데, 새집의 프리미엄을 정부가 가져가겠다면 누가 헐고 새로 지을까. 그 결과는 주택 만성 부족이다.

공급이 모자라니 집값은 천정부지로 치솟을 수밖에 없다. 공공 기능 강화는 적절한 곳에 서민용 임대 주택 공급 확대로 가는 게 현실적이다. 역세권 등의 국유지·시유지를 활용한 청년 주택, 저소득층 주택 확대는 정부가 잘할 수 있고, 또 해야 할 일이다. 규제를 강화하면서 세금 부담까지 계속 늘리는 것도 실효는 없다는 게 입증됐다. 세금이 늘어나면 신규 구입자, 임차인에게 그대로 전가되는 것은 다른 나라에서도 흔한 일이다. 거칠고 투박하게 막는 대출 규제로 인한 선의의 피해자도 얼마나 생겼나.

정부의 쌀 의무 매입, 타당할까?

양곡관리법 개정안으로 2022년 정기국회가 요란스럽다. 신문 지면에는 '쌀 의무 매입법'이라고도 나오고, '쌀 시장 격리법'이라는 냉소 섞인 표현도 나온다. 거대 야당인 더불어민주당이 추진 중인 이 법안은 정부가 예산을 써 쌀값 수준을 어느 선에서 의무적으로 유지하라는 것이다. 쌀 생산량이 국내에서의 예상 수요량보다 3퍼센트 이상 많거나 쌀 가격이 전년도보다 5퍼센트 넘게 떨어지면 정부가 의무적으로 초과 물량을 사들여 '시장 격리(매입 후 보관하면서 일부 재판매)'를 하라는 것이다. 막대한 비용을 들여 국제 가격보다 높은 쌀값을 유지할 예산 여력이 있느냐는 것, 다른 곡물과 육류 등의 식량 자급률은 계속 떨어지는데 쌀에만 이런 지원을 하는 건 맞지 않다는 것이 반대의 주된 논리다. 연간 1조 원 이상 드는 비용 때문에 포퓰리즘 논란까지 유발한 정부의 쌀 의무 매입, 타당할까?

시장 상황 따라 생산량 조절 어려운 곡물,
쌀의 특수성 감안해야

국내 쌀값 하락으로 생산 농가의 어려움이 커졌다. 심각해지는 인플레이션으로 모든 물가가 고공 행진하는 와중에 쌀값은 하락세를 보여 농민들의 허탈함은 더 크다. 지난해 수확기에 비해 30퍼센트가량 가격이 내렸다. 2021년산 재고 물량이 전국 곳곳에 쌓여 있어 쌀 수확기에 접어들면 가격 하락세는 더 심해질 수 있다. 생산에 들어간 비룟값과 인건비를 고려하면 농민들은 상당한 수준의 적자를 안게 됐다. 오죽하면 땀 흘려 생산한 벼를 트랙터로 갈아엎는 농민까지 나타났겠나. 정부가 농민 대책을 세워야 한다.

그동안도 정부의 시장 격리 조치는 있었다. 다만 임의 조항인 이 대책을 의무 조항으로 바꿔 생산량이 초과되면 정부가 자동으로 개입해 격리하자는 정도에, 최저가 매입 방식을 농민 편에 서서 변경하자는 게 법 개정 사항의 전부다. 시장의 기능이 중요하지만 농산물, 특히 전통적 주식인 쌀에 대해서만큼은 시장 논리로 해결할 수 없는 고유의 특성이 있다. 과거 통상 개방 과정에서 정부가 다른 산업을 육성하기 위해 의무적으로 외국 쌀을 도입하기로 한 적도 있으니 농민에게 그만큼 계속 보상해줘야 할 이유도 있다. 지난해 국내 초과 생산량이 27만톤(t)이었는데 정부가 수입해야 하는 물량이 40만톤에 달하니 그에 대한 책임을 진다는 차원도 있다.

쌀은 시장 상황에 따라 생산량을 쉽게 늘리거나 줄이기 어려운 중요한 곡물이다. 경작지가 전반적으로 줄어드는 상황에서 논도 감소하고 있다. 생산 녹지는 한 번 줄어들면 복구 불능이기 때문에 단기간의 과잉 생산 논란도 큰 의미가 없다. 결국 정부가 나서 생산이 넘치면 사들이고, 부족하면 저축 물량을 푸는 역할을 해야 한다. 그런 기능의 시장 격리에는 소요 예산을 집행할 수밖에 없다. 그런 이유로 쌀 주산지인 전국 8개 지역의 도지사가 국회를 방문해 '쌀값 안정 대책 마련 촉구' 성명을 낸 데도 주목할 필요가 있다. 쌀의 특수성을 인정해야 한다. 더 방치해선 곤란하다.

【 반대 】
구매 비용만큼 보관 비용도 막대, '전략 작물'로 전환 등 구조조정이 해법

2021년 과잉 생산 37만톤을 시장 격리하는 데 든 예산만 8,489억 원이었다. 2022년에는 50만톤이 초과 생산될 것으로 예상됨에 따라 1조 원 이상의 매입 예산이 필요하다. 구매 비용만 이 정도다. 보관하는 데는 오히려 더 많은 막대한 비용이 든다. 한 해 만에 비축 물량이 다 소화되는 것도 아니다. 매년 쌀이 남아도는 탓에 사들인 쌀을 팔아 자금을 회수할 수도 없는 노릇이다. 범정부 차원에서 긴축 재정을 외치고, 지출 예산 줄이기로 마른 수건도 다시 짜는 판에 이런 비용을 지출해야 하나. 가뜩이나 심각한 인플레이션으로 경제가 매우 어렵고, 이 불황은 언제 끝날지도 모른다.

쌀에 대해서만 유독 특별한 지위를 두자는 논리도 어불성설이다. 젊은 세대를 중심으로 밥 소비량은 계속 줄어들고 밀가루 제품이나 육류 소비는 급증하고 있다. 콩을 비롯한 기타 곡물도 대부분 수입에 기대는 판이다. 쌀 생산량은 소비량을 훨씬 넘어서는데 식량 자급률은 떨어지는 게 무서운 현실이라면 답은 정해져 있다. 쌀 생산을 줄이고 다른 농작물과 육류 생산을 늘려야 한다. 정부가 매년 시장 가격과 동떨어진 무리한 가격으로 쌀을 수매해 주니 농민은 이 구매 제도를 믿고 과잉 생산하는 악순환에 빠지는 것이다. 쌀값도 교통비도 모두 나라가 책임지라는 식이면, 정부가 지출하는 자금은 어디서 나오나.

'정부 강제 구매'로 과잉 생산을 부추기며 농업 현실을 악화시킬 게 아니라 발상의 전환을 해야 한다. 스마트팜 확대, 전략적 작물 확충, 기업의 농업 진출 허용·유도 등으로 농업 구조조정에 나서는 게 정공법이다. 농사짓기 편하다고, 익숙한 경작법이라고, 주식에서 오래전에 멀어진 쌀만 생산해서는 4차 산업혁명 시대의 먹거리 대책이 되기 어렵다. 더구나 식량 수입량은 갈수록 늘고, 비용도 기하급수로 증가한다. 현실성 있는 식량 대책 수립이 시급

하다. 당장 벼 재배 논에 경제성 있는 다른 작물 재배를 유도해야
한다. 농업 지원 비용은 이런 데 써야 한다.

【 생각하기 】

소비 급감으로 쌀은 남는데 밀 99.5퍼센트, 콩 63.2퍼센트 수입, 농업 첨단산업화 모색해야

2021년 22만 원을 넘었던 80킬로그램 쌀 한 가마니 가격이 1년
만에 16만 7,000원 선으로 떨어졌으니 농민의 시름이 깊어진 것
은 사실이다. 1991년 116.3킬로그램에 달했던 1인당 소비량이
2012년 69.8킬로그램, 2021년에는 56.9킬로그램으로 수요가 떨
어지는데도 공급은 그대로니 자연스러운 결과다. 정부 구매라는
임시방편책이 아니라 쌀 농가가 다른 전략 작물로 관심을 돌리도
록 유도 정책을 적극 쓰지 않은 탓도 크다. 정부가 시장 격리에 나
선다 해도 농민 구매 요구 물량이 갈수록 늘어날 것이라는 점도
문제다. 언제까지 정부가 과잉 생산량을 사들일 수도, 줄어드는
소비량을 확 늘릴 수도 없다. 단기 대책에서 벗어나 한국 농업의
체질 개선을 이뤄야 한다. 쌀은 남아도는데 밀은 99.5퍼센트, 콩
도 63.2퍼센트나 수입해 식량 자급률이 20퍼센트에 그친다면 답
은 나와 있다. 무조건 경작지 보호보다 농지의 효율화를 꾀하고,
농업이 첨단 산업이 되도록 기업 진출 길도 터나가야 한다.

네이버페이·카카오페이 정보를 정부가 관할·통제할 수 있나?

2021년 국회 정무위원회에 상정된 법안 하나로 한국은행과 금융위원회가 강하게 대립한 일이 있었다. 두 기관 사이에 오가는 말부터가 심상찮았다. 다분히 감정적 비난까지 뒤섞인 채 거친 공방을 주고받았다. 금융위는 위원회 형식이지만 대한민국 정부 내에서 금융 정책을 총괄하는 '장관급 부처'다. 한국은행은 정부 부처는 아니지만 법률에 따른 국가 기관인 중앙은행이다. 문제의 법안은 전자금융거래법 개정안이었다. 핵심 논쟁점은 이 법안에 담긴 '빅테크' 거래의 외부청산 의무화와 전자지급 거래 청산업 신설 및 이에 대한 금융위 감독권 부여였다. 좀 쉽게 말하면 네이버·카카오·토스 같은 기업들로 하여금 모든 내부 거래 정보를 금융결제원에 의무적으로 내도록 하면서, 그런 내용을 포함해 금융위가 금융결제원에 대한 업무 감독을 하겠다는 것이다. 이렇게 되면 빅테크를 통한 개인들 금융 거래가 정부의 관할·통제하에 들어가게 된다는 게 한은이 우려하며 법 개정에 반대하는 이유였다. 한은은 이런 지급 결제 업무야말로 중앙은행의 고유 기능이라는 주장도 했다. 반면 금융위는 빅테크의 도산 등에 대비한 '소비자 보호'를 내세웠다. 빅테크의 개인 거래 정보를 금융위 통제하에 들어가게 해야 할까?

【 찬성 】

'빅테크' 금융 거래 투명성·안전성, 금융결제원 거쳐 관리·감독 강화

금융위원회는 빅테크 거래가 은행을 비롯한 기존 금융 회사의 거래 못지않게 커지는 만큼 중앙은행과 정부가 함께 '관리'해야 한다고 주장했다. 전통적인 금융 감독 업무에 더해 핀테크(fintech, IT 기술과 디지털을 접목한 금융 서비스) 기반의 신금융 기법과 거래에 대해서도 정부가 감시·감독할 필요가 있다는 논리다. 빅테크 기업이 혹시나 도산할 경우에도 대비해야 한다는 것이다. 거래된 개인 정보를 잘 모아두고 관리 체제를 갖춰야 개인의 거래 내용과 재산을 보호해줄 수 있다고 주장했다.

한국은행이 제기하는 '빅브라더론'은 과장이라고 반론했다. 은성수 전 금융위원장은 기자들과 만나 통신 정보를 사례로 들면서 빅브라더 우려에 반박했다. "개인들 전화 통화 기록이 통신사에 남는다고 해서 통신사를 빅브라더라고 할 수 있느냐"라며 강한 어조로 한은을 몰아세우기도 했다. 그리고 이 법의 개정 취지가 디지털 금융(핀테크) 산업을 육성하자는 것이라는 게 금융위 입장이다. 이 법이 만들어진 2006년에 비해 정보기술 환경이 많이 변했고, 금융 소비자의 행태도 눈에 띄게 변했다는 점을 강조했다. 변화하는 금융과 경제, 사회 환경에 맞춰 빅테크·핀테크 사업자의 금융 진출을 도우면서 동시에 이들에 대한 관리·감독을 강화하자는 취지라는 점을 되풀이했다.

그동안 각종 '페이'의 지급 결제 방식이 해당 서비스망 안에서만 이뤄졌지만, 앞으로는 금융결제원이라는 공인된 외부 결제 기관을 거쳐야 한다는 입장이다. 금융 거래에서의 지급 결제가 한은 업무라고 해서 금융결제원을 언제까지나 한은의 관할 아래에만 둘 수 없다는 주장을 감추지 않았다. 네이버·카카오 등의 각종 페이를 통해 돈이 오가는 것도 은행을 거치는 거래와 같은 차원으로 보겠다는 논리다. 이런 시도가 소비자 보호 차원이라는 것도 금융위의 주장이었다. 규제나 감독이 느슨한 빅테크 페이의 거래를 좀 더 투명하고 안전하게 관리하자는 '선의'라는 것이다. 이런 주장의 밑에는 한은의 반대가 이전부터 가져온 '기득권 유지'라는 반박도 은연중 깔려 있다.

【 반대 】

금융 거래 지급 결제는 중앙은행 권한, 거래 정보 집중 '빅브라더법' 안 돼

한국은행의 반대 논리는 크게 봐서 두 가지로 나뉜다. 먼저 금융 거래에 따른 지급 결제는 중앙은행인 한은의 고유 권한이라는 주장이다. 전문적이고 안전성을 요하는 지급 결제를 위해 금융결제원이라는 별도의 기관까지 만들어 지금까지 한은이 오래 관할해 온 것도 사실이다. 지급 결제 업무와 그 기능을 부인하면 독립적인 중앙은행 제도 자체를 부인하는 것 아니냐는 목소리가 한은에서 강하게 나오는 배경이다.

국가 통제가 더 심한 중국에서도 빅테크 업체의 내부 거래까지는 정부가 들여다보지 않는다. 이런 사실과 비교해봐도 금융위 입장을 반영한 개정 법안은 특정 기관의 주장을 과도하게 담고 있다.

한은이 반대하는 다른 논리는 "빅브라더법이 된다"는 것이다. 한은은 이 점을 법 개정안이 가진 가장 큰 취약점이자 문제점이라고 여러 번 반복해 주장했다. 이런 법이 시행되면 개인 정보가 정부 관할·통제하에 들어가는 것은 사실이다. 한은은 "빅브라더 논란은 국민의 일상적 거래 정보를 강제적으로 한곳에 집중시키는 것 자체에서 비롯된다"고도 했다. 한은이 아닌 누구라도 충분히 제기할 수 있는 우려다. "가정 폭력 막자고 모든 가정에 폐쇄회로TV(CCTV)를 설치할 수는 없는 것 아닌가"라는 반대 논리도 한은 당국자 입에서 나왔다.

그동안 '전자정부'라는 구호 아래 행정 업무뿐 아니라 일상의 모든 일이 IT화됐다고 해도 지나친 말이 아니다. 정부 주도의 개인 정보 관리 시스템은 하나하나 떼어놓고 보면 명분도 있고, 효용성도 있는 게 적지 않다. 하지만 IT에 따라 하나로 통합되고 관리될 때에는 '개인' 및 '사적 영역'이 없어지는 것이 문제다. 일종의 '구성의 오류'라고 할 만한 상황이다. 빅브라더 사회라는 게 특정 주체에 의해 사전에 하나하나 기획되고 철저하게 설계돼 완성되는 것이 아니다. 필요하다며 만든 별개의 정보 관리 시스템들이 모이고 결합돼 부지불식간에 그런 가공의 감시 통제 시스템이 돼버린다는 사실이 중요하다.

【 생각하기 】

빅브라더 재촉 시스템 너무 많아…
개인 정보 악용·해킹 예방해야

한국은행과 금융위는 설립 목적 및 성격, 주된 업무가 다르다. 소비자 보호와 핀테크업계의 발전, 지급 결제 기능의 전문성과 안전성 확보 모두 추구하자면 두 기관의 원만한 협의가 중요하다. 법 개정안이 명백히 금융위 입장을 반영한 것인 만큼 한은이 크게 우려하는 대목에 국회가 좀 더 진지하게 귀 기울일 필요는 있다. 개인 정보의 집중과 오남용 가능성은 매우 민감하고 중요한 문제다. 따라서 두 국가 기관의 대립을 '밥그릇 싸움' 정도로 폄하해서는 곤란하다. 결제 시스템만이 아니라 우리 사회에는 빅브라더를 조장하고 재촉하는 요인이 너무 많다. 일상화된 카드 결제, 소득과 자산 관련 온갖 세무 정보, 하이패스에 모두 남는 이동 경로, 수많은 CCTV 등 끝이 없다. 그런 정보가 정치 권력에 악용되거나 행정 편의에 따라 오남용될 경우도 상정해야 한다. 해킹돼 악용될 우려도 있다. 개인 정보의 유출과 오남용을 막겠다며 익명 정보 활용조차 막았던 게 이전 정부와 당시 여당이었다는 사실도 기억해둘 만하다.

정부가 신용대출 규제를 강화해도 될까?

대출 업무는 은행을 비롯한 금융 회사의 기본 업무다. 은행의 경우 대출에서의 리스크(위험) 관리는 사실상 본업이라고 해도 과언이 아니다. 담보대출이든 신용대출이든 마찬가지다. 특히 신용대출의 활성화 정도, 적절한 관리 등에서 금융의 선진화 여부가 1차 판가름 나기도 한다. 신용대출에 대한 은행의 업무 노하우도 어느 정도 축적돼 있다. 그런데 2020년 10월, 정부는 신용대출 업무에 대한 개입을 강화한 바 있다. 더구나 "신용대출 규제는 신중해야 한다"던 기존 입장에서 대출 억제로 입장을 확 바꿨다. 담보대출이든 신용대출이든 근본 문제는 금융 회사에 자율성을 주는 것이다. 금융 회사의 건전성 관리, 주택 시장으로 자금 쏠림의 억제 등 이유로 대출에 대한 감시·감독·규제가 갈수록 심해지고 있다. 그러면서 신용대출까지 가로막고 나섰던 정부의 선택을 어떻게 볼 것인가.

【찬성】

'자율 침해' 등 무리 따르지만
'부동산 투기 자금' 차단해야

부동산 시장, 특히 서울 일부 지역을 비롯한 아파트 가격의 급등을 정부가 지켜보고 있을 수만은 없다. 집값 대책을 23차례나 냈지만 효과를 내지 못했다. 초저금리가 장기화되면서 자산 시장에 거품을 키운다는 것이 일반적인 분석인데, 서울이 국제도시로서 지금의 가격대가 자연스럽다는 등 여러 가지 해석과 평가가 나오고 있다. 어떻든 저금리 상황에서 시중으로 풀려난 자금이 아파트 시장과 주식 시장에 '과열'을 조장한 측면이 있는 건 사실이다.

특히 부동산 시장으로 흘러가는 자금은 최대한 막을 필요가 있다. 주택담보대출과 관련해서는 정부가 위헌 논란까지 무릅쓰며 동원할 수 있는 정책 카드를 총동원해 막을 수 있는 만큼 막았다. 그런데도 가계 대출은 줄어들지 않고 있다. 담보대출을 막았더니 신용대출 쪽으로 자금 수요가 쏠리고 있다. 이를 내버려두면 집값 잡기에 실패하는 것은 물론 자산 시장의 버블을 더 키울 수 있다. 금융 정책을 총괄하는 금융위원회가 앞서 "신용대출 규제에 신중해야 한다"는 것은 이런 상황 악화를 충분히 내다보지 못했기 때문이다. 코로나 쇼크를 이겨내기 위해 시중에 자금이 더 돌도록 해야 한다는 현실성도 있었다.

신용대출은 금융 회사와 수요자 간 자율적인 영역으로 보호하는 것이 원론적으로 타당하기는 하다. 하지만 코로나 위기의 와중에서 2020년 2월부터 급증세를 보여 8월에는 전달보다 2조 원 이상 늘어나기도 했다. 신용대출 증가가 금융 시스템 전반의 위험으로 확대될 가능성도 있었다는 얘기다. 다만 "부동산 대책 효과를 줄이니 신용대출에 대해 조치하라"는 대통령 지시 한 마디에 따른 것이라는 지적은 금융감독 당국으로서도 아픈 대목이다. 하지만 관치금융의 문제점을 논하기에는 사정이 너무 다급했다.

【 반대 】

경제적 약자 어려움 키워…
근본 문제는 과도한 관치

집값 안정이라는 명분 아래 부동산 관련 대출은 온통 막아놓고 신용대출까지 규제하면 과도한 관치다. 사유 재산권과 사적(私的) 자치 침해의 논란은 차치하더라도, 이렇게까지 대출을 끝없이 규제하면 위기의 자영업자나 영세한 중소기업인들은 어떻게 하란 말인가. 부동산·집값 대책만 정책인가. 코로나 쇼크에 허덕이는 중소 자영사업자들의 애로는 보이지도 않는가. 이들이 은행 등 제도권 금융 회사에서 대출이 막히면 위험이 극도로 커지는 비제도권 금융으로 가라는 말인가. 신용대출에 문제가 없다면서, 규제는 될 수 있는 만큼 신중해야 한다고 하고서는 갑자기 입장을 바꾸면 급전은 어디서 어떻게 마련하란 말인가. 이렇게 은행 보험 등 제도권 대출을 막아버리면 필요한 자금을 빌릴 수도 없거니와 금리(조달비용) 부담만 늘어나게 된다는 사실도 정부는 충분히 인식했어야 했다.

근본적인 문제는 대출에 대한 정부의 과도한 개입과 간섭이다. 이런 게 구시대적 관치금융이다. 관치를 떨치자던 그간의 노력을 헛되게 할 수 있다. 더구나 집값 때문에 통상적인 신용대출까지 억지로 가로막는다면 관치금융을 넘어 '정치금융'이라는 비판을 면치 못한다. 공급대책은 외면한 채 증세와 대출 죄기로 수요만 억눌러온 왜곡된 대책을 두고 '집값 정치'를 한다는 비판이 나온 것을 잊었나. 특정 방향의 정치적 목적을 위해 금융의 흐름을 인위적으로 막고 경제의 기본 원리를 무시하면서 그에 따른 부작용은 외면하겠다는 게 된다. '내 임기 중에 별일 없으면 그만'이라는 식으로는 경제위기를 극복하기 어렵다. 대통령과 여당까지 나서 "대출을 줄여라, 늘려라"라는 한국의 금융 정책을 해외 투자자들이 어떻게 볼지도 한 번쯤은 염두에 둘 필요가 있었다.

'금융 건전성' VS '자율 금융' 조화 필요

금융 회사의 건전성 유지와 금융 시스템의 정상 가동도 중요하다. 정교한 금융감독 시스템이 구축돼 있고, 관련 정부 기관이 존재하는 이유다. 하지만 금융거래의 자율성과 금융사업의 독립성도 중요한 덕목이다. 선진 금융과 후진 관치금융이 판가름 나는 중요한 기준이다. 원래 정부는 '규제 본능'이 있는 데다 오른 집값이 정치 문제가 되면서 정권 차원에서는 다가올 선거에서 눈앞의 표를 계산하지 않을 수 없었을 것이다. 당장 필요하다는 관점과 장기 발전의 논리가 충돌하는 사례는 정치나 정책 부문에서 국한된 것도 아니다. 그래서 5년 임기의 단임 단기 정권에서 국가의 장기발전을 꾀하기는 쉽지가 않다. '오너 체제'가 아닌 3년 임기의 전문 최고경영자(CEO) 기업이 장기발전 투자에 어려움을 겪는 것과 같은 이치다. 궁극적으로 정부 개입을 줄이면서 시장에 대해 잘 아는 금융 회사에 자율권을 주고 이를 보호하는 게 금융 발전에 도움될 수 있다. 대출 관리에도 효율적이고, 경제적 약자의 부담도 줄이는 길이다.

주식 공매도, 금지해야 할까?

한때 2030세대들이 증시로 대거 몰려 코스피지수가 사상 최고치에 오르면서 '과열 논란', '거품 경고'까지 나오는 와중에 공매도 논쟁이 불거졌다. 문제는 '영끌(영혼까지 끌어들인 투자)', '빚투(빚내서 하는 투자)'라는 말이 퍼져가는 단기 과열 현상이었다. 공매도는 빌려온 주식을 판 뒤에 주가가 하락하면 싸게 사서 되갚는 투자 기법이다. 공매도가 뜨거운 관심사가 된 것은 주가 하락을 공매도가 부채질할 수 있다는 주장 때문이다. 공매도가 주가 하락의 명확한 요인이라는 분석은 없지만, 하락장일 때 주로 쓰이는 매매 기법이기는 하다. 지금은 공매도에 대한 정책이 그 자체로 시장의 판세에 크게 영향을 미치는 요인이 돼버렸다. 공매도는 과연 나쁜가. 계속 금지해야 할까.

개인과 기관투자가, 정보 불균형
'기울어진 운동장' 바로잡는 수단

공매도 금지를 해야 하는 가장 큰 이유는 주식 시장의 구조적인 문제로 지적되는 '기울어진 운동장'을 바로잡자는 취지다. 주식도 없이 빌려서 파는 공매도 제도를 실제 이용하는 쪽은 대부분 기관투자가와 외국인 투자자다. 자금력이 있는 기관과 외국인 투자자들은 공매도를 이용해 현실적으로 수익을 내고 있지만 개인 투자자들은 그렇지 못하다.

2017~2019년 한국 유가 증권 시장에서의 공매도 거래 가운데 외국인 비중은 74퍼센트였다. 국내 기관투자가들도 24퍼센트를 차지했다. 개인 비중은 1퍼센트도 채 되지 않았다. 주로 기관투자가들인 외국인과 국내 기관은 기관 간 대차(주식 빌리기) 시장을 통해 주식을 쉽게 빌릴 수 있다. 그 규모가 67조 원에 달한다. 개인들도 신용융자 담보로 주식을 빌릴 수 있지만 상대적으로 제한적이다. 금융위원회가 이런 불균형 문제를 해소하기 위해 개인도 공매도를 할 수 있도록 '대주 시장'을 확대한다는 방침은 세웠으나 아직 변한 것은 없다. 여전히 개인 투자자들이 불리할 수밖에 없다.

기관과 외국인 투자자들이 공매도를 이용해 수익을 내는 과정에서 개인과 '정보의 불균형'이 있다는 주장도 설득력이 있다. 증권가에서 쉽게 끊이지 않는 시세 조종 같은 불공정 거래에 악용될 가능성도 있다. 나중에 증권사의 실수로 판정나기는 했지만, 2018년도 골드만삭스의 대규모 공매도 사건 때도 시장의 충격이 컸다. 고의성 여부는 언제나 판단이 쉽지 않은 문제인 만큼 악용될 소지가 있는 제도라면 원천적으로 제한할 필요도 있다. 때로는 공매도 제도 자체가 잘못이라기보다는 이 제도가 주식 시장의 모든 참여자에게 똑같이 공평한 기회를 제공하지 못한다는 부정적 시각 때문에 '폐지론'이 나오는 것도 사실이다.

【 반대 】

한국만 금지하면 국제 자본 이탈 예상, '글로벌 스탠더드'로 필요한 제도

개인 투자자들이 공매도 제도를 잘못 이해한 채 금지와 폐지를 요구하고 있다. 공매도는 17세기 네덜란드의 동인도주식회사 때부터 있어온 주식 거래 기법이다. 한국에 제도적으로 도입된 것도 1996년이다. 이제는 제도를 정착시킬 때다. 금지가 아니라 잘 가꾸면서 주식 시장을 선진화해나가야 한다. 보완 요인이 있어 수정·보완하는 것은 완전히 다른 문제다. 공매도 정도도 수용하지 못한다면 증권 시장의 많은 파생 상품이나 관련된 투자 기법은 어떻게 인정하나. 공매도는 주식 투자자에게 자금을 빌려주는 신용융자와 같은 성격으로, 대칭적 기능을 한다. 공매도가 안 된다면 돈을 빌려서 주식을 사는 것도 금지할 텐가. 다른 주체의 자산을 빌려 매매 차익을 얻는다는 점에서 같은 성격이라는 게 증권학계의 주된 학설이다.

주식 시장을 떠받치기 위해 한시적으로 금지한 것도 무리인데, 공매도 금지를 계속해간다면 한국은 세계 시장에서 완전히 '외딴섬'으로 전락할 것이다. 일정 규모나 수준의 증시를 가진 국가 가운데 공매도를 금지하고 있는 곳은 한국과 인도네시아뿐이다. 공매도를 금지하면 해외 투자 자금이 새로 들어오기는커녕 있던 자금도 빠져나갈 것이다. 주식 시장은 온통 위험투성이인데 '리스크 관리'를 제대로 할 수 없는 시장에 어떤 자본이 투자하러 오겠나. 글로벌 자금이 대거 빠져나가는 것이야말로 국내 주가를 떨어뜨리는 초대형 악재다. 벼룩 잡겠다고 초가삼간 다 태우는 어리석음을 저지를 수는 없다.

공매도를 금지한 2020년 3월 이후 유가 증권 시장은 38퍼센트가량 올랐고, 공매도가 허용돼 있는 미국은 26퍼센트 오르기는 했다. 하지만 주가 변동에는 변수가 너무 많아 이 차이가 공매도 때문이라는 명확한 분석도 없다. 오히려 금융 위기가 왔던 2008년에는 공매도 금지 조치에도 불구하고 코스피지수는 더 내려갔다.

불법 공매도가 문제,
불법·편법 행위 차단 등 엄정 대처해야

공매도 자체가 문제라기보다는 그 과정에서 나타나는 위법 행위, 즉 '불법 공매도'가 문제다. 금융감독 당국이 불법 공매도에 대한 엄단 의지를 밝혀왔으면서도 '적발 시 처벌 강화' 차원에 머무르고 있는 것도 적발과 대응에 기술적 한계가 있기 때문이기도 하다. 소액 개인 투자자들이 일종의 단체 행동인 청원까지 나서면서 공매도 금지에 매달리는 것은 어떻게든 주가 하락을 막아보겠다는 욕심일 수 있다. 하지만 공매도 금지가 주가 하락을 부추긴다고 실증적으로 증명된 적은 없는 데다 금융 위기라든가 주식 시장에 이상이 생겼을 경우 오히려 주가 하락을 부채질한다는 반론도 있다. 공매도 제도가 '적정 가격'을 찾는 순기능도 있다. 대부분 선진 시장에서 다 활용하고 있는 매매 방식을, 그것도 이미 해오던 것을 금지할 경우 해외 시각도 고려해야 한다. 공매도를 금지하면 한국 증시에서 국제 자본이 이탈할 것이라는 경고는 결코 과장이 아니다. 글로벌 스탠더드의 문제이기도 하다. 결국 제도의 틀은 유지하되, 불법·편법 행위를 최대한 예방하면서 적발 시 엄정 대처하는 것도 보완 방법이 된다. 이것 외에도 예방하고 보완해야 할 증시 불공정 행위는 더 많다.

정부가 은행에 '서민금융 지원'을 요구해도 될까?

2021년 4월, 정부는 시중은행을 향해 저소득 계층·중저등급 신용자를 대상으로 하는 상품 개발 확대를 압박하고 나섰다. 금융위원회가 전면에 나선, 이른바 '서민금융' 강화였다. 서민금융 지원법도 국회에서 급진전되었다. 대통령이 국무회의에서 "신용이 높은 사람은 낮은 이율을, 신용이 낮은 사람은 높은 이율을 적용받는 구조적 모순이 있었다"고 말한 것과 같은 궤도의 정책 행보였다. 금융위는 카카오뱅크 등 인터넷전문은행에 중금리 대출 시장을 열라는 압박도 했다. '중금리 대출 상품 확대, 중저신용자 지원 확대'라는 것은 한미디로 소득·자산이 부족하고 신용도가 낮은 서민도 은행 대출을 제대로 받을 수 있게 하라는 것이다. 취지는 나쁘지 않을 수 있다. 문제는 신용도 계산과 리스크(위험) 관리가 업(業)의 기본인 금융업에 정부가 개입한다는 것이다. 신용도가 낮은 이용자에게 대출을 확대하면 부실, 즉 떼일 확률이 높아진다. 당장 두 가지 문제를 예상해야 한다. 하나는 은행 등 금융권의 이익이 줄어들면서 수익구조가 확 나빠질 것이라는 점이다. 또 다른 하나는 금융 이용자의 도덕적 해이를 부추길 수 있는 데다 예측 가능한 부실에 대한 예금자의 용인 여부다. 당장의 문제는 아니지만 은행이 부실해지면 공적자금 지원이 불가피해진다. 이는 결국 국민 혈세에 기대는 것이 된다. 금융과 금융업의 기본 원리인 신용도 관리와 어긋나는 정부의 서민금융 강화 정책은 필요한 것일까?

【 찬성 】

취약층도 은행 수익 누리게 해야…
인터넷은행, 중금리 대출에 관심을

코로나 쇼크를 겪으면서 금융 시장에서도 양극화가 심해졌다. 자산이 부족하고 소득이 적은 취약층은 금융 시장에서도 소외돼 어려움이 적지 않다. 이들을 금융 측면에서 지원할 필요가 있다. 낮은 신용도가 걸림돌이 돼 은행 문턱을 밟기 어려운 소외계층이 자립·자활할 수 있도록 상대적으로 형편이 나은 은행들이 나서 도와줘야 할 상황이다.

　시장금리가 자연스럽게 낮아지는 와중에도 서민은 여전히 높은 금리 부담을 안은 채 대출 시장 이곳저곳을 드나들고 있다. 법정 최고금리를 계속 낮췄지만, 지원 효과에는 한계가 있다. 정부는 이자제한법 개정을 통해 3년 전 연 27.9퍼센트였던 최고금리를 연 24퍼센트로 내린 데 이어 2021년 7월부터는 연 20퍼센트로 더 낮춘다는 방침을 세워놓고 있다. 법정 최고금리를 낮추는 정도에서 그칠 게 아니라, 이들이 은행 등에서 실제로 돈을 빌릴 수 있도록 해주는 게 중요하다.

여러 분야에서 정부가 나서 다양한 복지제도를 운영 중인 판에 금융에서도 복지를 못할 이유는 무엇인가. 은행이 내는 적지 않은 수익을 금융 약자에게 나눠주는 효과를 내보자는 것이다. 은행이 출연한 자금으로 신용 취약계층을 상대로 운영하는 '햇살론뱅크' 등을 활성화하는 것도 좋은 대안이 될 것이다. 햇살론뱅크 같은 서민지원 금융에 정부가 재정을 동원해 보증을 서면 금융권과 정부 공동으로 지원에 나서는 결과가 된다.

카카오뱅크 같은 인터넷전문은행도 기존의 관행을 깨뜨린다는 차원에서 이런 방향으로 적극 나서면 좋을 것이다. 금융위가 압박하는 이른바 '중금리 대출 계획' 요구가 그런 방향이다. 이런 금융지원을 통해 좀 더 많은 서민이 자립 기반을 마련한다면 경제가 건실해지는 효과도 나올 수 있다.

정부가 할 일을 민간에 떠넘기는 것, 금융 왜곡하면 더 큰 피해 생겨

고신용자가 양보해서 신용도 이상의 고금리를 부담하고, 그렇게 생기는 여유자금을 재원으로 취약층 저신용자를 도와주자는 것은 금융의 본질을 모르는 논리다. 알면서 그런다면 금융을 왜곡하는 주장이다. 그런 식은 금융이 아니라 복지사업이거나 공익 지향의 사회사업일 뿐이다. 서민에게 금융을 지원하려면 재정으로 해야 한다. 세금, 국유자산 매각이나 효율화로 조성한 공적자금으로 해야 할 일을 민간 은행에 압박하는 것은 정부가 할 일을 민간에 떠넘기는 것과 다를 바 없다. 서민에게 금융 지원을 하지 말자는 것이 아니라, 정부가 할 일이나 재정으로 할 수 있는 것과 은행 등 금융 시장에서 할 일을 명확하게 구분하자는 것이다.

금융은 동서고금을 통해 리스크 관리가 기본이다. 국내에서만 통하는 원리 원칙이 아니라 자본이 수시로 이동하는 국제 금융 시장에서도 기본이다. 정부가 나서 한국의 금융 시장을 왜곡하고 비정상적으로 만들어버리면 국제 금융 시장은 한국을 외면할 것이다. 그렇게 되면 무서운 결과가 뒤따르고, 더 큰 대가를 치른다.

금융은 '신뢰사업'이다. 신뢰는 어느 날 갑자기 구축되는 게 아니다. 개인도 기업도 정부도 나아가 사회 전체가 신용을 쌓고 신뢰를 구축하는 데는 시일이 걸린다. 숱한 난관을 거치며 이루는 사회적 자본이다. 그런데 은행 대출 등 금융의 본질을 모르거나 외면한 채 신뢰 시스템을 훼손하면 소탐대실의 우를 범하게 된다. 금융에 대한 몰이해 차원의 걱정이 아니다. 금융 문맹을 의심하게 하는 정책 행보의 바탕에 금융을 왜곡시키려는 의도가 있는 것 아니냐는 걱정이 들 정도다. 인터넷은행도 업무 방식에서 혁신을 도모하게끔 유도하는 게 중요하다. 아무에게나 대출에 나섰다가 부실해지면 어떻게 대처하겠나. 정부는 도덕적 해이를 예방해야 할 책무도 있다.

【 생각하기 】
은행 수익에 정부가 간섭할 수 있나…
금융 산업 경쟁력도 중요

은행이 자체 영업활동을 해서 낸 수익에 대해 금융감독 당국이 "여기 써라", "저기 지원하라"고 할 수 있을까. 지금 수익이 지속될 수 있는 것인지도 봐야 한다. 현재 영업이익에 대해 간섭하는 것이 용인된다면, 경제 금융 여건이 나빠져 은행이 적자를 낼 경우 정부가 이를 보전해줘야 한다는 논리로 이어진다. 은행이 영업을 잘못해 적자를 낸다면 직원 임금을 줄이고, 점포 숫자를 조정하고, 잘못된 상품 운용을 개선하는 등의 구조조정을 하도록 하는 게 감독 당국이다. 독립 경영의 기반을 흔들면 금융 회사들은 치열한 영업활동 대신 정부 지원에 기대려는 '도덕적 해이'에 빠지지 않을까. 이런 식의 관치는 금융 산업 발전과 거꾸로 가는 것이다. 국제적 흐름과도 역행한다. 정부가 서민금융 지원을 강요하면서 취약층 대출에 대해 70퍼센트만 보증하겠다는 것도 이상하다. 나머지 30퍼센트 보증은 결국 은행의 우량 고객이 책임지라는 압박인 것이다. 인터넷은행을 향한 이른바 '중금리 대출 계획 수립' 압박도 핀테크 발전이라는 큰 목표에 부합하는 것인지 돌아볼 필요가 있다. 서민금융 지원 자체가 문제 아니라 정부가 할 일을 은행에 미루는 것, 고신용 고객 돈을 쓰면서 생색은 정부가 내는 게 문제다.

최고금리를 법으로 강제하는 게 경제적 약자를 돕는 일일까?

2021년 7월, 당시 정부와 여당은 법정 최고금리를 연 24퍼센트에서 20퍼센트로 4퍼센트포인트 내렸다. 취지는 서민들의 금융 부담, 즉 대출금 이자를 덜어주겠다는 것이었다. 최고금리를 적용받는 계층은 주로 저소득·저신용 그룹이 대부분이어서 경제적 약자 그룹에는 도움이 될 수 있다. 시중의 저금리 기조가 장기화되고 대부분의 대출자 금리 부담이 줄어드는 게 분명한 만큼 취약 계층도 가능하다면 금리 부담을 덜도록 해주는 것은 의미가 있다. 문제는 부작용이다. 약자를 더 궁지로 내몰 가능성이 크기 때문이다. 법정 최고금리를 낮출 때면 대부업체 상당수가 폐업하거나 신용대출을 중단하는 일이 빚어진 적이 있다. 법으로 보호하려는 계층이 바로 그 법 때문에 피해를 봤던 것이다. '시중의 돈값'인 금리를 법으로 강제하는 게 궁극적으로 경제적 약자를 돕는 일일까?

금융 약자에게도 저금리 혜택 돌아가게 해야

법정 최고금리를 24퍼센트에서 20퍼센트로 내리자는 논의를 했던 2020~2021년은 한국은행의 기준금리가 연 0.5퍼센트일 정도로 저금리 시대였다. 그런 상황에서 아무리 '최고금리'라지만 연 24퍼센트로 두는 것은 지나친 감이 있었다. 금융 약자에 대해 정부가 외면하는 것과 다르지 않았다. 저금리 시대, 금융 빚에 따른 부담 경감은 모든 대출자에게 두루 적용돼야 했다. 최고금리를 인하하면 저신용자는 아예 대출 시장 밖으로 내몰린다는 우려도 있었지만, 그런 부작용은 금융 정책과 행정으로 최대한 막도록 노력하면 된다.

취약 계층에 대한 금융 지원을 확대해야 하는데, 그렇다고 현금을 나눠줄 수는 없지 않은가. 무수한 논란 속에 대출 자체를 없애주는 빚 탕감까지 시도한 판에 금리 부담을 덜어주는 정도는 큰 문제가 아닐 수 있다. 2017년 이전 정부는 빚 탕감 대책으로 214만 3,000명의 채무기록을 전산과 서류 등에서 완전히 삭제해 금융 회사를 통한 금융 거래를 새로 시작하게 한 적이 있었다. '상황이 어려운 빚' 때문에 경제 활동에 발목이 잡히고 재기가 힘든 약자 지원 차원이었다. 그때도 '모럴 해저드(도덕적 해이)' 문제가 제기됐고, "금융의 자기 책임 원칙을 허물어서는 안 된다"는 우려와 비판이 나왔지만 나름대로 의미는 있었다.

　2020년 11월, 이러한 논의가 이루어지던 때 금융위원회 조사에 따르면 연 이자가 20퍼센트를 넘어서는 대출을 이용하는 사람은 약 239만 명이었다. 법정 최고금리를 내리는 법 시행 때까지의 경과기간 등을 감안할 때 이들 가운데 87퍼센트가량이 혜택을 받으면서 줄어드는 대출이자 부담은 4,830억 원 정도 될 것으로 추산됐다. 금융 발전을 위해서는 금리 문제를 시장에 맡겨야 한다는 지적이 타당하기도 하지만, 코로나 위기로 인한 서민의 어려움을 외면해서는 곤란하다.

【 반대 】

'금융의 자기 책임' 원칙 허물고
약자를 더 궁지로 내몰 것

최고금리의 상한선을 법으로 제한하겠다는 의도는 선(善)할지 모른다. 하지만 그 결과는 약자를 더 힘들게 할 것이라는 게 '불편한 진실'이다. 2016년 3월 19대 국회가 법정 최고금리를 연 34.9퍼센트에서 27.9퍼센트로 낮췄을 때 어떤 일이 뒤따랐나. 15개월 만에 대부업체의 38퍼센트가 폐업하거나 신용대출을 중단했다. 대부업체가 없어지거나 이들이 대출을 해주지 않으면 금융 취약층은 불법 사금융으로 내몰릴 수밖에 없다. 허가도 없는 불법 사금융은 대출 때 극단적인 '신체 장기 포기각서'까지 받고, 연체 시 공격적인 채권 추심(대출 회수)도 마다하지 않아 매우 위험한 불법 추심 피해를 초래할 수 있다. 금리가 높다고 해도 대부업체들은 대부분 금융 당국에 정식으로 등록 승인을 받은 곳이어서 최소한 그런 불법 행위는 없지만, 불법 사채 시장으로 가면 폭력 영화에서나 나오는 참사가 현실화될 수도 있는 것이다.

자금 시장의 다양한 조달 방식도 봐야 한다. '정부 허가증'을 바탕으로 영업하는 은행 등과 달리 대부업체 같은 고금리 금융 회사는 대출을 위한 조달금리부터 높고, 고정 경비도 훨씬 많이 든다. 연체 가능성이 높고 대출금을 떼일 확률도 일반 제도권 금융 회사보다 훨씬 높다. 이런 것이 비용으로 포함돼 대출금리가 올라가는 것이다. 조달된 자금의 원가가 완전히 다르다는 점도 인정해야 한다.

금융 시장에 대한 정부의 간섭과 개입도 문제지만, 표를 의식한 '선심성 정치 논리'가 스며들면 금융의 자율성, 자기책임의 원칙은 다 무너지게 된다. 그 결과는 금융의 퇴보이고, 산업 혈맥으로서의 금융 기능은 위축될 수밖에 없다. 금리는 결국 '돈의 가격'이고, 이는 수요와 공급의 원리에 따르게 된다. 무리하게 이를 가로막으면 필요한 곳에 돈의 공급이 어렵게 되고, 그 피해는 고스란히 취약 계층 몫이다.

불법 사금융 부추긴 일본 선례도 참고할 만

이상과 현실이 부딪칠 때가 많다. 수요와 공급, 가격 문제를 정부 입장이나 '당위론'의 시각에서 접근할 때 특히 그런 경우가 많다. 이럴 때 현실을 무시하고 이상으로 치우치면 엉뚱한 결과를 초래하기 십상이다. 선한 의도일수록 위험은 더 커진다. 정부의 과도한 가격 개입은 이중 가격을 초래하거나 필요한 재화 및 서비스를 시장에서 쫓아내는 역효과를 내는 게 대출 시장만의 '정부 개입의 역설'은 아닐 것이다.

과거 프랑스의 '로베스피에르의 우윳값 통제' 이래 계속된 하나의 교훈이다. 일본에서도 2010년 최고금리를 낮추자 불법 사금융이 급증했었다.

금융 취약층, 경제적 약자 보호도 물론 필요하다. 금리 책정을 법으로 강제하기에 앞서 고금리 시장에서 무리한 빚 추심은 없는지, 대출에 불공정 약관은 없는지, 업계의 탈세나 불법 영업은 없는지부터 꼼꼼하게 살펴보면 어떨까. 그러면서 감세(減稅) 등으로 인센티브를 제공해 대부업계 쪽에서 금리를 내리도록 유도할 수는 없을까.

내부자 거래 사전공시제, 도입해야 할까?

2022년 9월, 정부가 상장 기업의 임원 및 주요 주주의 주식 거래에 대해 최소 30일 전 매매 계획을 의무적으로 공시하도록 하는 제도를 도입하기로 했다. 불법·불공정 소지가 있는 내부자 거래를 막아 소액 주주를 보호한다는 취지다. '내부자 거래 사전공시제'라는 이 제도는 개미 투자자 보호를 명분으로 내세웠지만 기업 쪽에서는 또 하나의 규제로 받아들이며 시장 혼란을 부추길 수 있다고 걱정했다. 매매 계획에 대한 사전공시 의무화를 강조하면 회사 지분의 덩어리 거래인 블록딜(통상적 거래 시간 외의 대량매매)이 사실상 어려워지고, 악재성 정보를 바탕으로 하는 공매도를 부추겨 결국 개미 투자자들의 피해를 키울 것이라는 우려도 나온다. 하지만 불공정 거래 논란을 불러일으킨 BTS 소속사 하이브와 카카오페이 등에서의 주식 거래 행태가 근절될 것이라는 기대도 있다. '사후'가 아닌 '사전' 주식 거래 공시제, 도입해야 할까?

개인 투자자 보호 위해 필요, 정보의 비대칭 해소해나가야

회사 경영진의 갑작스러운 주식 지분 매각으로 주가가 급락하면서 피해를 본 개미 투자자가 적지 않다. 이런 행위는 증권 시장의 불안을 부추기기도 한다. 개인 투자자에게는 매우 중요한 투자의 판단 요소지만, '사후' 공시로나 알게 되는 정보다. 개인 투자자들을 상대로 주식을 공모한 지 오래되지 않은 시점에 카카오페이나 하이브 등의 내부자 연루 불공정거래 의혹 매매가 빚어지면서 개인의 투자 피해가 속출하기도 했다. 정보의 비대칭·불균형 상태에 대한 시정·대책 마련 요구가 크게 일어나기도 했다.

금융위원회가 마련한 사전공시제를 보면 모든 거래에 대해 무조건 신고하라는 게 아니다. 상장 회사 총 주식의 1퍼센트 이상 또는 거래금액으로 50억 원 이상일 경우 사전에 공시하라는 것이다. 상장사 임원과 대주주 등이 해당될 텐데, 최소 30일 이전까지 매매 목적, 예정 가격·수량·기간을 정해진 방식대로 '공시'하라는 것이다. 이런 정보가 거래를 투명하게 하고 개인의 투자 판단에 도움을 줄 수 있기 때문이다. 이를 준수하지 않으면 위법 정도에 따라 제재하자는 것이다. 과도할 경우 형벌 징계도 가능하지만 과징금 부과나 행정적 제재로 끝날 수도 있다.

감독 당국이 적극 나서도 증시에는 정보의 비대칭 발생 요인이 많아 개인 투자자에 대한 보호는 다소 과할 정도로 해도 큰 문제가 없다. 상장 기업의 속사정을 잘 아는 회사 임원이나 대주주 등 내부자가 대량으로 주식을 팔고 자기 이득만 챙기는 사이 개인 투자자 손실은 걷잡을 수 없을 지경이 되는 일이 적지 않으며, 때로는 사회 문제로 비화되기도 한다. 자본 시장법의 제정 취지가 건전한 투자 문화로 시장 안정을 꾀하는 것인 만큼 주요 주주의 매도 행태는 사후 신고 정도를 넘어 예고적 사전 공시로까지 나아가야 한다. 스톡옵션 행사를 통해 취득한 주식은 상장 후 6개월 동안 매각을 금지한 조항도 소규모 개인 투자자 보호를 위한 것이었다. 그것의 연장 차원이다.

【 반대 】

블록딜 막고 공매도 불러 결국 개미 피해…
미국·일본은 사전신고제 정도에 그쳐

소액의 일반 개인 투자자를 보호하자는 취지는 좋다. 하지만 일정 수준을 넘어서면 이 모든 게 시장의 자율 발전을 가로막는 과잉 규제가 된다는 사실이 중요하다. 또 하나 문제는 당장은 개인 투자자를 보호하는 것처럼 보이지만 또 다른 부작용으로 오히려 개인 투자자 피해를 키울 수도 있다는 점이다.

대주주 등의 주식 처분이 모두 개인 차익을 노리거나 부당한 정보를 기반으로 단기 이득을 꾀하는 것이라는 전제부터가 잘못 됐다. 무엇보다 사전공시제는 내부자의 정상 대량 거래까지 가로 막을 장애 요인이 될 수 있다. 거래 내용이 사전에 공시되면 이에 따라 주가가 급등락할 인위적 요인이 생긴다. 거래 내용이 사전에 공개돼 가격 변동이 심해지면 블록딜 같은 특수 거래는 불발될 가능성이 크다. 정부가 기업의 인수합병(M&A), 연기금 주식 거래, 상속 등에 예외적 조치를 둔다고 하지만 시장 참여자들은 이런 규제를 불편하게 받아들일 수밖에 없다. 개인 투자자 피해를 막겠 다면 미국이나 일본처럼 사전신고제 정도로만 해도 된다. 공시는 말 그대로 시장 전체에 정식으로 알리는 것이지만 신고는 금융 당국에 매매 내용을 알려놓는 정도이니 차원이 다르다. 감독 당국 은 이를 근거로 내부 정보의 불법적 활용 여부에 대해 모니터링 을 강화하면서 부당 거래 예방에 치중하는 게 선진 행정이다.

사전공시제가 시행되면 주요 주주의 대량매매 계획 자체가 하 나의 정보가 되면서 공매도 세력이 해당 주식에 붙을 수 있다. 그 렇게 공매도 공세가 빚어지면 신속한 실시간 대처가 쉽지 않은 소액 주주들은 불필요한 피해를 입을 수 있다. '시장 변동성 확대 로 과도한 손실이 예상되는 경우 제한적으로 변경 및 철회를 인 정한다'는 예외 규정도 문제다. 주요 주주는 매각을 피할 수 있는 반면 주가 하락의 피해가 개인에게 전가될 수 있기 때문이다. 그렇다고 한번 공시하면 어떤 예상치 못한 상황이 빚어져도 무조건 예정대로 거래하라는 것도 어불성설이다.

【 생각하기 】

소액 투자자 권익, 주요 주주 재산권 다 중요…
예외 충분히 두며 세부 다듬어야

소액 투자자 보호를 명분으로 주요 주주의 자율적 거래권(선택권)에 제한을 가하는 게 정당한가 하는 문제다. 소액 주주 권익도 중요하지만 주요 주주의 재산권도 중요한 가치다. 이 둘을 조화시키지 못하면 부자 감세 논쟁만큼이나 단선적이고 이분법적인 논리에 함몰된다. 시간외 대규모 블록딜은 기업의 지배 구조나 사업 구조를 좌우하는 매우 정교하고 힘겨운 선택이다. 이런 고난도 경영 전략을 가로막으면 자본 시장의 발달도, 기업의 생존도 담보하기 어렵다. 기존의 사후 지분 변경 공시와 미공개의 사전 신고 정도에서 감독 당국이 불공정 내부 거래에 대한 감시 역량을 키우는 것도 중요하다. 문제가 생긴다고 금지와 강제 규제부터 만들고 처벌만 외친다면, 선진 시장이 되기 어렵다. 제도를 시행한다 해도 하위 시행 규정에 세부적 예외 사항을 충분히 둬 자본 시장의 성장을 가로막지 않는 게 그나마 차선책이다.

원자재 가격 오르면 납품가 올리는 납품단가 연동제, 타당할까?

국회에서 '납품단가 연동제' 시행을 위한 법안이 여러 차례 발의됐다. 중소기업이 대부분인 하청업체가 상대적으로 대기업인 원청업체에 납품할 때 원자재 가격 상승분을 연동해 가격을 올려 받게 하자는 법이다. 세계 어느 곳에도 유례가 없는 법이어서 더 관심을 끈다. 중소기업계에서는 찬성 입장이 많고, 국회에서도 여야 할 것 없이 입법 논의를 계속 이어왔다. 정부에서는 업계 자율을 침범하는 강제법이라며 신중한 입장을 보이고 있다. 대기업의 해외 아웃소싱 확대, 하청기업의 단가 맞추기를 위한 혁신 노력 기피 등 부작용도 만만찮다. 코로나 쇼크와 글로벌 공급망 훼손에 따른 고물가로 이 제도를 도입하자는 중소기업계 요구는 커지는 분위기다. 사적(私的) 자치와 계약자유 원칙에 어긋난다는 비판에도 시행해야 할까?

인플레 쇼크로 중소기업 궁지 몰려…
중기·대기업 상생해야 경제 발전

중소기업이 다수인 하청 소기업들의 납품가를 원자재 가격 동향에 연동하자는 논의가 시작된 지 무려 14년이나 됐다. 그만큼 중소기업계에서는 절실한 현안이다. 중소기업이 살아야 대기업도 살고, 나라 경제도 발전할 수 있다. 중소기업과 대기업 간 기형적인 격차와 심화되는 양극화를 방치한 채로 한국의 산업과 경제는 더 발전하기 어렵다.

시기적으로도 지금이 도입 적기다. 무엇보다 2년 이상이나 지속된 코로나 충격으로 중소사업자 피해가 특히 컸다. 중소상공인들을 위한 국가 차원의 지원이 그 어느 때보다 다급하다. 많은 논란을 겪지만 중소상공인 대상의 코로나 보상 지원도 그래서 하는 것 아닌가. 현금 지원의 부작용에도 불구하고 그런 방법까지 결국 시행하는 것이다. 글로벌 공급망 재편 와중의 최근 인플레이션도 중소기업엔 치명적 어려움으로 다가온다. 인플레이션이라는 게 무엇인가. 물가 상승, 중소 산업계가 조달하는 원자재의 가격 상승이다. 취약한 중소기업으로서는 치솟는 원자재 가격을 자체적으로 흡수하는 데 한계가 있다. 한 번 정한 계약서로 반년씩, 1년씩 변경 없이 그대로 가기가 어려운 비상 시기다. 오르는 원자재 가격이 적기에 반영돼야 마음 놓고 제품을 만들어 원청 기업에 납품을 지속할 수 있다. 중소기업중앙회가 최근에 중소 제조업 209개사를 대상으로 한 조사를 보면 응답 기업 세 곳 가운데 한 곳(67퍼센트)이 원자재 가격 상승분을 납품 단가에 반영하기 위한 요긴한 방법으로 이 제도 시행을 꼽았다.

중소기업이 대부분인 납품업체와 대기업이 다수인 원청 기업은 '갑을 관계'여서 자체적으로 원자재·원료 가격을 적기에 반영하기 어렵다. 국가가 나서 법으로 규정을 마련해야 하는 이유다. 중소기업과 대기업이 함께 발전하는 상생 전략을 펴자는 취지다. 지금껏 나온 법안을 보면 원자재 가격이 10퍼센트 이상 오르거나 최저임금이 상승할 때 변동된 금액에 대한 분담을 원청회사와 하도급회사가 약정서에 명문화하자는 정도다.

【 반대 】
정부가 가격 보장하면 누가 원가절감 하나…
어디에도 없는 반시장·계약 자유 침해

원자재 가격 상승분을 납품단가에 의무적으로 반영하도록 하는 납품단가 연동제는 세계 어디에서도 유례를 찾을 수 없는 반(反)시장적 발상이다. 법의 이름으로 개인과 민간의 사적 자치 영역, 계약 자유를 어디까지 침해하려는지 두렵다. 납품단가 연동제를 요구하는 중소기업의 딱한 사정은 누구라도 이해할 수 있다. 코로나 쇼크와 우크라이나 전쟁 등에 따른 공급망 이상으로 인한 원자재 가격 급등은 중소기업뿐 아니라 모든 기업과 가계에 고통이다. 산업 생태계로 볼 때 협상력이 약한 중소기업의 납품가 인상 요구가 적기에, 충분히 반영되기 어려울 것이라는 사정도 짐작할 만하다.

그렇게 사정이 어렵다고 무리한 법을 만든다면, 극단적으로 말해 대기업의 여유 자금을 아예 강제로 빼앗아 중소기업에 넘겨주면 간단히 끝날 일 아닌가. 이익 내는 기업이 법인세 내고 남은 이익금을 전부 환수해 적자 기업에 나눠주면 경영난을 호소하는 기업도, 부도나는 기업도 다 없어질 일 아닌가. 그런 원리다. 원자재 가격 상승분을 납품단가에 자동적으로 반영토록 법으로 강제하는 것은 우리 민법의 근간인 사적 자치와 계약 자유의 원칙과 배치된다. '자유주의의 복원'을 그렇게 외친 윤석열 정부에서 이처럼 반자유주의적 법제화를 용인하고 있다는 사실이 믿기지 않는다.

가격을 거래의 당사자, 즉 시장에 맡기지 않고 정부가 직접 개입하면 혁신 기업이 성장할 수 없다. 모든 가격이 마찬가지다. 가격에 굳이 개입하려면 정부가 대주주이거나 정부 업무를 대리하는 공기업의 제품과 서비스에 한해야 한다. 그 또한 막무가내식은 안 된다. 가격 개입이 한국 최대 공기업인 한국전력을 빚투성이 부실기업으로 만들지 않았나. 정부가 적정 이윤을 보장해주겠다면 누가 원가 절감에 나서고, 혁신을 고민하겠나. 이런 경제가 과연 발전할 수 있나. 중소기업이 대기업으로 성장하는 게 가뜩이나 더딘 나라가 한국인데, 눈앞의 이익 관계만 보는 강제법이 이를 가로막을 판이다.

【 생각하기 】
중기 보호하려다 해외로 '아웃소싱' 우려, 인센티브로 자율 시행 유도해야

가장 효율적인 곳으로 흐르는 게 자본과 투자의 속성이다. 정부 압박이 거칠어지면 원청 기업은 비용이 싼 해외 기업으로 '아웃소싱'할 것이다. 그러면 국내 협력업체에 더 큰 손실이 될 가능성도 있다.

한국경제연구원 보고서를 보면 원자재 가격이 10퍼센트 올랐을 때 납품단가 연동제로 납품 가격에 반영할 경우, 국내 중기에 대한 대기업 수요는 1.45퍼센트 감소하고 해외 중기에 대한 수요는 1.21퍼센트 증가한다. 정부 일각의 인센티브 방안도 좋아 보인다. 정부의 가격 개입이나 법을 통한 강제가 아니라, '표준 하도급 계약서'를 만들어 자발적으로 부응하는 기업에 혜택을 주는 것이다. 원가 연동제를 스스로 시행하는 원청 기업에 세제 등으로 파격적 지원을 해준다면 좋은 효과를 기대할 수 있다. '강제법'보다 '자율적 상생 노력'이 무난하고 길게 갈 수 있다.

중기 적합업종 제도,
효과 없다는 비판에도 지속해야 할까?

중소기업 적합업종 제도가 만들어진 지 11년이 됐다. 2011년 이명박 전 대통령 때 동반성장위원회를 앞세운 정부가 도입한 이 제도는 시행 때부터 적지 않은 논란을 불러일으켰다. 규모가 영세하고 열악한 중소기업의 사업 영역을 보호하기 위해 생계형 서비스 부문 14개 업종에 대기업 진출을 막은 게 시작이었다. 연도별로 상당수 업종이 추가로 지정을 받으며 보호 대상이 확대돼왔다. 11년이 되면서 초창기 제도 시행 때 제기됐던 문제점이 다시 불거지고 있다. 경제의 지향 목표인 소비자 후생은 줄어들고, 경쟁국 기업 이익만 보장해주면서, 정작 대상 업종에 주목할 만한 변화가 없었다는 비판론이다. 김치 제조업 같은 업종은 중국산의 국내 점령을 초래해버렸다는 지적도 있다. 11년째 큰 변화가 없다는 중기 적합업종, 계속 유지해야 할까?

'코로나 타격' 중소기업 보호에 필요,
장기적 안목으로 성과 지켜봐야

중기 적합업종 지정 제도는 말 그대로 중소기업을 보호하기 위한 것으로 이제 조금씩 뿌리를 내려간다고 볼 필요가 있다. 여유를 가지고 봐야 한다. 이 제도를 관장한 정부 부처의 이름처럼, 대기업과 중소기업이 함께 발전하는 '동반 성장'을 하자는 취지다. 기술 혁신 속에 급진전되는 산업화·도시화·IT화 와중에 대기업과 영세 중소기업의 격차는 심각한 문제로 지적됐다. 이런 양극화는 균형적 산업 발전을 가로막는 저해 요인이었을 뿐 아니라 경제 성장에도 적지 않은 걸림돌이었다.

무너져가는 골목 상권을 살리고 전통 시장을 유지시키자는 목소리도 그렇게 나왔다. 경제의 풀뿌리 같은 영세 자영업자를 보호하자는 주장은 오히려 시기적으로 늦은 감이 없지 않았다. 그렇게 영세·자영사업자가 몰려 있는 중소기업형 업종을 보호 대상으로 어렵게 선정했다. 이런 과정은 일의 속성상 민간 기업이나 시장에 맡겨둘 수가 없었다. 가령 두부·김을 만들고 고추장을 제조할 때 인위적으로라도 대기업은 배제시킴으로써 중소기업의 사업 공간을 마련해준다는 취지였다. 김치·두부·고추장·조미김·프레스금형 같은 업종이 2011년도 중기만의 사업 업종으로 처음 지정됐다. 이후 LED조명·절연전선·고압가스 충전(2012년)으로 확대됐고, 서적 및 잡지 판매·중고차 판매(2013년), 떡볶이·떡국떡(2014년), 임의 가맹점형 체인 사업(2015년), 사료용 유지·문구소매·계란 도매(2016년), 고소작업대 임대(2017년), 자동차 단기 대여(2019년) 등으로 확대돼 왔다. 아직도 많은 중소기업 주력 업종이 보호 대상에서 빠졌다는 점에서 오히려 확대 필요성도 제기된다. 성과가 없었다는 비판이 있지만, 한발 한발 조금씩 진행되는 과정이다. 가시적 성과 여부는 중장기 안목에서 더 지켜볼 필요가 있다. 영세 중소기업에 집중되고 있는 코로나 충격을 감안해서라도 최소한 현행 수준은 유지돼야 한다.

【 반대 】

소비자 이익 줄고 창업 선택권 제한, 해외 업체만 반사 이익 얻었다

지난 11년간 110개 업종 및 제품이 중기보호업종으로 지적됐지만 결과는 어떤가. 성과는커녕 부작용만 누적된 게 현실이다. 자영업자의 창업 선택권부터 제한받고 있다. 청년세대 창업에 걸림돌이 되고, 기존 점포에 대한 과잉보호로 혜택이 한쪽에 실린다는 비판이 나온다. 가장 큰 문제는 물론 소비자의 후생 저하다. 중고차 판매업이 대표적이다. 2013년 보호업종이 되면서 대기업의 진출이 원천적으로 가로막히자 중고차 판매업에 대한 신뢰도가 떨어져버렸다. 판매 강요, 불투명한 가격 결정, 고객에 대한 전반적 서비스 수준 저하 등 다양한 문제가 나타났다. 소비자 불만이 고조되면서 결국 중고차 직거래만 늘어나게 됐다. 2020년 국내에서 거래된 중고차 251만여 대 가운데 55퍼센트(138만 대)가 당사자 간 직접 거래였다.

영세 중소기업의 사업 영역이 되면서 해외 사업체 이익만 늘려주는 결과도 생겼다. 해외 업체는 법 적용 대상이 아닌 까닭에 중국 등 경쟁국 기업만 좋아졌다. 가령 LED조명 제품은 삼성·LG 등이 미래 사업으로 투자해왔으나, 정부 방침에 따라 어느 날 이 사업에서 손을 뗄 수밖에 없었다. 통상 국내 사용 실적이 있어야 해외 판매도 가능한데 잘못된 제도가 수출까지 막은 셈이다. 빈자리는 아무런 규제도 받지 않는 중국 제품이 점령해버렸다. 대기업이 배제되면 국내 중소기업이라도 이익을 봐야 하는데 중국 등 해외 대기업만 한국 시장을 누비게 돼버렸다. 이런 현상은 2016년 이후 동네 빵집 창업자가 줄어든 반면 스타벅스 매장은 이후 1.5배나 늘어난 것에서도 확인된다. 장기간 보호로 최대 6년간만 보호하겠다던 당초 취지도 사실상 무력화되고 있다. 2018년 생계형 적합업종 제도가 신설되면서부터다. 고추장을 비롯한 장류 제조업과 떡볶이 떡 제조업·서적판매 소매업이 그런 사례다. 중고차 판매업도 그렇게 2019년부터 생계형으로 보호받고 있다.

대기업 진출 막아 생긴 부작용 봐야…
무조건 보호, 능사 아냐

소프트웨어 등에 대한 대기업 진출이 막히면서 정부의 공공 조달 시장에 주목할 만한 변화가 있었다. 전자정부 시스템의 해외 수출, 코로나19 백신 보급 플랫폼 구성 등에 실력 있는 업체가 빠지면서 정부 업무에 차질이 빚어진 것이다. 이제 11년이 된 만큼 초기의 정책 목표가 얼마만큼 성과를 냈고, 드러나는 부작용은 어떤 것이며, 문제점이 어떤지 객관적으로 한번 조사해볼 필요도 있다. 그런 객관적 조사를 토대로 이 제도의 지속 여부를 결정하는 게 과학적이고 타당하다. 민관 모두가 외치는 청년 창업을 가로막는다거나 소비자 후생이 심각하게 침해받는다면 최소한 실효성이 있는 보완책이라도 마련할 필요가 있다. 정책에는 원래 일몰제도 있다. 중소기업 육성도 중요하지만 경쟁력을 떨어뜨리는 무조건 보호가 능사가 될 수 없다.

선거 때면 등장하는 '통신비·카드 수수료 인하 공약', 정당한가?

제20대 대통령 선거 당시 경쟁이 본격화하면서 다양한 주장과 요구가 공약으로 나타났다. 세금 정책과 재정 운용 방향처럼 거대 담론도 많지만, 이런 대형 어젠다에 가려진 생활형 이슈도 적지 않았다. 문제는 이처럼 상대적으로 작은 사안처럼 보이는 것 가운데 우리 사회의 법률 체제, 경제 운용의 기본 원리, 사업자·소비자의 직접 이해관계가 얽히고설킨 논쟁거리가 적지 않다는 것이다. 조금만 따지고 보면 경제·사회 기본 원리와도 연결되는 것들이다. 그만큼 하나하나가 중요한 이슈다. 대표적인 게 '신용카드 수수료 인하 논란', '개인 통신비 인하 압박' 같은 것이다. 카드 수수료만 해도 형편이 넉넉지 않은 소규모 개인 사업자에게는 조금이라도 내려가는 게 도움이 될 것이다. 하지만 둘 다 사실상 '한국에만 있는 가격 통제'다. "소상공인 보호를 위해 필요하다"는 주장이 적지 않지만, 문제점 또한 적지 않다. SKT·KT·LG유플러스 등 민영 통신사에 대한 요금 압박도 같은 맥락이다. 국가가 적정 이익을 책정하며 가격에 개입하는 것을 어떻게 볼 것인가. '중소상인 보호', '개인 생활비 경감' 등 취지와 명분만 그럴듯하면 다 용인될 수 있나. '선거 포퓰리즘'이라는 비판이 나오는 가운데 법적인 문제는 없나.

【 찬성 】

자영사업자 돕기 위해 '적격비용 재산정제' 동원해야

생계형 자영업자의 어려움이 무척 큰 시기다. 특히 코로나 쇼크로 타격을 본 소규모 자영사업자들은 불황의 직격탄을 맞아 홀로서기가 쉽지 않다. 이런 자영사업자를 대상으로 배달 플랫폼 이용수수료, 온라인 신용카드 결제 수수료를 정부가 나서 깎아줄 필요가 있다. 제20대 대선 당시 이재명 더불어민주당 후보가 공약으로 주로 내놓았고, 보수를 표방하는 야당 국민의힘에서도 당내 경선 과정에서 홍준표 후보가 공약으로 내놓은 바 있다.

배달의민족, 요기요 등 배달 플랫폼은 최근 급성장했다. 반면, 다른 쪽에선 작은 가게 주인들은 그만큼 덕을 못 봤고, 소비자들역시 부담이 줄어들었다고 보기 어렵다. 수수료가 적정하게 책정될 수 있도록 정부가 적극 지원하고, 필요하다면 민관 협의기구를 만들어 이 문제를 제도적으로 풀어나갈 수 있다. 이를 위해 앞서 정부가 마련해둔 '적격비용 재산정 제도'를 활용하는 것도 좋은 방안이다. 적격비용제는 자금조달 비용, 위험관리 비용, 마케팅 비용 등 카드 회사가 영업하는 과정의 원가를 분석해 관련 정부 당국에서 '적정한 수수료율'을 정하는 것이다. 과거에는 카드 회사와 가맹 사업자가 자율적으로 했던 사적 계약에 정부 개입의 길을 튼 것으로, 2012년 개정된 여신전문금융업법에 시행 근거가 있다. 이렇게 해서라도 카드사와 가입 사업자 사이의 균형을 맞춰주고 카드 결제 시스템이 무너지지 않도록 하는 게 장기적으로 서로 이익이 될 것이다.

통신비 인하 공약도 '경제적 약자'를 돕자는 취지에서 시작됐다. 개인 가입자가 약정한 기본 데이터를 다 쓴 뒤에도 카카오톡 같은 기본 메시징 앱 등은 무료로 사용하게 해주자는 것이다. '전국민 안심데이터'라는 공약이 그것인데, 연간 최대 3조 원 정도의 할인 혜택이 개인들에게 돌아간다. 과거 선거 때 나왔던 기본 요금제 폐지, 반값 통신비 같은 공약과 궤를 같이한다.

【 반대 】

수수료 요금 강제 인하,
서비스 질 추락, 부대 혜택 줄어

카드 수수료는 2007년 이후 13차례나 인하됐다. 카드 회사가 수수료를 받는 것은 투자를 해온 대가이고, 가맹 사업자에게 요긴한 서비스를 해주는 대가다. 서로 필요에 의해 자율적으로 거래 관계를 맺은 것일 뿐, 일방적으로 무료 혜택을 준다거나 터무니없이 폭리를 취할 관계가 아닌 것이다. 가맹점과 소비자가 누리는 편리와 혜택은 카드사 간 치열한 경쟁의 결과다. 카드사들은 우수한 정보기술 인력을 키우고 채용하며 기술 개발을 하고, 회원을 늘리기 위해 판촉·마케팅 비용도 적지 않게 쓴다. 이 모든 게 '편리와 효율'을 위해 위험을 무릅쓰고 하는 투자라는 사실이 무시돼선 안 된다. "세계에서 최초로 적격비용제까지 도입해 수수료 인하 압박을 받다 보니 이미 전체 가맹점의 96퍼센트가 수수료를 내지 않는 상황인데 얼마나 더 내리라는 것인지, 너무한다"는 게 카드업계 반응이다.

국가가 적정 마진을 정하는 곳이 한국 말고 세계 어떤 나라에 있나. 오죽하면 카드 회사 노동조합들도 적격비용제는 아예 폐지하고, 가맹점 수수료 추가 인하를 중단하라고 요구하며 총파업에 들어가겠다고 하겠나. 카드업계가 치열한 기술 개발과 눈물 날 정도로 업무 혁신을 해오면 정부와 정치권에선 수수료 인하 여력이 있는 것으로 보는 풍토에서 기술 혁신이 가능하겠나. 기술 혁신을 고취하지는 못할망정 노력의 결과물을 정책이란 이름으로 따갈 궁리만 한다면 카드사로부터 고급 서비스는 기대하기 어렵게 된다. 현실적으로 누적 포인트와 기타 부대 서비스 등 카드사가 소비자에게 돌려주는 각종 혜택도 다 없어질 것이다. 카드사의 수수료 인하 압박은 결제 시장에 뛰어든 빅테크와의 형평성 문제도 초래한다.

통신비 압박도 마찬가지다. 무리하게 요금을 낮추게 하거나 요금 대비 더 많은 서비스 제공을 강제하면 당장 통신 품질부터 저하되고 소비자가 누릴 다른 기회가 사라질 것이다. 눈앞의 작은 효과만 보느라 더 큰 것을 놓칠까 걱정이다.

【 생각하기 】
통신비·카드 수수료 인하 파급 효과 따져야

통신비나 카드 수수료를 맞추면 당장은 수혜층이 나오고 효과도 있어 보일 것이다. 정책에는 그에 수반되는 기회비용이 있게 마련이다. 다만 정도의 차이일 뿐이다. 2020년 국회의원 총선거 전에 무주택자 표를 의식해 '임대차 3법'이 나왔지만 1년여 사이에 전세·월세가 50퍼센트 이상 올랐다. 공약·정책 의도와 반대되는 현상이 나타난 것이다. 경제적 약자를 돕는다면서 저신용자에 대한 우대와 무리한 연체 사면 등이 불러온 금융 시장의 왜곡도 기억할 만하다. 이런 상황이 심화하면 결국 금융 약자가 더 어려워질 수 있다는 게 함정이다. 약자 지원책일수록 한층 정교해야 하고 여러 갈래로 파급 효과까지 봐야 한다. 모든 정책에는 이면이 있고 그늘도 있게 마련이다. 통신사들이 "남는 게 없다"며 탈통신

사업에 나서면서 콘텐츠·빅데이터 등 신사업 쪽만 본다면 어떤 결과가 될까. 89분간의 통신 장애로 가입자들에게 큰 혼란과 손실을 초래한 KT의 통신 먹통 대란과 같은 일이 재발하지 않는다는 보장이 있을까.

플랫폼 기반 새 서비스에 반대하는 전문자격사 단체, 정당할까?

인터넷상의 플랫폼 기업이 활발하게 움직이자 이들의 영업에 반대하는 이익 단체들의 저항도 커지고 있다. 대표적인 게 변호사 중개 서비스 플랫폼인 '로톡'의 활동을 막으면서 법적 대응까지 나선 대한변호사회다. 의사협회, 치과의사협회, 건축사협회 등도 비슷한 이유로 협회 차원의 반대 운동에 나섰다. 4개 단체는 '올바른 플랫폼 정책연대'를 출범시켜 단체행동을 시작했다. 이들 단체는 플랫폼 서비스가 시장을 교란하며 국민의 생명, 건강과 재산 등에 피해를 줄 수 있다고 주장한다. 하지만 그 이면에는 자기 밥그릇을 유지하려는 '기득권 지키기'라는 비판도 만만찮다. 택시업계 입장이 적극적으로 반영된 '타다금지법' 제정 때와 비슷한 상황이다. 소비자의 선택권을 가로막는다는 비판을 받는 반(反)플랫폼 연대 행위는 타당하며 정당한 것인가?

국민 안전·건강·재산과 직결된
법률·의료·주택 거래는 전문가 영역

민형사상의 법률문제를 대리하는 변호사나 국민 개인의 생명과 건강을 다루는 의사는 최고의 전문가들이다. 직업에 귀천은 없지만, 상대적으로 중요한 업무를 맡은 것은 사실이다. 건축사들도 현대 사회의 온갖 건물과 구조물을 설계하고 공사를 지휘하는, 안전을 직접 다루는 고도의 전문가 집단에 속한다. 전문가적 지식을 기반으로 제한된 자격증에 바탕한 자체적 시장 질서가 오랜 시간에 걸쳐 구축돼 있다. 영업과 수주전을 벌이기도 하지만 나름의 관행과 규칙을 따르는 게 보통이다.

이런 영역에 플랫폼 기업이 끼어들면서 불법·부당한 영업 행위가 빚어질 가능성이 커졌다. 이 현상을 그대로 방치하면 심각한 부작용이 생길 수 있다. 지금은 4개 정도의 전문자격증 소지자 협회에서 공동 대응하고 있지만 머지않아 공인중개사협회, 택시조합, 약사협회, 한의사협회 등도 이 연대와 공조할 가능성이 있다. 이렇게 되면 전문자격사 100만 명이 동참할 수 있는 연대가 형성될 것이다. 공인중개사협회는 정부가 가이드라인으로 정한 법정 수수료의 절반을 받는 온라인 중개 서비스 업체와 이미 법적 다툼을 벌이고 있다. 플랫폼 기업이 '저가 공세'로 당장 소비자의 눈길을 끌 수 있지만 법률 서비스, 고가의 주택 매매와 관련 등기업무, 의료 행위 등에서 책임 있는, 질 좋은 서비스를 해준다는 보장이 없다.

당장 서비스 가격이 문제가 아니다. 가령 수십억 원을 오르내리는 부동산 거래에서 법적 하자 없이 마무리되는 것은 얼마간의 수수료 차원을 넘어서는 문제다. 인신 구속과 전 재산이 왔다 갔다 할 수 있는 법률 서비스는 더하다. 로톡 같은 플랫폼 기업이 과연 이에 대한 법적 책임을 다 질 수 있나. 편리와 비용 문제를 따진다지만, 무엇이 궁극적으로 소비자를 위하는 길인지 생각해봐야 한다. 정부가 '시장 교란 행위'에 대해서는 다각도로 규제하고, 국회가 그런 법률을 만들어온 것도 소비자 보호책이다.

【 반대 】
혁신 싹 밟는 기득권 지키기 연대, 소비자 선택권 제약은 안 돼

전형적인 기득권 집단의 자기 이익 지키기다. 로톡 서비스에 대해 변호사협회가 반대하며 법적 대응에 나선 이유가 불법적 변호사 알선 행위를 막기 위한 것이라고 하지만 수임 업무를 빼앗길까 봐 하는 걱정이라고 볼 수밖에 없다. 공인중개사협회가 온라인 중개 서비스 업체를 고발한 이유도 비슷해 보인다. 새 서비스로 법정 수수료의 절반만 받으니 사무실을 낸 기존 중개업계가 위기를 느낀 것이다. 선진국에서 근래 로톡 같은 IT 기업이 활발하게 움직이면서 저변을 넓혀가고 있는 것과 아주 대조적이다.

플랫폼 기반의 새 서비스 확대는 시대 흐름이다. 4차 산업혁명이 진행되는 'AI·IT 시대'에 자연스러운 현상이다. '배달의 민족', '요기요' 등이 배달 서비스 시장을 휩쓰는 것은 편리에 주목하는 소비자의 선택 때문이다. 소비자들이 키워가는 것이다. 의사협회와 치과의사협회에서는 반대하지만 '굿닥' 등의 비대면 진료 서비스를 소비자가 편리하게 쓰고 신뢰한다면 사용하게 둬야 한다. 만약 서비스에 문제가 생기거나 신뢰성이 무너지면 소비자 스스로 회피할 일이지, 기득권 그룹이 강제할 수 있는 사안이 아니다. 소비자들은 그 정도 판단 역량이 있으며, 그렇게 선택할 권리도 있다. 최소한 신구 체제 양립이 가능하게 하면서 선택권을 넓혀나가야 한다.

타다금지법의 교훈을 잊어선 안 된다. 2018년 10월부터 타다는 앱으로 운전기사가 딸린 11인승 승합차 호출 이용 서비스를 운영해 1년 만에 170만 명의 회원까지 모았다. 하지만 택시업계 반발에 밀려 국회가 타다금지법이 제정되면서 이 서비스는 중단됐고, 오늘날 택시 대란의 주요한 원인이 됐다. 서울에서는 택시 잡기만 힘들어진 정도가 아니다. 대폭의 요금 인상으로 이어져 소비자 불만이 이만저만이 아니다. 진화하는 IT를 적극 응용하는 혁신 서비스를 가로막은 대가였다.

【 생각하기 】

구체제 전문 자격증과 IT 혁신기술의 충돌, '갈등 조정자' 정부 역할 중요

의미 있는 혁신이나 획기적인 새 서비스의 보급에는 진통이 따른다. 기득권 집단과 새롭게 도전하는 그룹의 충돌은 기술 발전의 역사에서 흔한 일이다. 기득권 집단이라지만 전문자격사들 우려도 일리는 있다. 동시에 혁신의 싹을 밟지 말라는 새 서비스 제공업계의 주장에도 타당성이 있다. 무엇이 소비자를 위하는 길이며, 어떤 것이 소비자 선택권을 신장하느냐가 관건이다. 선의의 경쟁도 핵심 요소다. 여야 국회나 정부가 이 과정에서 갈등 조정을 잘 하기는커녕 한쪽 편에서 소비자 편익을 저해하는 구태가 늘 문제다. 기술 발전에 따른 새 서비스를 자연스러운 현상으로 보면서 소비자 선택의 폭을 줄이지 않도록 노력하는 선진국 사례를 적극적으로 들여다볼 필요가 있다. IT 부문의 국가적 노력과 다수 청년 창업자가 이런 시도로 창업에 나선 현실도 고려해야 한다. 구체제의 노련미와 신흥 도전자의 혁신 간 선의의 경쟁을 유도하는 게 좋다.

어떻게 하면 좀 더 행복하게
일할 수 있을까?

THE POWER OF DEBATE
THE QUALITY OF THOUGHTS

주 4일 근로제,
현실적으로 도입 가능한가?

제20대 대통령 선거를 앞둔 당시 후보들은 여느 때와 다름없이 선심성 공약을 경쟁적으로 내놓았다. 주목할 만한 현상은 미래에 대한 각오나 허리띠 죄기, '더 열심히, 더 노력하자'는 종류의 공약은 찾아보기 어렵다는 점이었다. '주 4일 근로제' 공약도 그런 과정에서 나온 선거 담론이었다. 가장 강한 목소리를 내며 공약으로 내건 사람은 심상정 정의당 후보였다. 그는 '주 4일제 로드맵'까지 제시했다. 이재명 더불어민주당 후보도 가세했다. 당시 국민의힘 등 야권에서는 "수적으로 많은 근로자 표를 얻기 위한 인기영합책"이라는 비판도 나왔다. 주 4일 근로제 도입, 가능한 상황일까?

일과 삶의 균형이 최고의 복지,
소비 늘고 일자리 나누기도 기대

주 4일제는 언젠가는 달성하고 정착시켜야 할 목표다. 근로자의 노동 복지 가운데 최고의 복지다. 교통지원비, 야근수당 등도 필요 없다. 주 4일 근로만으로 최근 정착되고 있는 '워라밸(일과 삶의 균형)' 수준을 크게 높일 수 있다. 일과 삶의 균형, 돈을 버는 생업과 여가·휴식을 보장받는 개인 삶의 균형을 맞추는 게 행복이다. '워라밸'이 가능할 때 선진 사회, 선진국이다.

일을 적게 하면 생산성이 떨어진다고 하지만 그렇게만 볼 일도 아니다. 근로 시간이 줄어든 만큼 일에 집중하게 되면서 업무 효율은 오히려 올라갈 것이다. 충분한 휴식이 업무 집중도를 높일 수 있다. 이미 시행 중인 선진국들을 보면서 보완할 게 있으면 하면 된다. 프랑스에 이어 미국에서도 주 4일 근로제 논의가 일고 있고, 영국에선 기업에 따라 시행을 결정한 곳도 없지 않다.

휴일이 늘어나면 소비가 증대된다는 것도 장점이다. 현대 경제는 '소비 경제' 측면이 강하다. 정부도 경기 살리기 차원에서 번번이 내수 활성화를 외치지 않나. 음식업·여행·공연 등 서비스 산업을 중심으로 자연스럽게 소비가 늘어나면서 경제 체질도 3차 산업 중심으로 한 단계 나아갈 수 있다.

일자리 확대 차원에서 접근할 수도 있다. 고용 확대야말로 대부분의 현대 국가가 직면한 한결같은 숙제 아닌가. 주 4일 근로는 자연스럽게 고용을 나누고 그 과정에서 더 많은 근로 희망자에게 일할 기회를 부여할 것으로 기대된다. 정부가 예산을 동원해 창출하는 일자리가 '관제(官製) 알바'라는 지적 속에 얼마나 비판받고 있나. 억지로 만드는 일시적 고용이어서 생산성도 없고 지속가능한 모델이 아니라는 비판은 일리가 있다. 그런 것보다는 '워라밸' 조건이 충족되는 주 4일제에 따른 고용 창출이 더 나은 일자리다.

성숙해지는 4차 산업혁명 시대의 큰 흐름에 맞춰 국가 차원에서 조기 도입을 검토 추진해야 하는 상황이다.

[반대]

생산성 낮아지고 근로자 소득 줄어…
'일자리 양극화' 초래할 것

주 52시간제 도입 때도 얼마나 많은 논쟁과 논란이 빚어졌나. 중소기업과 소규모 사업장에까지 이 제도가 정착하려면 한참 멀었는데, 주 4일 근로가 현실적으로 가능하겠나. 한마디로 이상에 치우친 주장으로, 시기상조다.

무엇보다 심해지는 소득과 자산의 양극화 흐름 속에 근로자 소득만 줄어들 게 뻔하다. 한국 노동생산성이 가뜩이나 낮은 상황에서 일을 적게 하면 소득은 줄어들 수밖에 없다. 소득이 감소하면 시간이 많아진들 '워라밸'이 어떻게 가능하겠나. 한때 정치권에서 '저녁이 있는 삶'을 선거 공약으로 요란하게 내세웠지만, "임금이 줄어들어 아무런 소용이 없다"는 아우성만 넘쳤다. 야근, 주말·휴일근로, 연장근로로 임금을 보전하려고 근로자들이 자발적으로 더 일하겠다고 나서지 않았나. 주 4일제는 달콤하게 들리지만, 현실적으로 임금 삭감과 기업 환경 악화로 이어져 전체 일자리를 줄이게 된다.

설령 제도화돼 부분적으로 시행된다 해도 근로자 간 격차만 벌어질 것이다. 업종에 따라, 기업 규모에 따라 시행하기 어려운 곳이 아직 많다. 결국 소수의 근로자만 혜택을 보면서 고용·노동 시장 양극화만 부채질할 것이다. 공무원·공기업을 필두로 일부 대기업만 '꿈의 직장'이 될 것이다.

'워라밸'을 얘기하지만, 줄어든 시간만큼의 생산성을 유지하려면 업무 강도는 높아질 수밖에 없다. 업무 강도 강화는 고용 정체로 이어진다. 주 4일 근로만으로도 소득 수준을 보장받으려 한다면 어떤 기업, 어떤 고용주가 추가 고용에 쉽게 나서겠나. 결국 공무원과 공기업 등 노조의 힘이 센 공공 부문에서나 제도적 장점을 한껏 누릴 수 있을 것이다. 성급하게 추진하면 생산성 저하, 노동 시장 이중화 심화 등 부작용을 일으키면서 악순환을 초래한다.

'주 35시간제' 프랑스의 후회,
공무원·소상공인 근무 조건 변경 쉽지 않아

코로나19 사태 여파로 미국 등에서도 주 4일 근로제 논의에 탄력이 붙은 게 사실이다. 무조건 도입도, 무작정 반대도 능사는 아니다. 여론조사에서는 찬성이 다소 우세하다. 어느 조사에 따르면 찬성 51퍼센트, 반대 41퍼센트였다. 취업 근로자가 많은 현실을 감안해도 반대가 만만찮다는 사실을 알 수 있다.

우리보다 앞서 시험적으로 주 35시간제를 시행 중인 프랑스에서의 논란과 반성을 참고할 필요가 있다. 시행 기업에 보조금까지 줬지만 부정적 효과가 커 '실패'했다는 게 프랑스 정부의 뒤늦은 결론이다. 공무원 천국이 된 것이다. 하지만 한번 법제화되니 되돌리기도 어려워 거꾸로 보완책이 나왔을 정도다. 주 5일 근로조차 어려운 소상공인, 학교와 학생, 관공서 업무 등도 해법 마련이 쉽지 않은 난제다. 제조업 등 생산라인을 계속 돌려야 하는 산업도 많다. 이 바람에 영국 노동당은 2019년 이를 공약으로 내걸었다가 선거에서 참패하기도 했다. 개별 회사에서의 선택은 자유지만, 국가 차원의 시행이나 법을 통한 강제 도입은 깊이 재볼 게 많다.

늘어나는 회사원 '야간 투잡', 용인해야 할까?

경기가 나빠지면서 한 사람이 두 가지 일을 하는 경우가 늘어났다. 이른바 '투잡(two job)족'이다. 경제가 가뜩이나 장기 침체 상황이었던 데다 코로나 쇼크가 장기화되면서 현저해진 현상이다. 이를 어떻게 볼 것인가. 회사 소속 직장인이라면 회사는 이를 전면 허용해야 할까, 금지해도 될까. 금지한다면 강제로 막는 것은 정당한가. 취업 관련 업체 조사에 따르면 직장인 가운데 부업 경험자가 20퍼센트를 웃돈다는 응답도 나왔다. 재택근무가 늘어나는 등 일하는 형태의 다양화도 한 요인일 것이고, 주 52시간제 강행으로 여유 시간이 늘어난 반면 근로 소득은 줄어든 것도 원인일 것이다. 많은 근로자가 코로나 충격에도 착착 진행되는 4차 산업혁명 시대에 회사가 자신을 계속 지켜주기 어렵다고 판단하고 있다. 하지만 고용주(기업) 입장은 다르다. 무엇보다 회사 소속 근로자가 투잡을 뛰면 업무 효율성이 떨어진다. 자연히 업무 시간에 재해 발생 가능성도 높아지면서 제품이나 서비스 생산성도 나빠지니 달가울 리가 없다. 그래서 업무 시간 이외의 야간 겸업을 문제 삼기도 한다. 이로 인한 소송이 제기되면서 회사 측 손을 들어준 판례가 이슈가 되기도 했다. 직장인의 야간 투잡, 어떻게 봐야 할까?

【 찬성 】

회사와 '계약 시간' 외 개인 자산, 자유 의지로 사용할 수 있어야

회사와 계약된 근무 시간, 예를 들면 오전 9시부터 오후 6시까지 외의 시간은 근로자 개인 것이다. 이 시간은 누구도 간섭할 수가 없다. 계약으로 명시된 근무 시간이 아닌 시간대에, 그것도 주어진 업무를 마치고 하는 부업이 어떻게 승인이나 허가의 대상인가. 온갖 형태의 근로자들이 휴식을 취하고 취미 생활, 체육·건강 증진 활동도 하는 시간 아닌가. 투잡으로 체력이나 정신력 낭비가 심해 정규 근로 시간 업무에 지장을 준다는 논리라면 야간의 체육활동도 금지해야 하나. 축구와 농구, 사이클링 등이 얼마나 격한 운동인가.

개인의 시간은 천부적으로 주어진 것이요, 독립된 개인 스스로 관리하는 것이다. 부업이 주업에 영향을 미친다면 물론 상황은 달라질 수 있다. 하지만 명백한 해사 행위가 아니라면 수용돼야 한다. 영향을 준다는 것도 모호한 개념이다. 무엇을 어떻게 하고, 어느 정도 상관관계가 있을 때 영향을 준다고 할 것인가.

근로자들 의지는 묻지도 않은 채 주 52시간 준수법이 시행되고 있다. 이건 누가 어떤 논리로 강제하는 것인가. 주 52시간제에 따라 이른바 '저녁이 있는 삶'의 여건은 됐을지 몰라도 수입은 줄어들어버렸다. 가처분 소득이 명백히 줄어든 판에 남는 저녁 시간의 여유가 다 무슨 의미가 있나. 차라리 아르바이트라도 하는 게 소비 지출에 도움이 된다. 그런 점에서도 가로막을 이유가 없다. 산업이 발달함에 따라 야간의 투잡 활동 여건도 상당히 좋아졌다. 플랫폼 산업이 진전되면서 배달업 등은 휴대폰 하나로도 충분히 가능하다. 젊을 때 조금이라도 일을 더 해야 노후 대비를 할 수 있고, 저축을 늘려야 조기 은퇴로 자신만의 삶을 살아갈 수도 있다. 겸직을 금지하는 사규가 있다면 이것이야말로 개인 본연의 근로권을 제한하는 행위다. 젊은 근로자라면 주말의 이틀, 사흘씩의 휴일을 다 놀기보다는 하루 정도 일을 해 소득을 보전할 수 있어야 한다. 수많은 유튜버나 블로거들의 활동도 보라.

피로 쌓여 생산성에 악영향,
안전사고 땐 회사가 책임지는데

근로자들에게는 성실 근무의 의무가 있다. 도의적 책무라고 할 수도 있다. 단순히 주말이나 야간에 개인이 좋아하는 일을 하는 것과 작정하고 나서는 투잡은 차이가 분명하다. 사규에 투잡을 원천 금지한 곳도 있고, 겸직 승인 신청을 수용하지 않은 데도 있다. 회사 방침과 지시와 어긋나게 두 가지 돈벌기를 하다가 해고를 당해 제기한 소송에서 회사 측 조치가 정당하다고 법원이 판결한 사례도 있다.

이렇게 쟁점이 명백한 경우가 아니더라도 '통상적 직장인' 근로자의 정규·정례의 야간 투잡은 문제가 다분하다. 낮에 하는 주된 업무의 효율을 떨어뜨릴 뿐 아니라 작업장에서 재해 가능성을 높인다. 더구나 신설된 '중대재해법'은 얼마나 무서운가. 가히 전 세계에서 한국에만 있는 이 법은 근로자가 중대한 재해를 입었을 경우, 비록 본인의 부주의로 인한 것이라 해도 사업장에서 일어난 안전사고는 회사 책임으로 규정한다. 무거운 벌금은 물론 최고경영자(CEO)가 구속될 수도 있는 사안이다. 회사 소속 근로자가 회사와 상관없는 일로 피로가 누적돼 안전사고를 일으킨 것까지 책임지게 할 수는 없다. 계약된 근무 시간 외의 시간은 늘어나는 반면 소득은 감소하는 게 큰 문제라면 관련 법규와 제도를 고치는 게 정석이다. 기업에서 노사 자율로 연장근무를 어느 선까지 여유 있게 하도록 하면서 간섭을 배제하면 이 문제는 절로 해결된다. 많은 회사가 '겸직 금지' 규정을 두고 있지만 현실적으로 잘 지켜지지 않고, 실제로 위반자가 처벌받는 경우도 많지 않다. 결국 억지로 만든 법과 사회 문화가 문제인 것이다. 겸직 때문에 빚어지는 근로자들의 지각 빈도, 근태 불성실 같은 것도 봐야 한다. 무리한 겸직으로 인한 손실은 한 기업만의 피해가 아니라 사회 전체의 경쟁력을 갉아먹는 요소가 될 수도 있다. 노사 관계의 신뢰도 해칠 수 있는 만큼 야간 투잡 같은 겸직은 최대한 억제하고 막는 게 바람직하다.

【 생각하기 】

투잡 증가세,
유연한 근로 계약·근무 시간·임금 체계로 보완을

주간 업무를 마치고 야간 투잡을 뛰는 직원의 해고는 정당하다는 법원 판결로 생각해보는 과제다. 법원은 '겸직 금지 사규가 있고, 이 사규에 따라 겸직 불가를 통보했으면 1개월 이내에 겸직이 중단돼야 한다'는 판단을 했는데도 근로자가 거부하자 그에 따른 해고는 정당하다고 했다. 따라서 법으로 간 겸직 사례는 아주 일반적이지는 않다. 하지만 일반적으로 투잡족이 늘어나고 있는 것은 분명한 현상이다. 통계청 데이터에 잡힌 경우만으로도 부업 근로자가 56만 6,000명에 달한다는 분석도 있다. 당장의 소득 보전에 도움이 되는 데다 조기 은퇴를 꿈꾸는 젊은 근로자들의 의지에 따라 투잡족은 앞으로 더 늘어날 것이고, 기업은 꺼리며 계속 막으려 할 것이다. 근로 계약, 노동 조건, 근무 시간과 임금 체계에서의 유연성이 중요해지는 또 하나의 현실이다. 근로자들의 자율 확대와 다양한 근로 형태의 보장을 위해 생각해야 할 요인이 매우 많다.

최저임금,
해마다 반드시 올려야 할까?

그동안 급등한 최저임금에 대한 사회적 '성찰'이 있는 가운데 2023년도 최저임금을 2022년 6월 말까지 결정해야 하는 시기가 되자 많은 논란이 있었다. 결정 방식은 기존 그대로다. 사용자 측과 근로자 측을 대표한 각각 9명, 그리고 정부 주도의 공익위원 9명으로 위원회가 구성돼 있다. 산업계와 경영계 등에서는 그동안 급등한 최저임금에 대한 문제점을 지적하면서 동결 등을 주장했다. 아울러 산업 업종별, 지역별, 연령별 차별화까지 요구했다. 반면 노동조합 대표 등 근로자 쪽에서는 최근의 물가 급등을 지적하며 오히려 대폭 인상을 강력히 요구했다. 대통령 선거 이후 정부가 바뀌면서 공익위원들은 일단 눈치를 보는 분위기가 있었다. 인플레이션 경고까지 나오는 상황이어서 이것도 적지 않은 변수였다.

물가 급등, 임금 보전 필요,
최저임금 위반 사업장 단속도

최저임금의 본래 기능을 봐야 할 때다. 지금이야말로 근로자의 최저생활을 보호해주는 것이 사회적 책무고, 정부가 존재하는 이유다. 그동안 최저임금을 많이 올렸다고 하지만 문재인 정부가 공약으로 내세웠던 시급 1만 원은 달성하지 못했다. 노동자 생활 보호를 위해 가야 할 길은 아직 멀다.

더구나 최근에 물가가 너무 많이 올랐다. 인플레이션에 대한 경고가 나왔고, 이미 진행 중이라는 진단도 적지 않다. 인플레이션은 서민 가계의 최대 적이다. 생활 자체가 되지 않는 것이다. 기본적인 식료품 구입에도 부담을 느끼는 가정이 매우 많다. 교육비와 각종 생활비가 다 올랐다. 임금만 제자리에 머물면 서민 생활이 어렵게 된다. 이제 최저임금은 단순히 근로 소득이라는 차원을 넘어 사회적 안전망 확보라는 개념으로 접근할 필요가 있다. 중산층 이하의 경제적 하류층이 완전히 무너지면 사회적으로 더 많은 대가를 치러야 한다. 최저임금을 조금 더 올려 서민층이 각기의 일자리를 유지할 수 있다면 재정 부담도 덜게 된다. 지금 가뜩이나 취약한 재정에서 더 많은 부담을 줄이려면 이 길은 나쁜 선택이 아니다.

최저임금 인상에 대한 사회적 논란이 적지 않은 것은 모두가 아는 사실이다. 하지만 최저임금 제도는 한국에만 있는 게 아니다. 많은 선진국에도 최저임금 제도가 있고, 각국은 적절한 인상 등으로 취약한 근로자층 보호에 적극 나서고 있다. 경제적 약자에 대한 제도적 배려인 것이다. 대부분 나라에서도 물가가 오르는 등 여건이 변하면 그에 맞춰 최저임금을 올리지 않는가. 최저임금 인상은 단순히 낭비가 아니다. 근로자 소득이 늘어나면 소비 여력도 생기고, 소비 활성화는 경기 침체를 막는 데 도움이 된다. 그렇게 선순환 구조로 가도록 해야 한다. 오히려 정부는 최저임금을 지키지 않는 사업자에 대한 강력한 단속과 징계를 병행함으로써 이 제도가 실효를 거두도록 노력을 더 기울여야 한다.

【 반대 】
급등한 최저임금 부작용 봐야…
업종별 차등화로 제도 보완 먼저

인위적으로 올린 최저임금의 부작용이 컸다. 문재인 정부 '소득주도성장'의 대표적 실행 방안이 이것이었다. 하지만 수년간 두 자릿수로 마구 올린 최저임금의 오류에 대해서는 같은 진영의 소위 '진보 경제학자'들도 강한 비판을 쏟아낼 정도였다. 국제적으로도 잘못된 정책이라는 평가를 받은 바 있다.

임금이란 무엇인가. 기본적으로 생산성의 결과다. 부가가치를 올려 이익을 내고, 미래 수익이 보장될 때 그 보상으로 받는 것이 임금이다. 그런데 생산성이나 부가가치 수익은 감안하지 않은 채 임금을 올리면 어떻게 되겠는가. 사업자, 고용주가 자기 돈에서 주거나, 빚을 내 지급하거나, 제품을 부실하게 만들면서 임금을 올리는 것이다. 그렇게 되면 제품의 질이 올라가거나 사업이 지속적으로 이어질 수 있겠나. 경제 이론으로든 현실적으로든 불가능하다. 한국경영자총협회를 비롯한 경제 단체들과 수많은 경제 전문가가 인위적으로 많이 올리는 최저임금의 문제점을 얼마나 지적해왔나. 당장 일시적으로 작은 도움이 될지는 몰라도 일자리 감소로 이어지면서 궁극적으로 취약 계층에 어려움을 가중시킬 뿐이다.

지금 주력해야 할 것은 최저임금 제도의 구조적 결함을 보완하는 일이다. 최저임금의 차등화가 그것이다. 차등화는 크게 봐서 지역별, 업종별, 사업장 규모별, 연령별로 달리 가는 방안이 있다. 이런 차등화를 한꺼번에 시행하는 게 바람직하지만, 어렵다면 우선 순서라도 정하고 단계별 시행 로드맵을 정해야 한다. 업종별 차별화가 시급하다. 통계청이나 한국은행의 산업분류 코드를 따라가는 방법으로 가능하다. 임금이 생산성의 결과, 수익의 분배라는 측면에서 볼 때 바람직하다. 업종별 평균 소득 통계 자료가 있으니 이를 원용하면 된다. 경영계의 숙원이기도 하다. 코로나 충격 이후 업종별 명암이 극명하게 바뀌었던 사실과도 결부시킬 필요가 있다. 최저임금법을 고치지 않고도 할 수 있다.

지역·규모·연령별 차등화도 필요…
'일자리 구축' 막는 게 중요

경제가 어려워지고 특히 물가가 치솟으면서 최저임금을 올려야 한다는 요구는 더 커진다. 억지로 올린 임금이 물가를 더 끌어올리는 악순환이 딜레마다. 최저임금 급등이 초래하는 부작용이 무섭지만, 당장의 고물가를 외면할 수도 없다. 결국은 최저임금 제도의 개선이다. 지역별 차등화는 최저임금을 기본 생활비와 연계시킨다는 측면에서 현실적이고 타당하다. 미국이나 일본에서는 기본이다. 큰 걸림돌은 한국 고유의 평등 의식이다. '지역별 우열' 낙인이라는 오해를 불식하는 게 쉬운 일이 아니다. 정치가 걸림돌이다. 법을 개정해야 한다는 점도 부담이다. 연령별 차등화는 상대적으로 쉬워 보이지만 효과가 떨어진다. 보편적 평등권과 배치되기도 한다. 저임금 근로자에 대한 세제·금융 지원 확대 같은 우회적 방법도 필요하다. 최저임금 인상으로 일자리가 줄어들지 않게 하는 게 중요하다.

일자리 감소 우려에도 '최저임금 1만 원' 인상해야 할까?

'2020년까지 최저임금 1만 원(시급)'은 문재인 정부의 공약이었다. 하지만 2020년, 이 공약을 지키지 못하게 됐다며 문 전 대통령이 사과한 바 있다. 2018년, 2019년 각각 최저임금을 16.4퍼센트, 10.9퍼센트 올렸는데, 이에 따른 문제점과 후유증이 너무 컸다. 예기치 못했던 코로나19 충격 요인도 있었다. 노동 혁신, 즉 생산성이 뒤따르지 않은 인위적 임금 인상의 여파는 길고 컸다. 결국 '시급 1만 원'을 집권 3년 만에도 도달하지 못한 데 대한 대통령 사과가 나왔지만, 산업계에서는 "오히려 그게 정상"이라는 반응을 보였다. 과속 급등한 임금에 대한 부담 때문이었다. 심지어 "경제 여건과 생산성에 비추어 지금도 많이 높다"는 반발이 중소기업계를 중심으로 지난해 이후 계속 나왔다. 그럼에도 민주노총을 중심으로 한 노동계에서는 최저임금 1만 원을 강하게 주장했다. 2022년도 최저임금 산정 준비 과정에서도 민주노총은 최저임금위원회의 공익위원들에게 '문자 폭탄'을 보내면서 인상을 압박해 사회적 관심거리가 됐다. 당시 자영사업자를 대상으로 한 설문조사에서는 2021년 8,720원인 최저임금이 동결돼도 폐업을 고려할 정도로 어렵다는 곳이 32퍼센트에 달했다. 이런 와중에도 시급 1만 원으로 최저임금을 인상해야 할까?

【 찬성 】

언제까지 저임금에 기대나…
이제 정부가 적극 나서야

경제 발전을 언제까지 저임금에 기대어 도모할 것인가. 한국 근로자들도 이제 저임금 구조에서 벗어날 때가 됐다. 이 문제를 기업과 고용주에게 맡길 수는 없다. 시급 1만 원은 물가와 경제의 발전 정도를 감안할 때 도달해야 할 하나의 목표다.

취약계층의 절규와 청년세대의 한탄에 귀 기울여보라. '이생망(이번 생은 망했어)', '헬조선 탈출'이란 말이 왜 생겼나. 나오지 않는 일자리에만 계속 매달릴 게 아니라 일단 임금 수준부터 올려둘 필요가 있다. 연애도 못하고, 결혼은 꿈도 못 꾸는 청년들이나 비정규직 근로자들에게 임금을 올려주는 것보다 더 나은 대책이 무엇인가. 약간의 부작용이나 문제점은 경영의 합리화, 기존 임금 체계의 재조정 등으로도 보완해나갈 수 있다.

물가 상황도 봐야 한다. 한동안 정체된 저물가로 디플레이션 우려까지 나왔지만, 각국이 경쟁적으로 풀어낸 과도한 유동성으로 2021년부터 물가 상승이 서민의 현실적 위협으로 급부상하고 있다. 인플레이션이 다가온다는 우려까지 공공연하지 않나. 오르는 물가 대응 차원에서도 임금 올리기는 필요하다. 대기업은 실적도 상당히 좋다. 영세한 가입자만 주로 언론 조명을 받고 있지만, 프랜차이즈 본사 같은 곳도 경영이 나쁘지 않은 편이다. 정부와 국회가 좀 더 결심하면 임금 인상을 충분히 유도할 수 있다. 속도 조절을 하더라도 일단 1만 원은 달성해놓고 볼 일이다.

【 반대 】
"안 주는 게 아니라 못 주는 것"
영세 사업자 지원책 허사 될 것

임금은 생산성의 결과다. 영업 이익을 내야 많이 줄 수 있는, 경영 실적의 분배물이다. 제3자가 높은 임금을 강요할 권리도 없거니와, 형편이 못 되는데도 굳이 강제하면 빚을 내 줄 수밖에 없다. 이게 지속가능하겠나. 2021년 한국경제연구원 설문조사에서 자영업자 10명 중 3명(32퍼센트)이 당시 8,720원이던 시급이 더 오르지 않고 동결되더라도 폐업을 고려할 정도로 어렵다고 답하기도 했다.

　최저임금 1만 원을 안 주겠다는 게 아니라 줄 수 있는 형편이 아니라는 얘기다. 특히 종업원이 없거나 가족과 일하는 소규모 사업장은 과반수(46퍼센트)가량이 동결을 원하고, 아예 인하(16퍼센트) 주장도 적지 않다. 임금을 억지로 올렸다가 사업장 문을 닫게 되면 근로자들은 어디로 가나. 직원 해고나 줄폐업이 전체 산업계와 나라 경제에 미치는 악영향을 내다보지 못한다는 것인가. 한국에서는 영세한 자영업자 비중이 유난히 높아 전체 취업자의 25퍼센트에 달한다. 임금을 조금 더 받자고 일자리 자체를 잃어버리면 결국 누가 더 피해를 입고, 어느 계층의 손해가 커지는지는 보나마나다.

지금 최저임금 인상을 주장하는 쪽은 이런 한계 상황에 놓인 취약지대 근로자의 입장을 반영하고 있다고 보기 어렵다. 최저임금이 올라가면 그 위의 임금도 연쇄적으로 올라가니 결국 대기업과 공기업 등 일자리가 극히 탄탄한 노동기득권 그룹만 득을 보는 것이다. 민주노총 쪽에서 '1만 원 달성' 주장이 유난히 큰 것도 이런 사정과 무관치 않다.

'소득주도성장' 자체가 말이 마차를 끄는 게 아니라 마차가 말을 끄는 것 같은 엉터리 정책이다. 코로나19로 인해 피해가 집중된 중소사업자에게 임금 올리기로 부담을 주는 것은 앞뒤가 맞지도 않는다. 중소기업의 호소와 자영사업자들의 절규를 흘려들으면 큰 부작용이 초래될 뿐이다.

일본보다 높은 최저임금,
지역·업종·연령별 차등화 모색할 때

한국의 최저임금(달러 환산 구매력 기준)이 아시아에서 실질적으로 가장 높다는 조사 결과(전국경제인연합회)가 나왔다. 한국보다 경제 규모가 3배, 1인당 국민소득은 1.3배인 일본보다 더 높다는 점이 주목을 끌었다. 그만큼 최근 몇 년 새 최저임금이 많이 오른 것은 사실이다. 최저임금 급등으로 인한 소득 개선 효과가 더 클지, 일자리 상실의 역효과가 클지 냉정히 따져볼 필요가 있다. 무엇이 노동 시장에 아예 진입하지도 못한 실업자 등 진짜 약자를 위한 길인지, 최저임금조차 못 받는 근로자는 또 어떻게 줄일지도 숙제다. 생산성도 올리고 그에 맞춰 임금도 올려야 하지만, 인건비 부담이 급증하면 기업은 채용을 줄이면서 해외로 이전할 수 있다는 점도 경계할 필요가 있다. 최저임금이 최소한 생활비용 보장이라는 차원이라면 서울과 지방소도시가 같아야 할 이유도 없다. 지역별 차등화와 함께 업종별 차별화도 생각해볼 만하다. 부가가치가 더 높아 돈을 더 버는 업종은 좀 더 많이 받게 하는 식이다. 연령별 다양화까지 선진국처럼 유연하게 접근하는 게 더 중요할 수 있다.

주 52시간제, 영세 중소업체에도 전면 적용해야 할까?

2021년 7월부터 50인 미만 중소기업에도 주 52시간 근무제가 적용되었다. 법으로 강제하는 주 52시간제가 2021년부터 근로자 50~299명 사업장에 적용된 데 이어 5인 미만을 제외한 전 사업장으로 확대된 것이다. 무수한 우려와 반대 속에서도 주 52시간제가 도입되는 것은 근로 시간을 줄이자는 취지였다. 근로 시간을 줄임으로써 '워라밸'을 지켜주는 한편 근로 시간을 줄인 만큼 고용 확대를 도모하자는 것이다. 즉 일자리 나누기다. 한국 근로자의 노동 시간이 국제적으로 많은 편이라는 분석이나 지적이 한두 번 나온 게 아니었다. 문제는 현실에 비해 너무 앞서가는 '이상 정책'이라는 산업계의 반대와 반발이다. 만성적 인력난 속에 근로 시간을 줄이면 제일 큰 타격을 받는 쪽이 중소기업계라는 우려가 그래서 계속됐다. 억지로 업무 시간을 줄임에 따라 영세 사업체 종사자 소득이 그만큼 줄어드는 것도 무시하지 못할 부작용으로 꼽힌다. 취약지대 근로자를 돕자는 취지의 근로 시간 단축이 오히려 당사자를 어렵게 한다는 비판이다. 시행의 유예, 유연근무제 확대 등 여러 가지 보완책이 필요하다는 지적이 나오는 배경이다. 준비가 덜된 주 52시간제의 확대 시행, 보완책 없이 서둘러도 괜찮을까?

【 찬성 】

근로 시간 단축은 세계적 추세, '노동 취약지대' 중소기업에 더 절실

주 52시간제는 과도한 노동에 허덕이는 한국 근로자의 일 부담을 제대로 줄이자는 취지에서 오랫동안 준비돼왔다. 근로만 오래 하는 노동 시간 기반의 경제 성장을 언제까지 도모할 수는 없는 일이다. 일과 휴식의 적절한 균형은 경제 발전을 위해서도, 선진 사회로 가기 위해서도 꼭 필요하다. 한국도 1인당 국민소득 3만 달러 사회에 진입한 만큼 근로 시간을 줄이면서 생산성을 높이는 혁신적 경제 체제를 도모해야 한다.

300인 이상 중대형 사업장에서는 이 제도가 2018년부터 시행 중이다. 부작용이나 현장의 논란이 아예 없다고 할 수는 없지만, 나름대로 정착해나간다고 볼 수 있다. 근로 시간 단축, 그에 기반한 주 52시간제는 이제 돌이킬 수도, 반대로 갈 수도 없는 시대적 과제다. 경제·산업계를 비롯해 대한민국 사회 전체가 여기에 맞춰가면서 '사각지대'가 없도록 하는 게 중요하다. 그런 차원에서 중소기업으로의 확대는 당연하다. 여러 가지 우려가 많았지만 50~299인 규모 사업장에는 이미 시행이 되고 있다는 사실도 잊어선 안 된다.

한국 근로자의 노동 시간이 국제적 비교에서도 길다는 사실은 거듭된 통계로 확인됐다. 경제협력개발기구(OECD) 국제노동기구(ILO) 등의 자료를 지금이라도 돌아볼 필요가 있다. '저녁이 있는 삶', '휴일이 보장되는 생활'은 현대인이 추구해야 할 중요한 가치요, 덕목이다. 노동 취약지대 근로자에게는 더욱 절실하다. 충분한 휴식을 통한 몸 건강과 마음의 안정이 확보돼야 생산성도 올라가고 경제도 성숙해진다. 중소기업과 소규모 사업장의 근로자일수록 이 권리는 더 보장돼야 한다. 그런데 정작 더 절실하고 중요한 시행 대상을 앞에 두고 이제 와서 보류하면 노동 시장의 격차만 커질 뿐이다. 중소기업 경영계가 제기하는 우려나 고민은 일단 시행하면서 보완을 시도해도 늦지 않을 것이다.

[반대]

임금 줄어 근로자들도 피해, 시행 유예하고 보완 장치 필요

정부와 국회가 중소기업의 현실을 있는 그대로 볼 필요가 있다.

주 52시간제가 아니라 그보다 근로 시간을 더 단축해서 중소기업계가 살아나고 근로자 생활에 실제 도움이 된다면 얼마나 좋겠나. 주 52시간제를 무조건 배척하는 게 아니라, 지키고 싶어도 지키기 어려운 게 현실이다. 그럴 여건이 못 되는 것이다. 유례없는 취업난 가운데서도 중소기업계는 만성적 인력난을 겪고 있다. 코로나19 쇼크 여파로 외국인 근로자마저 줄어들었다. 부족한 인력을 어디에서 조달하나.

근로 시간을 줄이고 그에 맞게 인력을 충원한다고 해도 늘어나는 인건비 부담이 문제다. 기술력이 부족하고 경영 규모도 영세한 소규모 중소기업계에서는 대체로 인건비 비중이 높다. 인건비 증가는 곧바로 경영에 악영향을 준다. 중소기업연구원에 따르면 주 52시간제 시행에 따른 중소기업계의 인건비 추가 부담은 2조 9,000억 원에 달한다. 안 그래도 급등한 최저임금이 중소기업계에 메가톤급 충격을 주는 상황 아닌가.

그럼에도 이 제도를 강행하려면 기업의 업종이나 개별 근로자의 직무에 따라 다양한 형태의 '유연근무'가 가능해야 한다. 그런 제도적 보완도 없이 주 52시간을 넘기면 사업주를 처벌하겠다는 식은 곤란하다. 취지가 좋다고 획일적이고 경직된 제도를 무리하게 강행하면 그에 따른 부작용만 커질 뿐이다.

강력한 중대재해처벌법 시행 등으로 이래저래 한국 중소기업인의 고민이 커졌다. 늘어난 규제 때문에 사업을 접겠다는 기업인이 늘어난다. 일자리가 없어지면 선진적인 근로 시간 제한 제도도 소용이 없다. 국회 예산정책처 보고서에 따르면 주 52시간제 도입으로 30~299인 사업장의 근로자 월급은 39만 원(12퍼센트), 5~29명 기업은 32만 원(13퍼센트) 줄어드는 것으로 조사됐다. '저녁이 있는 삶' 정책이 근로자로 하여금 야간·주말 알바를 뛰는 투잡족으로 내모는 것은 아닌가.

【 생각하기 】

방향 맞지만 규제 겹치며 큰 부담, '유연근로제' 병행도 대안

중소기업 및 그 종사자를 위한 정책이 쏟아지고 있다. 하나하나 따로 보면 명분이 있고, 취지도 나무랄 바 없다. 문제는 이것들이 겹치고 쌓일 때 벌어지는 상황이다. 최저임금도 몇 년간 급등했고, 주 52시간제 전면 시행으로 근로 시간도 법으로 줄이고 있다. 중대재해처벌법이 시행되면서 사업장의 안전 문제는 최우선 과제가 됐다. 중대한 인명 피해 사고가 발생하면 사업주는 형사 처벌을 받는다. 고용 관계에서도 근로자 권한은 과하다고 할 정도로 늘어났다. 이런 흐름 속에서 주 52시간제 전면 시행, 영세 소규모 업체로의 확대 문제를 볼 필요가 있다. 그렇다면 중소기업이 충분히 대비하고 준비할 시간을 더 준다거나, 업계에서 절실히 바라는 유연(탄력)근로제 등을 도입하는 것도 하나의 보완책이 될 수 있다. 최저임금을 올리고 근로 시간을 줄여 나가는 것이 궁극적으로 지향해야 할 방향임은 분명하다. 다만 당위성에 매몰된 나머지 현장의 하소연에 귀를 막으면 애초의 취지는 빛을 잃고 또 다른 문제를 만들어낼 수 있다.

연장근무 규제, 어떻게 봐야 할까?

앞에서도 다루었듯이, 한국 근로자의 한 주 근로 시간은 최대 52시간인 '주 52시간 근로제'로, 근로기준법에 명시되어 있다. 하루 8시간씩 기본 40시간에 초과근로가 12시간만 인정된다. 이 때문에 기업에 주문 물량이 밀려들어 일손이 모자라도 근로자당 매주 12시간 넘게 초과로 일하면 불법이다. 근로자가 자발적으로 일을 더 하고 초과 임금을 받고 싶어도 안 된다. 반도체·바이오 등 신산업에서의 집중 연구 역시 이 시간을 준수하는 선에서만 가능하다. 윤석열 정부가 초과근로 '주당 12시간' 규정을 '월간 52시간'으로 바꾸겠다고 나선 이유다. 특별한 사정이 있어 한 주 60시간(20시간 초과근무) 일하면 그다음 주는 40시간으로 월간 기준만 맞추게 하자는 것이다. 하지만 노동계는 전체 근로 시간이 늘어날 우려가 있다며 반대한다. 주 52시간제 유연화, 어떻게 볼 것인가.

주 52시간제 다른 나라엔 없는 규제,
노사 자율로 정하면 소득 증대

연장근로 시간을 주간 단위에서 월간 단위로 총량 관리하는 것은 고용 관련 제도에서 최소한의 개혁이다. 근로기준법상 초과근로를 주당 12시간으로, 주간 단위로 규제함에 따라 급하게 주문이 들어오는 경우 회사는 제때 납품할 수 없다. 기업으로서는 손해가 이만저만이 아니다. 첨단 산업 분야를 비롯해 연구직에서는 안타까운 일이 반복돼왔다. 원청 기업 등 거래처에서 특정 사안에 대해 기한을 정해두고 급하게 연구 프로젝트를 마무리 해달라고 요청해올 경우에도 제대로 대응하기 어려울 수 있다. 작업량이 몰릴 때 일을 많이 하고 일거리가 적을 때 편하고 가볍게 가면 좋은데 법이 가로막는다.

초과근로를 할 때도 그에 따른 연장수당이 엄연히 지급되는데 법(정부)이 왜 가로막나. 야간과 일요 근무는 주중 낮 근무보다 각각 50퍼센트 많은 임금을 준다. 근로자가 더 많은 수입을 가질 기회를 법이 가로막고 있다. 그러면서 '저녁이 있는 삶'을 외친다. 어불성설이다. 지갑이 얇은데 넘치는 저녁 시간을 무엇으로 채울 것인가. 기업과 근로자 양쪽이 원하는 '일할 기회'를 뺏는 제도적 횡포다.

연장근로 시간을 주 단위로 강제하고 규제하는 나라는 주요 선진국 중 한국이 유일하다. 일본은 연장근로 시간을 월간 단위(45시간)나 연간(360시간)으로 관리하고 있다. 독일·프랑스는 일정 기간 내 '주 평균 시간 준수' 방식을 활용하는데, 기본적으로 개별 사업장에서의 노사 합의를 존중한다. 민간의 자율 선택권을 인정하는 것이다. 미국엔 연장근로 한도가 아예 없다. 보수도 지급하는 만큼 일거리가 몰릴 때 하는 약간의 초과근로는 노사 양측 모두에 이득이다. 월간 또는 연간 단위로 바뀌어도 초과근로 자체는 제한된다. 이제는 근로자에게 강제로 초과근로를 시키는 사업장도 없다. 고용·노동제도를 급변하는 현대 사회에 부응하도록 확 바꿔 인공지능이 산업 현장에 속속 응용되는 4차 산업혁명기에 적극 대처할 필요가 있다.

【 반대 】

건강권은 근로자의 최고 가치,
OECD 평균 넘는 근로 시간 더 늘어

힘들게 법제화해 산업 현장에 정착시켜나가고 있는 주 52시간제의 기반이 허물어질 수 있다. 정부 계획이 발표된 직후 한국노동조합총연맹이 "주간 단위로 관리하는 연장근로 시간을 월간으로 바꾸는 것은 근로 시간을 몰아서 길게 일을 시키고 임금은 더 줄 수 없다는 의미로, 제한 없이 장시간 저임금 제도를 고착화하겠다는 것"이라는 취지의 반대 성명서를 낸 이유다. 전국민주노동조합총연맹도 "사용자의 일방적 임금결정권을 보장하기 위한 정책을 내놓은 것에 깊은 실망과 분노를 표한다"며 "노동 시간 단축 정책 없이 내놓은 초과 노동 시간에 대한 편법적 노동 시간 연장 정책"이라는 내용의 반대 성명을 냈다. 노동계는 '월간 단위의 초과근로 시간 관리=초장시간 노동 허용'이라는 입장을 견지하며 반대한다.

근로자에게 건강권은 다른 무엇보다 우선되는 최고의 가치다. 근로자의 건강을 지키려면 장시간 근로는 피해야 한다. 한국의 장시간 근로는 여전히 국제적으로도 심한 편이다. 2017년 이후 조금씩 줄어들고 있다지만, 선진국 클럽인 OECD 회원국 평균과 비교하면 여전히 높다. 한국 근로자의 연간 근로 시간은 2017년 1,996시간에서 2020년 1,927시간으로 줄어들긴 했다. 하지만 이 기간 OECD 평균은 1,678시간에서 1,582시간으로 더 많이 줄었다. 이런 국제 기류에 적극 따라가는 게 급선무다. 연장근로가 더 필요하다면 고용노동부의 인가를 받아 특별연장근로를 할 수도 있다. 특별연장근로 인가 건수는 2017년 15건에서 2019년 908건, 2021년 6,477건으로 늘어나고 있다.

초과근로 시간의 단위 기준 문제는 법 개정 사항이다. '워라밸'이 한층 중요해지는 시대다. 근로자의 주체적 노동권이 존중돼야 한다.

'근로 시간 저축제'도 대안, 고용·노동개혁안 놓고 노사정 머리 맞대야

근로 시간 유연화와 임금 체계 개편을 핵심으로 한 새 정부 노동 개혁안 가운데 하나로 찬반 논쟁이 치열하다. 노사 합의를 전제로 한 의미 있는 제도 개선안이지만 노동계와 야당의 협조 여부가 관건이다. 반도체업계 같은 데서 연구개발(R&D) 인력만이라도 주 52시간제를 탄력적으로 적용할 수 있게 해달라고 건의했지만, 문재인 정부 때 받아들이지 않았던 사실과 연결해볼 필요가 있다. 직무·성과급제 역시 도입 필요성이 높다. 능력과 성과에 따른 임금 보상은 생산성과 근로 의욕을 높이는 핵심 수단이다. 연공서열에 따른 임금 체계는 고성장·장기근속이 특징이었던 산업화 시대의 유물로 4차 산업혁명 시대에는 맞지 않는다. 근로 시간 유연화를 위해 필요한 조치는 더 있다. 근로자가 초과근로 시간을 저축해 쓰는 '근로 시간 저축계좌제' 같은 것도 있다. 이런 문제를 노사정협의체에서 논의해 '윈윈'할 방안을 찾아내야 한다.

'정년 64세' 연장, 득과 실은 무엇일까?

금속노조 현대자동차지부(현대차 노동조합)가 회사 측과의 노사 교섭 과정에서 '정년연장'이라는 매우 민감한 요구를 내놓은 바 있다. 60세인 현행 정년을 64세로 4년이나 늘려달라는 상당히 파격적인 요구였다. 대부분의 직장에서 '정년 60세'를 적용하게 하는 법을 제정하기까지 몇 년간 한국 사회에서 벌어졌던 숱한 논란과 논쟁, 찬반 시비를 돌아볼 때 앞서가는 요구임이 분명했다. 한국의 고용·노동 시장 현실과 창출 가능한 일자리 형편을 봐도 간단한 문제가 아니다. 정년연장을 포함한 일자리 문제는 기존 근로자의 '노동 기득권' 문제와 연결되는 데다 청년세대와 기성세대 간의 입장차에 따른 일자리 갈등도 야기할 수 있다. 더구나 현대차 노조는 회사 측이 제안한 1,114만 원의 임금인상안을 거부한 터였다. 회사 측은 기본급 월 5만 원 인상, 성과급 100퍼센트+300만 원, 격려금 200만 원 등 총액 기준으로 근로자 1인당 평균 1,114만 원 인상안을 제시했으나 퇴짜를 맞았다. 한국 고용시장 상황과 민주노총 산하 현대차 노조의 힘을 감안할 때 정년연장 요구는 상당한 파급력을 갖는다. 정년을 64~65세로 연장하면 득(得)이 클까, 실(失)이 클까?

【 찬성 】

일본 봐도 결국은 가야 할 길, 국민연금 고갈 늦추는 데 도움

현대자동차 노조가 정년연장 요구를 들고 나온 표면적인 배경은 '영업직 직원의 고용 안정성 확보' 차원이었다. 영업직 다수를 차지하는 '586세대'가 퇴직할 경우 조합원 감소로 노조의 조직력이 약화된다는 전망이 깔려 있었다. 근래 정년퇴직자가 늘어나면서 2020년 한 해에만 현대차 노조원이 4.5퍼센트 감소했다. 생산직에서만 해마다 2,000여 명씩, 5년간 1만 명이 정년을 맞는다. 조합원 감소에 대한 노조의 불안감과 위기감은 감출 수 없는 현실이다.

노조는 웬만한 수준의 임금 인상보다 일할 기회를 더 갖는 게 최고의 임금 보전책이면서 복지 대책이 된다는 사실도 굳이 감추지 않았다. 근로자들 건강 여건도 좋아서 60대도 현장에서 충분히 일할 수 있다는 것이다. 이런 배경에서 숙련된 기능 역량을 살리면서 생산 활동과 사회에 계속 기여하고 싶다고 주장했다.

현대자동차뿐만 아니라 어떤 직장에서든 근로자들이 더 오래 일하면 국민연금 수령 시기가 늦춰지면서 국민연금 고갈 시기도 더 미뤄질 것이라는 논리도 폈다. 국민건강보험까지 복지 지출이 전체적으로 줄어들면서 공적 연금 재정이 건전화되고 좀 더 지속 가능한 쪽으로 기여할 수 있다는 것이다.

급속히 진전되는 고령사회에서 불가피한 길이라는 관점도 있다. 상당한 논란과 예상되는 부작용도 있지만, 정년연장은 현대 산업사회에서 어차피 피할 수 없는 대세라는 주장이다. 강제나 의무사항은 아니지만 정년 70세 시대를 앞서 열어가고 있는 일본을 봐야 하며, 70세로 정년을 늘리는 기업에 대해서는 인센티브를 주는 일본의 정책 방향을 참고해야 한다는 목소리도 있다. 정부에서도 고용연장 논의를 시작할 예정이다. 정부의 고용연장안은 임금 인하 및 고용 방식 변화와 함께 가는 것으로, 기업 자율에 맡긴다는 점에서 법에 정해진 정년연장과는 다르지만 일할 기회를 늘린다는 차원에서는 다를 바 없다.

【 반대 】

제한된 일자리로 세대 전쟁 유발, 자동차 산업 경쟁력부터 봐야

노동조합이 앞장선 정년연장 요구는 노조의 기득권 강화 시도다.

고용 시장에서 '취업의 기득권'과 노조라는 엄청난 '제도적 기득권'을 함께 누리면서 좋은 일자리를 오래 누리겠다는 과욕이다. 온갖 논란 속에 힘겹게 60세로 정년을 연장한 지가 얼마나 됐나. 그런데 또 퇴직 시점을 4년 더 늘려 기존 조합원들이 계속 일하겠다고 하면 회사는 신규 인력을 채용할 수가 있겠나. 청년 일자리를 기성세대가 계속 독차지하겠다는 것 아닌가. 퇴직자가 없는데 기업이 무슨 수로 새 인력을 뽑을 수 있나. 아버지·삼촌 세대가 아들·조카 세대 일자리를 빼앗겠다는 것이나 다름없다. 고용은 세대 간 이해관계가 직결된 사안이라는 인식이 가뜩이나 널리 퍼져 있는 판에 '일자리 세대 갈등'을 부채질할 공산이 극히 높다. 현대차 내부의 젊은 'MZ세대' 중심인 사무직 노조가 생산직 노조의 정년 연장안에 반대 의사를 보인 것도 이런 현실과 무관치 않다.

생산성 문제는 더 냉정하게 봐야 한다. 정년연장을 흔히 '경륜과 지식의 활용'이라며 두루뭉술한 논리로 넘어가지만 호봉제에 따라 나이가 많다고 고임금을 누리는 근로자들이 도출하는 생산성이 과연 임금만큼 높은지 분석부터 해보자. 현대차의 고비용·저효율 구조는 잘 알려져 있다. 특히 국내 공장의 생산성(단위 노동 시간당 자동차 생산대수)은 현대차의 전 세계 사업장 가운데 제일 바닥권이다. 그러면서 파업은 얼마나 많이 했었나.

한국의 자동차 산업이 앞으로 좋다는 보장은 있나. 전 세계 자동차 산업은 전기차, 자율주행차 경쟁으로 100년 만에 대변혁기에 처해 있다. 현대차는 과도한 복지에 생산성 하락으로 좌초 지경에 달했던 초대형 미국 자동차업체의 길을 걷게 될지, 군살을 빼면서 생산성을 끌어올려 미래차 시장을 장악하는 혁신 기업이 될지 갈림길에 있다. 정년연장이 이런 중차대한 상황에서 도움이 될지, 큰 짐이 될지는 뻔하다. 다른 직장·산업에 미치는 파장도 생각하지 않을 수 없다.

【 생각하기 】
정년 제도 없애는 게 최종 해법, 전체 경제, 특히 열악한 중소기업도 봐야

급격히 고령사회, 초고령사회가 되면서 일자리 문제는 모든 세대의 최대 관심사가 됐다. "얼마든지 더 일할 수 있다"며 현직에 더 있겠다는 기성세대와 "우리에게도 일자리를 달라"는 청년세대 갈등이 한국에서만의 고민도 아니다. 특정 세대가 사회의 부(富)를 독차지하고 있다는 논란도 흔하다. 일자리만이 아니라 주택의 취득과 주식의 보유 등 자산 시장에서도 비슷한 논쟁이 일어날 수 있다. 균형과 조화를 찾는 게 중요하다. 고령자의 경륜을 활용하고 이들에게 더 일할 기회를 주는 것이 무시할 일이 아니듯, 사회에 새로 진출하는 청년들에게 일자리를 주는 것도 매우 중요하다. 고용의 유연성은 이래서 중요하다. 많은 선진국처럼 정년 제도를 아예 없애는 것이 정공법이다. 복잡한 임금 체계뿐 아니라 규제와 간섭 일변도의 근로 시간 및 형태도 고용에 큰 걸림돌이다. 임시직과 계약직, 불완전 고용 형태를 근로자와 사용자가 자율적으로 정할 수 있게 하면 많은 문제가 풀린다. 정부가 특정 기업뿐 아니라 산업과 경제 전체의 생산성을 보면서 과욕을 부리지 않는 것도 중요하다. 현대차 노조의 앞서가는 주장을 불안하게 보는 취약한 중소기업도 적지 않다.

임금피크제,
유지해야 할까, 폐지해야 할까?

2022년 5월 26일, 대법원이 임금피크 도입 목적 등에 '합리적 이유'가 있어야 한다는 전제 조건을 강조하며 그렇지 못한 임금피크는 잘못이라고 판결했다. 임금피크제가 보편적으로 시행된 지 몇 년 만에 노동계와 경영계의 뜨거운 감자로 떠올랐던 배경이다. 이 때문에 노동계에서는 윤석열 정부 출범 즈음에 맞춘 '하투(夏鬪)'의 최대 이슈로 삼겠다는 분위기까지 조성됐다. 이 판결에는 산업계에 파란을 일으키며 임금에 대한 새로운 기준을 제시한 이전의 통상임금 판결만큼 강력한 메시지가 담겼다. 예컨대 같은 일을 하면서 55세 등으로 단순히 나이가 많다는 이유로 임금을 깎는 것은 '연령 차별'인 만큼 부당하다는 게 요지다. 노동계는 제반 조건이 명확하지 않은 임금피크제 자체가 잘못됐다는 주장을 내세웠다. 임금피크제, 유지해야 할까, 폐지해야 할까?

정년연장에 따른 인건비 경감,
고용 유지 위한 '사회적 합의'

임금피크제를 왜 도입했으며, 많은 사업장이 어떻게 시행하고 있는지부터 봐야 한다. 임금피크제는 심대한 논란 속에 단행된 정년 연장의 보완책이었다. 2013년, 60세 정년연장보장법이 제정되면서 단계별 시행을 거쳐 2017년부터는 300인 이하 사업장에도 적용되고 있다. 고령화 사회에 부응한다는 차원에서 통상 55세 전후에 퇴직하던 근로자에게 더 일할 기회를 보장한 법이었다. 법의 정식 명칭은 '고용상 연령 차별 금지 및 고령자 고용촉진에 관한 법률' 일부 개정안이다.

이때 늘어나는 인건비 부담을 줄여주고, 고용을 유지하기 위한 보완 대책이 임금피크제였다. 정년이 늘어난 기간의 인건비를 일정 비율에 따라 연도별로 줄이는 것이었다. 회사별로 57세, 58세부터 줄이는 곳도 있고 직급별로 피크 임금 시기를 달리하는 경우도 많다. 가령 57세부터 임금피크를 적용하면 58세에는 이전 급여의 90퍼센트, 59세에는 85퍼센트, 정년을 맞는 60세에는 80퍼센트 이런 식이다. 회사 측과 노동조합이 대상 연령과 직급별 적용 시기, 삭감 정도를 단체협상으로 정했다. 정년연장법에 포함된 '노사는 임금 체계 개편에 필요한 조치를 해야 한다'는 의무 조항에 따른 것이다. 일종의 사회적 합의였다. 정년을 연장해 더 일하게 된 기간의 임금을 줄이고 그 비용으로 청년세대에 일자리를 개방해야 한다는 것과 경영에 부담을 과도하게 주지 않아야 한다는 게 법의 취지요, 사회적 합의의 명분이었다.

임금피크제는 60세로 늘어난 정년연장법과 함께 자리 잡았다. 관련 대법원 판결도 임금피크제 자체를 부정한 건 아니었다. 오로지 연령만으로 임금을 차별해선 안 된다는 의미다. 대법원이 임금피크제 시행의 타당성, 대상 근로자들의 불이익 정도, 감액된 재원이 임금피크제 도입 본래 목적에 쓰였는지 등 네 가지 조건을 충족하면 타당하다고 한 사실도 중요하다. 임금피크제로 많은 일자리를 유지하는 게 실익이다.

【 반대 】
본질은 반현대적 연령 차별,
법적 근거도 불확실

대법원이 몇 가지 조건을 달았다고는 하지만, 판결의 근본 취지는 급여에서 연령 차별은 부당하다는 것이다. '나이는 단순히 숫자에 불과하다'라는 말이 현대 사회에서 하나의 격언으로 자리 잡은 지 오래다.

임금피크제를 시행 중인 전국의 수많은 사업장의 실상을 보자.

대부분 55세, 57세, 58세 등으로 일률적으로 피크 임금을 적용한다. 나이 외에 별다른 기준이 없는 게 현실이다. 현대의 직장은 많은 경우 기계화 등으로 육체적 노동 강도가 세지 않은 데다 지식과 경험에 의존하는 경우가 많다. 단순히 나이에 따른 육체적 여건이 큰 변수가 되지 않는 것이다. 굳이 따지려면 나이에 따른 작업량 유지 여부, 부가가치 감소 여부 등 생산성을 계산해봐야 한다. 50대라는 이유로 노동 생산성이 급격히 떨어진다는 계량적·과학적 연구보고서라도 있으면 또 모른다. 그렇지 않다면 연령에 따른 임금 차별은 반사회적·반현대적이고, 반헌법적이다. 누가 뭐래도 대법원 판결은 이 점을 지적한 것이다.

'동일노동 동일임금'의 원칙에서 봐도 임금피크제는 폐지하는 게 맞다. 원래 이 원칙은 원청 기업과 하청업체 근로자가 같은 생산라인에서 근무할 때 적용하는 원리다. 하지만 비슷한 일을 연속적으로 하면서 같은 성과를 내는데 어느 날 피크 임금을 적용받으며 보수가 깎이는 경우에도 원용할 수 있다.

임금피크를 없애는 대신 '한국형 호봉제' 급여 체계를 청산하는 것도 대안이 될 수 있다. 한 직장에서 근무 기간이 짧든 길든 생산성에 기반한 임금 체계로 가자는 것이다. 늘어난 정년에도 불구하고 단순히 줄어든 임금을 다 받자는 노조 측 폐지 주장과는 다른 차원이다. 이렇게 가려면 임금제도에 대한 근본 개혁이 필요하다. 호봉제보다는 성과급제, 연공서열식보다는 일의 종류를 기준으로 삼는 직무급 방식으로 가는 것이다. 이렇게 되면 임금피크제 유지 여부를 둘러싼 논란 자체가 없어진다.

고용·임금에 과도한 법 개입이 자초한 딜레마, 노동 유연성이 해법

고용 방식, 임금 제도에 대한 법의 과도한 개입이 초래한 산업계 대혼란이 걱정스럽다. 미국처럼 고용은 고용주와 피고용자가 스스로 알아서 하는, '사적(私的) 자치(계약)의 자유' 영역이라는 불문율이 정립돼 있다면 생기지 않았을 논란이다. 정년도 개별 기업이 알아서 설정하고, 개인도 일할 나이를 스스로 설정한다면 설령 60세가 넘어도 노사 자율에 따라 얼마든지 자유롭게 일할 수 있다. 임금피크를 법으로 강요하는 것도 합리적이라고 보기 어렵다. 더구나 임금피크 도입 권유라는 해당 법 조항에는 임금피크라는 표현 자체가 없다. 논란을 자초한 법의 결점이다. '사회적 합의'라고 해도 취지를 살려 법적 근거를 분명히 할 필요가 있다. '통상임금 판결' 못지않은 파장을 감안하면 임금피크에 대한 법 정비가 필요해졌지만, 고용·임금에 대한 법적 간섭도 줄여야 한다. 원리에 벗어난 법이 딜레마 상황을 키웠다.

전교조·공무원 노조 전임자에 세금으로 급여 주는 게 타당할까?

2022년 1월, 국회가 공무원 노조와 전국교직원노동조합 전임자의 급여를 세금으로 주도록 하는 법안을 처리했다. 공무원노조법과 교원노조법 개정안이다. 핵심은 타임오프제(time off, 근로 시간 면제 제도) 적용이다. 민간 기업에서 시행하는 타임오프를 공무원과 교사 노조에도 시행하는 것을 명문화하면서 뒷말이 적지 않았다. 이 법에 문제가 많다며 강력 반대했던 반(反)전교조 성향의 한국교원단체총연합회(교총)는 뒤늦게 자신들에게도 같은 대우를 해달라고 요구하고 나섰다. 그만큼 '혜택'이 큰 것이다. 하지만 공무원과 전교조 노조의 전임자 월급까지 국민 혈세로 도입하는 것은 문제가 다분하다는 비판도 일었다. 타임오프제 도입 취지와 어긋난다는 지적이다. 반면 한국노동조합총연맹 등 노동계는 환영하고 나섰다. 2023년 후반 시행 예정인 이 법은 공정하며 타당한 것일까?

기업 노조에 보편적 제도,
공무원·교원 노조에도 적용 가능

타임오프제가 도입된 근본 취지를 다시 살펴볼 필요가 있다. 타임 오프를 현상적으로만 보면 노동조합 전임자에 대한 고용주의 임 금 지급을 원칙적으로 금지하고 있다. 다만 노무관리 성격이 있는 업무에 한해서는 정상근로 시간으로 인정해 임금을 지급한다. 예 를 들면 노사 교섭과 산업 안전, 근로자의 고충 처리 같은 게 그렇 다. 그런 일을 노조에서 수행하기 때문에 회사 업무에서 떠나 노 조 일만 보는 노조의 전임자는 통상 한 해 정도 회사 급여를 받는 다. 즉, 유급으로 근로 시간을 면제받는 제도다.

원래 회사 업무와 무관하게 노조 업무만 담당하는 전임자에게 는 고용주가 임금을 지급하지 않는 게 맞다. 하지만 노사 공통의 이해가 걸린 활동 시간을 근로 시간으로 인정하고 '정상 임금'을 주자는 게 타임오프 취지다. 2010년부터 산업 현장에서 폭넓게 시행 중이다. 그러니 전교조에 적용된다고 해서 문제 될 것도 없 다. 일반 공무원도 그간의 관행으로 볼 때 근로자 신분을 가지며 노동자로서의 지위를 누리고 있다. 단체교섭권 등 노조의 일반 권 한을 실제로 누리지 않는가. 타임오프 적용을 그 연장으로 본다면 이상할 게 없다. 타임오프 취지가 그렇다.

교직원 노조도 본질에서는 마찬가지다. 교육의 특수성을 강조하기도 하지만, 노동자로서의 교사가 갖는 직업적 특성 때문에 노조가 결성된 것이다. 법원의 판단에 따라, 또 정권의 영향을 받으며 전교조가 '법외단체' 상황이 되기도 했지만, 하나의 노동조합으로서 실체를 지금껏 유지해왔다. 조합원 숫자도 5만 명에 달할 정도로 많다. 정치적·행정적 판단이 어떠했건 법원 판결이 어떠했건 간에 학교 테두리 이상의 실제 단체로 활용해왔다는 사실도 중요하다. 그런 사정 때문에 전교조도 공무원과 더불어 기업의 노조 전임자와 같은 이점을 누리도록 한 게 법 취지다. 그 비용을 개별 학교재단에서 모두 부담하기에는 버겁기에 정부 예산으로 하는 것이다.

【 반대 】

노조 전임 임금, 조합비 활용이 원칙, 타임오프는 영세 중소기업 위한 제도

노조 전임자 임금은 원래 노조 조합비로 부담하는 게 원칙이다. 회사의 생산 활동에 참여하지 않는다는 차원에서뿐만 아니라, 노조가 고용주로부터 독립적 활용을 하는 게 중요하다는 측면에서도 그렇다. 쉽게 말해 '어용 노조'가 되지 않기 위해 필요하다.

하지만 노조가 전임자 월급을 주기 어려운 곳도 적지 않다. 영세한 중소기업이 대표적이다. 이렇게 여건이 안 되는 곳을 위해 회사 측이 예외적으로 급여의 일부를 부담하도록 해서 원만한 노사 관계가 이뤄지도록 하자는 게 타임오프제를 도입한 이유다. 물론 한국 산업계에선 기업 규모를 떠나 타임오프가 폭넓게 운용되고 있기는 하다. 이 자체로 일반적 국제 규범과 맞지 않다. 그런데 전국에 걸친 방대한 이익 조직인 전교조의 전임자 급여를 왜 국민 혈세에 기대나. 수만 명에 달하는 조합원 자체 회비로 충당하는 게 사리에 맞고, 또 당당한 일 아닌가.

게다가 사회 각 분야에 걸쳐 폭넓게 관여하며 무리한 행동도 불사해온 전교조다. 편향된 정치 행보 역시 적지 않았다. 그만큼 학부모 사이에서도 전교조를 바라보는 시각은 극단적으로 나뉘는 게 현실이다. 이런 논란의 노조 조직 전임자 급여를 혈세로 지급하는 데 국민적 동의가 있다고 할 수 있겠나. 노조 전임자 급여까지 세금으로 지원하면 전교조는 앞으로 전임자를 늘릴 공산이 크다. 가뜩이나 논란을 수반해온 '학교의 정치화', '교실의 이념화'가 심화될 공산이 커졌다고 볼 수 있다. 자칫 정부 예산으로 사회적 논란을 키워나가는 꼴이 된다. 공무원의 정치적 중립은 헌법에 규정돼 있다. 전교조가 교육을 내세워 공무원처럼 타임오프 혜택을 보겠다지만 과연 정치적 중립을 견지하고 있기나 한가.

세금으로 더 보살펴야 할 곳이 우리 사회에는 너무 많다. 재정 도움을 기다리는 경제적·사회적 약자가 넘친다. 또 다른 교원단체인 교총과 비교해 형평성 문제도 있다.

넘치는 세금 지원, 국민 용인할까…
반대하다 "우리도 지원해달라"는 황당한 교총

세금으로 전교조 전임자에게 타임오프를 적용하면 해마다 수십
억 원의 나랏돈이 필요하다는 분석이 나와 있다. 가뜩이나 국가채
무가 커지는 상황에 재정 지출이 계속 늘어날 판이다. 정부 자금
을 쓰자면 명분과 실리가 함께 충족돼야 한다. 공무원 노조와 전
교조 전임자에 대한 지원은 과연 여기에 부합할까. 전교조 활동은
다수 국민으로부터 세금 지원에 대한 동의를 얻기에 충분한가.

　전교조 전임자 지원에 강력 반대하다가 입장을 바꿔 "우리도
지원해달라"는 교총의 목소리는 더욱 이해하기 어렵다. 교총에도
같은 지원 방안을 담은 '교원지위법 개정안'이 나온 걸 보면 이 단
체의 원칙은 무엇인지 어리둥절해진다. 끝없이 이어지는 '지방교
육재정 혁신론'에 이어 지난 제8회 전국동시지방선거에서는 '교
육감 직선제 무용론'도 여러 차례 나왔다. 이래저래 교육계에 일
대 혁신이 필요해졌다.

고령자 계속고용제,
정부 주도로 하는 게 맞을까?

정년연장 논의는 정부가 바뀐 뒤에도 계속 이어지고 있다. 정년연장이나 재고용 같은 방식을 통해 60세가 넘은 근로자에 대해서도 기업에서 계속 일하게 하자는 것으로, 2019년에도 시도된 것이다. 기획재정부가 이런 방안을 들고 나온 것은 과도한 출산율 저하가 생산연령인구 감소로 이어지면서 중장기적으로 경제에 미칠 악영향이 너무 크기 때문이다.

당장 법제화에 나서는 대신 사회적 논의를 유도하면서 자연스럽게 그쪽으로 가보자는 취지로 보인다. '노력 의무'로 '정책적 권고'를 하고 있는 일본 모델을 따라가는 분위기다. 경제 활동 인구를 유지하자는 취지는 맞다. 문제는 고령층에 일할 기회를 더 주는 것을 정부 주도로 할 일인지, 그렇게 해서 효과가 날 것인지다. '고령자 계속고용제', 정부가 주도로 하는 게 맞을까?

인구 절벽·생산연령 급감, 60세 이상 활용에 경제 좌우

근로자 정년연장 문제는 어떤 방식으로 하든 필요한 일이다. 한국의 인구 구조 변화 추이를 볼 때 늦추면 늦출수록 국가적 손해다. 무엇보다 세계 최악 수준의 저출산율과 세계 최고 속도의 고령화 추세를 직시해야 한다. 급격한 고령화라는 대한민국 사회의 인구 문제를 어떻게 해소할 것인가. 정부가 막대한 예산을 퍼붓고 있지만 출산율은 좀체 올라가지 않는다. 경제 활동 인구도 필연적으로 줄어들텐데, 이렇게 쪼그라드는 경제는 대책 마련도 쉽지 않다. 신생아가 줄어든다면, 대안은 고령 인구를 경제 활동에 머무르게 하는 것이다.

인구 추계를 보면 2020년 3,738만 명인 생산연령 인구(15~64세)가 2030년에는 3,381만 명으로 357만 명이나 급감할 것이라는 전망이다. 생산 인구가 감소하면 국가 전체의 생산성이 떨어지고 경제가 활력을 잃으면서 저성장의 늪에 빠지는 치명적인 위험을 피하기 어려워진다. 이로 인해 한국의 잠재성장률이 2033년 0퍼센트대로 추락한 뒤 2047~2060년에는 마이너스가 돼 'OECD 꼴찌'로 전락한다는 최악의 전망도 나와 있다. 그렇다고 생산 인구를 갑자기 늘릴 수는 없는 노릇이다. 외국인에 문호를 개방하는 데도 한계가 있다. 우수 인력이 한국을 선택해 들어온다는 보장도 없다. 결국 늘어나는 고령층을 적극 활용해 생산 능력을 유지하면서 초고령사회에 대비해야 한다. 선택의 문제가 아니라 가야 할 길이다.

다행히 고령층은 인구만 많은 게 아니라 경험과 지식도 충분하다. 건강한 '젊은 노인'도 많고, 특정 분야에서 외길로 이력을 쌓아온 퇴직 전문가도 많다. 육체노동의 중요성이 확 떨어진 시대에 이런 인력을 뒷전으로 몰아내는 것은 사회적 낭비다. 고령층이 일하면 국민연금·공무원연금 등의 기금이 늘어나면서 지급 시기까지 늦어져 국가 재정에도 크게 도움이 된다. 이런 문제를 민간에만 맡길 게 아니라 정부가 전면에 나서고 법제화 등으로 조기에 성과도 내야 한다.

【 반대 】

필요하지만 청년세대 공감 절실,
정부, 환경 조성 주력해야

고령층이 능력 닿는 데까지 더 일할 기회를 주자는 데 반대할 이유는 없다. 축적된 지식과 직업적 경험을 최대한 활용할 수 있는 국가야말로 선진 사회다. 행복한 노후 생활자가 늘어나는 것은 건전한 초고령사회로 가는 데 도움이 된다. 부실한 공적 연금 제도를 지속가능하게 하는 데도 기여하면서 정부의 복지 지출도 확 줄일 것이다. 개별 기업으로 보면 숙련된 인력을 경제적으로 조달한다는 차원에서 논의할 만하다.

하지만 고령자나 퇴직자에게 일할 기회를 더 주는 것은 청년세대의 일자리 확충 문제와 충돌이 생긴다. 고용 총량은 쉽게 늘어나지 않기 때문이다. 일자리를 둘러싼 세대 갈등은 유럽 등 경제가 발전한 장수 국가에서도 나타나는 일이다. 모든 세대의 입장이 두루 반영되는 공론화, 그 과정을 통한 사회적 공감대 형성이 중요하다. 일자리가 더 절박한 20~30대 등 미래 세대의 의견이 특별히 존중돼야 한다.

또 다른 문제점은 이게 정부가 주도할 일인가 하는 것이다. 2016년 정부가 나서 정년 60세를 법제화한 뒤의 부작용을 돌아볼 필요가 있다. 정년 늘리기의 필요성이 존재했고, 긍정적 효과도 있었다. 하지만 단기적으로 신규 고용이 줄었던 것은 사실이다. 정년 60세 시행 5년 뒤의 대한상공회의소 설문조사를 보면 기업의 89퍼센트가 정년연장 후 중장년 인력 관리에 어려움을 겪는다고 응답했다. 가장 큰 이유로는 호봉제 임금 구조는 그대로 둔 채 단순히 정년만 연장해 인건비 부담이 크게 늘어났다는 점을 꼽았다. 계속고용제가 효과를 내려면 직무급과 성과급을 중심으로 한 임금 체계 개편이 선행돼야 한다. 근본적으로 노조로 기울어진 운동장을 바로잡는 노동 개혁이 필수다. 정부 주도로 가면 또 한 번 정년만 덜컥 연장한 채 이처럼 필요한 고용·노동 시장 개혁은 방치될 위험이 다분하다. 아예 정년제 자체를 없애면서 계속고용 여부는 민간 기업의 자율로 돌리고, 정부는 노동 개혁에 주력해야 한다.

【 생각하기 】
일본 법 '노력 의무, 권고'
차분히 사회적 공론으로

기획재정부가 인구위기대응 전담반(TF)까지 가동한 것을 보면 정책 이슈로 삼겠다는 의지가 분명하다. 저출산·고령화에 대한 다양한 준비는 당연하다. 일자리와 복지가 핵심이다. 계속고용제 개념을 보면 2021년 4월 시행된 일본의 신고령자고용안정법을 모델로 삼은 듯하다. 일본은 기업에 65세에서 70세로 정년을 연장하도록 '노력 의무'를 부과했다. 그러면서도 '권고 사항'으로 했다. 벌칙 조항도 없어 강제법이 아니다. 중요한 포인트다. 한국에서도 시작은 이렇게 해놓고 슬머시 강제법으로 바꾸는 것을 경계해야 한다. 강제법이 되면 기업과 청년세대 반발을 부를 수 있다. 정치권 표 계산으로 결정될 사안도 아니다. 정년제 자체를 민간 자율에 맡기면서 임금 체계, 고용 형태, 근무 시간 다양화를 확보하는 게 중요하다.

'알바형 학생 근로'에도 근로계약서가 필요할까?

현대 민주 사회에서 근로관계는 '계약'에 의해 성립된다. 고용주와 피고 용자 모두 자유의사에 따른 계약이 기본이다. 당사자 간 자유의사가 최 대한 보장받고 존중받는 곳이 미국 같은 나라다. 반면 상당수 국가에서 는 이 고용 관계에 정부가 개입한다. 한국도 국가가 강하게 개입하는 편 이다. 사적(私的) 자치 영역이든, 정부가 개입하는 공적 영역으로 보든, 통상 서면으로 된 근로 계약이 기반이 된다. 이에 따라 고용주(근로기준 법상 '사용자')는 지시와 관리를 하고, 피고용자는 근로를 제공한다. 하 지만 근로계약서를 작성하는 게 반드시 좋은 것만은 아니다. 학생의 아 르바이트가 대표적인 경우다. 근로계약서를 쓰면 원칙적으로 세금을 내 야 하고, 알바 자리가 줄어들 수 있다는 게 대표적인 '부작용'이다. 근로 장학생 등 학생 알바에도 근로기준법 취지대로 근로계약서를 작성하는 게 맞을까?

근로자 보호를 위한 기본 조치,
법적 분쟁 시 학생 보호에 필수

대학생이든 중·고등학생이든 아르바이트형 일에서도 근로계약
서는 작성하는 게 옳다. 무엇보다 근로 또는 노동의 가치와 취지
를 알게 하는 게 중요하다. 이런 가치를 알아야 자율적이고 성숙
한 근로자로서 성인이 된 뒤에도 계속해서 자기 삶을 주체적으로
살아갈 수 있다.

근로 조건 개선 효과도 기대할 수 있다. 학교에서 근로할 때 정
규 교직원이 할 수 있는 사적 업무 지시, 보상이 뒤따르지 않는 주
말 및 야근 등의 추가 근무를 정당하게 피할 수 있다. 이런 것 외
에도 노동 약자인 아르바이트생이 받는 부당한 대우는 도처에서
발생할 수 있다. 불합리하지만 일일이 법적 싸움으로 가기 쉽지
않은 일상 근로 중의 부당 행위를 막으려면 처음부터 정당한 형
식에 따른 서면 근로계약서를 작성해둘 필요가 있다. 그런 취지
에서 본다면 문자로 된 계약서를 쓰는 것만으로도 얼마든지 예방
효과를 기대할 수 있다.

실제 법적 다툼이 벌어졌을 경우에도 대비해야 한다. '이러이러
한 일을, 이러이러한 조건으로 한다'는 식의 말로 해둔 계약 조건
은 근로자의 피해 구제에 현실적으로 도움이 되기 어렵다. 대학의

근로장학생이든 현장 실습 등을 나간 고교 실습생이든 근로를 한다면 근로기준법에 따른 권리를 누릴 수 있어야 한다. 그 출발이 근로계약서인 것이다.

근로계약서라고 해서 대단히 거창하거나 복잡한 것도 아니다. 일간·주간 근로 시간의 명기 및 준수 약속, 추가 근무 때는 고용주와의 협의 및 합의, 조건 외 지시 불가 정도만 확실히 해두면 된다.

현대 사회의 근로관계는 전근대적인 종속적 노동관계가 아니다. 고용주와 피고용자가 대등한 지위에서 자유의사에 따라 일하고 그 대가를 받는 게 대원칙이다. 그런 계약이어도 국가가 정한 근로기준법에 따르는 것인 만큼 근로자가 해야 할 일, 보수, 근로 시간 등 기본 조건을 분명하게 문서화하는 것은 어떤 근로에서든 필요하다.

【 반대 】

수입 줄고 업무 딱딱해질 것, '근로 보호'가 알바 기회 뺏을 수도

학업을 마치고 정식으로 사회에 진출하는 직장인·생활인이라면 당연히 계약서를 기반으로 하는 게 맞다. 하지만 근로장학생과 일반 학생 아르바이트까지 근로계약서를 작성하는 것은 명분에 비해 실익이 없다.

무엇보다 수입이 줄어들고 업무는 더 딱딱해질 것이다. 근로계약서를 쓰는 순간 학생이 아니라 근로자가 되기 때문에 세금(소득세) 납부 의무가 생긴다. 대학 등 사용자는 당연히 고용주로서 세무당국에 신고를 하게 되고 세금은 원천징수될 것이다. 자연스럽게 면세되는 소득이 신고 대상이 되면서 피고용자는 그만큼 수입이 줄어든다. 근로장학생이 저소득층일 개연성이 큰 만큼 실질소득 감소도 무시할 일이 아니다. 또 사용자는 근로 시간을 엄격히 관리·감독하게 되면서 학생이 계약된 시간에 자기 책을 읽거나 과제를 할 수 있는 '융통성'이 사라질 것이다. 사용자는 학교지만, 중간 관리자로서는 당장 일이 없어도 알바 학생을 놀게 할 수 없을 것이다. 계약 시간만큼은 만들어서라도 일을 시키는 게 중간 관리자의 관리 업무다. 학교는 학교대로 관리 책임의 중요성이 커지고 '학생 신분'의 이득만 없어지는 셈이다.

대학의 근로장학생은 실질적으로 업무를 시키기 위한 자리라기보다 장학 프로그램의 하나라는 점도 고려돼야 한다. 근로는 명분일 뿐 장학금을 주겠다는 취지인데, 근로계약서까지 쓰고 이 계약서로 인해 이런저런 '피곤한 일'이 생긴다면 학교 측은 근로장학생을 대폭 줄이고, 나아가 없애려 들 것이다. 사용자의 심적 부담과 경제적 비용 부담이 모두 늘어나는데 누가 근로장학생 제도를 유지하려 하겠는가.

근로 보호, 노동자 보호가 강조되면서 정작 근로의 기회가 줄어드는 일은 우리 사회에서 허다하게 빚어지는 '근로 존중의 역설' 아닌가. 학생들에게까지 근로계약서 쓰기를 의무화하면 근로 기회가 필요한 학생들을 더 어렵게 하는 결과가 될 뿐이다.

【 생각하기 】

근로 조건 개선 필요하지만
'근로 존중의 역설' 경계해야

근로계약서 작성 문제는 대학 등에서 빈번하게 생기는 딜레마형 과제다. 근로장학생에게 가장 좋은 것은 말 그대로 장학생 신분은 유지하면서 근로에 따른 부당한 처우를 예방하는 것이다.

고용과 근로 조건 개선은 꼭 필요한 사회적 과제지만, 이로 인해 고용과 근로의 기회가 줄어들고 갈등 비용까지 늘어난다면 주객이 전도되는 결과가 될 수 있다. 학생 아르바이트까지 근로기준법을 적용한다면 '법 만능 사회'로 갈 수 있다는 우려도 있다. 법에 앞서 상식·합리라는 인류 보편의 판단 가치도 있는 까닭이다. 좀더 큰 관점에서 69년 전인 1953년 제정된 근로기준법이 복잡다단한 현대 사회에 맞는 옷인지도 지혜롭게 검토해볼 필요가 있다.

강화되는 기업 '채용 건강검진', 문제는 없을까?

기업들이 채용 과정에서 건강검진을 강화했다. 심각한 병력이 있는 지원자는 물론이고 유의할 만큼의 신체적 이상이 있으면 사원을 뽑지 않겠다는 곳이 많다. 건강보험의 질병 코드가 확인되거나 '재검사' 판정 정도로도 채용이 막히는 사례도 나왔다. 면접까지 끝난 뒤 뒤늦게 불합격 판정이 나면서 법적 분쟁까지 벌어졌다. 기업이 건강을 매우 중요하게 보는 것은 중대재해처벌법 영향이 크다. 작업 도중 쓰러지거나 발병이라도 하면 회사 대표가 형사 처벌을 받을 수 있기 때문이다. 그래도 건강 조건 때문에 취업 시 노골적으로 불이익을 주는 것은 과하다는 지적이 나온다. 산업계에서는 비현실적인 법 때문에 어쩔 수 없는 기업들의 자구책이라는 입장이다. 취업 성패까지 결정하는 '건강 변수', 어떻게 봐야 할까?

근로자 만성 질환 발병 땐 CEO 처벌, 고위험군 가려내는 건 자구책

무엇보다 기업 입장을 냉철하게 볼 필요가 있다. 2022년 1월 27일부터 중대재해처벌법이라는 무서운 법이 시행됐다. 회사 내에서 중대재해가 발생하면 경영책임자는 고의 유무와 관계없이 형사 처벌 대상이 된다. 작업 도중 근로자가 사망한 경우 구속되기도 한다. 이 법은 기업의 경영책임자에게 재해 예방을 위한 안전보건 관리 체계 구축 의무를 부과하고 있다. 이 의무를 다하지 않으면 처벌하기 위한 법이다. 하지만 안전보건 관리 체계나 예방이라는 게 매우 불명확하다. 근로자 개인의 신체적 조건이나 특별한 사정으로 인한 사망이어도 기업주에게 책임을 지우니 기업이 초긴장할 수밖에 없는 것이다.

이 법의 제정 논의 초기부터 법안이 통과된 이후까지 산업계가 얼마나 많은 우려와 반대, 비판을 해왔나. 한국에 들어온 외국계 기업을 대상으로 한 설문조사에서도 이 법이 무서워 철수해야 할 판이라는 반응이 나타났다. 현대인에게 흔히 나타나는 뇌·심장·혈관 질환은 개인 컨디션에 따라 작업 도중에 언제라도 발병할 수 있다. 이런 만성 질환까지 기업 책임으로 돌리는 판에 고위험군 지원자를 가려내는 것은 기업이 할 수 있는 당연한 자구책이다. 만성 질환자의 발병은 처벌 대상이 아니라고 여겨왔던 기업들의 충격이 그만큼 크다.

근로 인력을 안정적으로 유지하는 것도 중요하다. 하지만 회사 대표가 본인의 직접적인 잘못도 아닌 일로 구속되는 것을 최대한 예방하는 게 기업 입장에서는 더 절실하다. 외국인 최고경영자(CEO)가 임기를 마치고도 귀국 못 할 상황이 빚어질 수 있다. 직업병 소견이 있는 지원자의 건강검진 결과 검수 절차를 더 강화하고, 주의가 필요한 취업 희망자에 대해 전문의 소견을 받을 수밖에 없다. 건강검진을 강화하는 것은 기업의 자구책일 뿐인데, 이제는 이런 것에 대한 규제까지 나올까 겁나는 상황이다.

【 반대 】

고위험군 미채용은 과잉 반응,
법적 분쟁·인권 문제로 비화도 우려

그동안 채용 과정에서 건강검진은 다소 의례적인 절차로 요식 행위에 가까웠다. 갑자기 고용주가 민감하게 반응하면서 과도하게 검진하는 것은 과잉 대응이다. 중대재해처벌법에 다소 모호한 규정이 있는 것은 사실이다. CEO 책임이나 근로자 본인의 과실 등에 대해 모법은 물론 시행령에서도 규정이 명확하지 않다는 지적이 많이 나왔고, 일리가 없지는 않다. 하지만 그런 규정은 사전 명

문화가 쉽지 않은 구조적 문제 탓도 있다. 그런데도 산업 안전을 강화하고 예방을 통해 중대한 산업재해를 막자는 취지의 법을 시행도 전에 가로막는 게 타당한가.

법 자체에 대한 반대가 아니라면 상식 이상의 건강검진 요건 강화는 무리한 반응이라고 볼 수밖에 없다. 법에 형사 처벌이 가능하다고 돼 있는 것은 사실이지만, 실제로 그런 처벌을 받은 기업인이 생기지도 않은 상황 아닌가. 국내 최대 건강검진 전문 업체인 한국의학연구소(KMI)의 건강검진 건수가 2021년 들어 전년 대비 30퍼센트(11월 말 기준) 이상 늘어나면서 역대 최대를 기록했다는 사실은 무엇을 말하나. 그만큼 과잉 반응한다는 역설적 반증이기도 하다.

모 온라인 쇼핑몰 업체에서 있었던 사례를 보자. 그동안 배송 기사 채용은 간단한 면접과 유급 운전연수 기간을 거치는 정도로 결정됐다. 하지만 운전연수를 거친 지원자 모두가 회사 지정 업체에서 신체검사하는 것을 의무화했다. 고혈압·협심증·뇌졸중·심근경색증 등 심혈관계에 이상이 있으면 아예 뽑지 않겠다는 것이다. 고혈압만 해도 취업 연령대는 평소 약으로 충분히 대응할 수 있는 현대의 흔한 질환인데, 이로 인해 취업 자체가 막히는 게 타당한가. 더구나 기업은 불합격 통보 때 그에 대한 사유를 밝히는 경우가 드물다. 당사자로서는 무엇이 문제였는지 알 수 없다. 신체검사 후 대기 과정에서 불합격 통보를 받는 경우도 있다.

기업·근로자 모두 어려움 가중,
법 보완 고려해야

특정한 목표로 만든 법이 엉뚱한 데서 부작용이 드러나는 것은 중대재해처벌법만이 아니다. 선한 의도라도 결과는 이를 보장하지 못한다. 무서운 법 때문에 자구책을 강구하는 기업을 비판만 할 수도 없다. 병력자를 뽑았다가 처벌받을 수 있다는 두려움이 그만큼 크다. 근로기준법이나 채용절차공정화법, 남녀고용평등법 등을 봐도 건강상 이유로 고용을 거부하는 것에 대한 제한은 없다. 보편화된 약과 신중한 생활 습관으로 관리가 가능한 질환 때문에 취업이 불발된다는 것에도 문제가 있다. 법 차원 이상의 인권 문제로 이어질 가능성이 있다. 건강 이슈가 채용뿐 아니라 기존 직원의 근무 배치 등에서도 법적 갈등 거리로 비화하는 것은 문제다. 법 보완을 생각해볼 만하다.

가사근로자법 시행,
주의할 점은 무엇일까?

가정집에서 돈을 받고 가사를 돕거나 육아를 해주는 도우미인 '가사노동자'에 대해서도 유급 연차휴가와 함께 퇴직금이 보장된다. 국민연금·건강보험·고용보험·산재보험 등 4대 사회보험 가입도 보장된다. 2022년 6월 16일부터 '가사근로자의 고용개선 등에 관한 법률(가사근로자법)'이 시행됐기 때문이다. 일각에서는 기존 근로기준법을 적용하지 않고 별도 법으로 제정한 것 자체가 가사도우미, 즉 가사근로자에 대한 차별 요소라는 비판 의견도 내놨지만 노동권의 확장이라는 측면에서 보면 큰 변화. 근로기준법이 1953년 6·25 전쟁통에 제정된 것을 감안하면 70년 만에 '노동법 사각지대'가 주목할 만큼 줄어들었다는 평가도 나온다. 문제는 가사근로자 고용에 따른 부담이 커질 수밖에 없고, 그만큼 이들의 일자리가 줄어들 수도 있다는 사실이다. 노동 약자를 위한 법이 대개 그렇듯이, 법 취지나 명분은 좋지만 현실에서는 예상되는 부작용과 예상치 못한 문제점이 생긴다는 것이다. 이상을 좇다가 자칫 가사보조와 육아도우미 시장을 없애거나 줄여버린다면 근로 조건 및 처우 개선도 효과가 반감될 수 있다. 가사근로자법, 어떻게 봐야 할까?

【 찬성 】

노동관련법 사각지대 없애는 '진전', 여성 권리 신장에 부합해야

청소·조리·육아 등 가사를 종합적으로 돕는 가사서비스는 70년 가까이 노동 관련법의 사각지대에 놓여 왔다. 산업 현장과 사회 전반에 걸친 노동·근로권의 향상에 맞춰 이들도 직업적 가사노동에 대한 정당한 대우를 받고 권리를 행사할 수 있어야 한다. 근로에 따른 적절한 휴가, 퇴직 급여(퇴직금), 사회보험 혜택은 그들의 근로에 따르는 자연스러운 권리다.

현재 국내 가사서비스업 종사자는 정확한 수도 파악이 어려울 정도다. 그만큼 고용·노동 시장의 '한계 지대'에 놓인 취약 계층이었던 셈이다. 추산으로는, 주로 여성을 중심으로 종사자가 15~60만 명에 이를 것으로 분석된다. 여성의 사회 진출이 다양한 영역에서 이뤄진 것은 한국뿐만이 아니라 전 세계적 메가트렌드다. 근로를 하든 그렇지 않든 여성의 사회적 권리 또한 크게 신장돼온 것과 비교하면 오히려 만시지탄이라고도 할 수 있다.

최근에는 가사서비스를 중개하는 전문 업체도 많이 생겼다. 일종의 플랫폼 기업이다. 이번에 제정될 법에 따라 혜택을 받게 되는 가사근로자도 일단은 전문 중개업체에 소속된 경우다. 그런 점에서 앞으로 나아갈 길은 많이 남았다.

이 법을 만들기 위해 지난 10여 년간 준비 기간이 필요했다. 법안은 오래전부터 국회에 상정됐으나 이런저런 이유로 외면받다가 이번에야 처리된 것은 천만다행이다. 하지만 이제 시작이라고 볼 수도 있다. 새로 법이 제정돼도 전문 중개업소를 거치지 않은 채 직업소개소와 개인 소개로 이뤄지는 가사노동 계약은 법의 적용을 받지 않기 때문이다. 앞으로 모든 가사근로자가 이 법의 적용 대상이 되고, 법에 따른 혜택을 받을 수 있어야 한다. 아울러 법안이 계약한 노동 시간이 아니라 실제로 일한 근로 시간을 기준으로 유급 휴일 등을 부여한 것, 주 15시간 미만의 단시간 근로자는 이런 혜택을 받지 못하는 것 등은 아쉬운 대목이다.

【 반대 】
비용 30퍼센트 증가에 고용자 '경계심'도…
가사도우미 일자리 줄일 것

근로에 대한 정당한 보수나 노동에 따른 근로자 법적 지위 및 권리는 필요하다. 문제는 다양한 형태의 노동을 획일화할 경우 예상되는 문제점도 미리 볼 수 있어야 한다는 사실이다. 산업 현장보다 법이 너무 앞서가거나 사회 현실과 달리 이상으로 치달을 경우 '과속'에 따른 부작용이 생긴다는 점도 지혜롭게 볼 필요가 있다.

가사근로자의 처우를 개선하고 권리를 법으로 보장하자는 것도 취지는 좋다. 큰 문제는 당장 이용자(고용인) 부담이 최대 30퍼센트가량 증가한다는 것이다. 가사서비스가 절실한 맞벌이 부부 등 주 이용층이 갑자기 늘어난 비용에도 도우미를 계속 쓸 수 있을까. 어쩔 수 없이 계속 쓰는 사례도 있겠지만, 늘어난 비용 때문에 도우미 활용을 중단하는 경우가 속출할 것이다. 신혼부부는 양가 부모나 친지에게 그 일을 맡기면서 도우미 의존도를 줄일 공산이 크다. 그렇게 되면 가사도우미는 일자리가 줄어들 수밖에 없다. 처우가 개선되고 휴가권이 보장된들 일자리 자체가 줄어들면 실질적으로 어떤 도움이 될지를 생각해 봐야 한다.

단순히 경제적 비용 증가 이상의 부담이 이용 가정(고용자)에게 생길 수 있다는 것도 감안해야 한다. 법에 따른 '정식 근로자'가 되면 일종의 '노사 관계'가 형성될 수 있다. 가사는 다소 민감하고 독특한 노동 서비스여서 업무 부탁(지시)이 '갑질'로 왜곡 해석되면서 '갑을 관계'의 분쟁이 생길 여지도 없지 않다. 이 또한 가사근로자 고용을 꺼리게 하는 요인이 되고, 그만큼 일자리를 줄일 수 있다는 점도 고려될 만하다. 다양한 형태의 로봇이나 홈오토메이션(Home Automation, 가정용 기기 등을 네트워크 기술을 통해 자동으로 제어·관리하는 기술) 도입으로 가사도우미 역할은 가뜩이나 줄어드는 추세다. 스스로 움직이는 자율 청소기 보급도 확산되고, '스타일러' 등을 비롯해 온갖 IT형 가전기기 보급으로 가사근로자 입지는 줄어드는 경향이 있다. 이상에 치우친 법이 일자리를 줄여버리지는 않을까.

【 생각하기 】

취지 좋아도 '과속' 땐 부작용, 급등한 '최저임금 그늘' 참고할 만

각종 근로에 따른 합리적 임금 체계를 갖추는 것과 정당한 노동권을 부여하는 것은 중요하다. 선진 사회의 척도 가운데 하나가 될 것이다. 다만 모든 것을 미주알고주알 법으로 제정하는 게 맞는지, 사회적 합의나 공감대 아래 큰 원칙만 마련하고 현장 자율에 맡기는 게 더 바람직한지는 생각해볼 문제다. '사적(私的) 자치', '계약 자유'의 큰 원리를 중시한다면 각 경제 주체가 스스로 알아서 잘하면서 국가 개입을 최소화하는 노력이 필요하다. 그래야 시민의 책임 의식도 강화되고 자기 절제 노력도 배가된다. 비용 문제도 가볍게 볼 일은 아니다. 이상 사회로 가는 데에는 다양한 형태의 비용이 발생하는데, 문제는 이런 비용 때문에 기존의 많은 일자리가 없어진다는 것이다. 급등한 최저임금이 주유소, 프랜차이즈 매장 등의 판매직 일자리를 없애버리는 현실은 무엇을 말하는가. 햄버거 가게 알바 자리는 왜 없어지고 키오스크가 대신 하게 됐나. 가사근로자는 대부분 저임금에도 일자리가 꼭 필요한 취약층이다. 이들에게 절실한 것이 당장의 휴식권일까, 나이가 들어도 더 일할 수 있는 넉넉한 일자리일까. 취약 계층의 권리보장이 확장된 개념의 '언더도그마(사회적 약자는 선하다는 인식, 반대는 오버도그마 현상) 입법' 측면은 없는지도 냉정히 볼 필요가 있다.

공기업 노동이사제, 필요할까?

2022년 8월 4일부터 노동자 대표가 공기업 이사회의 의사결정에 직접 참여하는 노동이사제가 시행됐다. 하지만 경영계를 비롯해 학계의 반대도 만만찮다. 가뜩이나 한국의 노사 관계가 '기울어진 운동장'인데 이를 노조 쪽으로 더욱 기울어지게 한다는 것이다. 고용·노동 제도만이 아니라, 상법과 공정거래법 개정안 등 이른바 '기업규제 3법'으로 기업 옥죄기가 심화되면서 국내 기업에 대한 역차별 우려까지 나오는 마당에 노조 쪽의 오랜 '숙원'을 다 들어주며 기업을 몰아세우면 투자는 누가 하고, 일자리는 어디서 나올 것이냐는 항변이다. '기업 활동 독려를 통한 위기 극복'은 팽개치겠냐는 반발이다. 논란도 많고 기업들이 크게 걱정하는 노동이사제, 꼭 필요한 상황일까?

공기업 방만 경영 방지와 투명성 제고에 도움

노동이사제를 도입하자는 주장의 주된 근거는 근로자들의 경영 참여로 기관 운영의 공공성이 높아질 것이라는 논리에서 나온다. 한마디로 투명한 경영이 가능해지고, 공공 기관의 경우 부실을 막을 수 있다는 주장이다. 나아가 늘 대립적인 한국 노사 관계가 한 차원 변할 수 있는 계기가 될 수도 있다는 목소리까지 있다. 노동이사제를 부분적으로 시행해온 서울시 산하 지방 공기업의 경험을 끌어들여 '현장'의 목소리가 경영진과 공유될 수 있다는 기대도 있다. 경영진과 이사회에 현장의 평가, 반응, 지적, 분석 등이 바로 전해지면 보다 나은 경영을 위한 의사결정에 효율성을 높일 수 있다는 논리다. 가령 대표이사-임원-사외이사 등이 하는 주된 결정에 현장 근로자 목소리가 가감 없이 전해진다면 경영에 도움이 된다는 논리다.

재계를 비롯해 학계와 언론계가 걱정하는 '노조의 경영권 침해 및 경영 점거'는 기우다. 더구나 지금 법으로 제도를 도입하자는 것은 공공 기관에 한해서다. 독일처럼 이 제도를 앞서 도입한 곳에서는 기업의 수익 창출에 도움이 됐다는 분석도 있다. 노사가 서로 대립하고 갈등하는 구조를 타파하는 데도 충분히 도움이 될 수 있다. 노동조합 등 노동자 대표가 공식적으로 경영에 참여하는 통로가 열리는 것이어서 경영 관련 정보가 공유되고, 주요 결정의 판단 근거가 노사 간에 공유되는 게 나쁠 이유가 없다는 주장도 나온다. 이런 것이 기업의 투명성을 높이고 사사건건 대립적인 노사 관계도 개선시키지 않겠느냐는 낙관론에 기반하고 있다. 노조가 경영에 관여하고 나아가 주체가 된다면 그에 따른 책임도 질 수밖에 없지만, 이 문제도 함께 논의하면 된다. 노조의 기득권이나 노조 이기주의에 대한 우려도 있지만, 시행도 안 해본 상황에서는 성급한 걱정이다.

【 반대 】

노조의 경영권 침해 우려,
'노동 개혁'이 더 급하다

주주가 아닌 노동조합의 대표나 노조 추천 이사가 회사의 주요 의결기구인 이사회에 들어가면 경영권을 과도하게 침해할 수 있다. 노동이사를 '상임'으로 두면 기업(경영진)으로서는 위기감이 커질 수밖에 없다. 노동이사제 찬성자들은 독일 사례를 들며 정당성을 주장했지만, 이 제도를 적극 도입한 독일에서조차 노동이사는 직접 경영에 참여하기보다는 필요할 때 법률 검토 등 제한적 역할만 수행한다. 노사갈등이 특히 심한 한국에서는 노동이사가 노사 간의 협상 안건에 이사회를 끌어들일 수도 있고, 경영진의 의사 결정을 지연시키거나 노골적인 훼방 놓기를 않는다는 보장이 없다. 하루하루가 '생존 전쟁'인 기업에 이렇게 내부 갈등 요인을 새로 덧붙일 이유가 무엇인가.

　더구나 기업이 원하는 노동 개혁은 어느 것 하나도 제대로 된 것이 없다. 노사 관계를 계속 노조 쪽으로만 기울게 할 경우 기업의 경쟁력 저하는 물론이고, 이런 고용·노동환경에서 외국인 투자자들이 한국으로 들어오지 않을 것이라는 점도 염두에 둬야 한다. 공기업의 방만 경영 등에 대한 지적도 있고 경영 개선 및 구조 개선의 필요성도 있지만, 노동이사제 도입이 그 해법이라는 것도 어불성설이다. 오히려 '노사 간 야합' 행위를 유도하면서 공기업에서 도덕적 해이를 불러일으킬 수가 있다. 중간 단계로 이사회에 노조 대표가 발언권 없이 들어가는 '근로자 참관제' 같은 방안도 생각해볼 수 있다. 기업 경영의 투명성과 효율성을 높일 것이라며 도입했던 사외이사제는 어떻게 됐나. 있는 제도라도 제대로 운영하는 게 중요하다. 미증유의 위기라며 기업을 계속 궁지로만 몰아세우면 기업인들이 마음 놓고 적극 투자에 나서기 어려운 현실도 감안돼야 한다.

국제 평가와 민간 기업에 미칠 영향도 감안해야

두 가지 주요한 관점이 있다. 노동이사제만 떼어놓기보다 고용·노동 이슈라는 큰 틀에서 보기, 국내의 노사 관계 힘겨루기 차원과 함께 국제 시각까지 함께 보기다. 해묵은 숙제인 노동 개혁 차원에서 본다면 노조 쪽에서 양보하며 내놓아야 할 노동기득권도 적지 않다. 급등한 최저임금, 근로 형태 등에 대한 정부 규제, 파업에 대한 사측의 대항권 보완 등도 그래서 함께 논의될 필요가 있다.

KB금융지주에서 노조 추천 이사 선임 안건이 세계 최대 의결권 자문사인 ISS에 의해 번번이 가로막혔다는 것도 눈여겨봐야 한다. KB금융지주 주식의 65퍼센트를 가진 외국인 투자자의 결정을 좌우하는 ISS의 반대는 이에 대한 국제적 시각을 보여준다. 노동 개혁과 병행하라는 의미다. 경제 위기 와중에 노조 편만 들지 않도록 '중립 촉구' 측면도 있다. 노동 단체가 민간 기업으로 확대하려 할 경우 노사 간 갈등을 부채질할 것이라는 점도 인식해둘 만하다.

- 4부 -
성장과 복지

성장·복지·분배·격차 해소의
정답은 무엇일까?

취약 계층 빚, 탕감해줘도 될까?

2022년 7월, 코로나19 여파로 정부가 이른바 '취약 계층'의 부채 경감 방안을 내놨다. 미국을 필두로 세계적인 금리 올리기 추세로 대출금리가 빠르게 상승하자 서민들의 금융 부담을 줄여주겠다는 차원이었다. 대통령 주재의 비상경제민생회의(제2차)에서 논의된 내용을 보면 소상공인과 자영사업자, 저신용 등급자, 청년층에 대한 금융 지원이 포함돼 있었다. 논란의 핵심은 빚 탕감이다. 대출의 상환유예 정도가 아니라, 아예 원금을 깎아주겠다고 해서 "빚을 낸 코인 투자자까지 왜 보호하느냐," "성실히 빚 갚아온 사람은 뭐냐"는 반발도 생겼다. 전형적인 금융의 모럴 해저드 논란이다. 반면 이례적인 인플레이션에 일자리 창출도 한계를 보이고 있는 만큼 정부가 나서 취약층에 실질적 도움이 될 정도로 금융 지원을 해야 한다는 요구도 적지 않았다. 경제 위기감이 고조되는 와중의 영세 사업자와 청년층 등을 향한 빚 탕감, 어떻게 봐야 할까?

복합 경제 위기에 더 어려워진 취약 계층,
정부 지원해야 '더 큰 비용' 예방

이례적인 복합 경제 위기의 시작 국면에서 글로벌 공급망 이상에 따른 세계적인 인플레이션은 한국도 예외가 아니다. 금리는 잇달아 치솟고 환율 급등(한국 돈 가치 하락)으로 수입 물가는 계속 오르고 있다. 증시와 주택 시장도 위태위태하다. 물가 급등은 특히 서민 계층의 일상생활을 심각하게 위협하고 있다. 일자리 창출도 어렵거니와 임금도 오르는 물가를 따라잡지 못하고 있다. 이런 판에 대출금리가 급등하면서 가계와 영세 사업자의 이자 부담을 부쩍 키우고 있다. 그런데도 은행은 사상 유례 없는 초대규모 이익을 내고 있다.

매달 늘어나는 금융 부담에 속수무책인 취약층의 대출 원금 및 이자 상환 부담을 줄여주는 게 맞다. 실제로 원리금을 갚느라 생활이 어려운 서민이 늘어나고 있다. 이들이 부도가 나고 상환이 완전히 어려워지는 신용불량자가 되면 사회적으로 더 큰 부담을 안게 된다. 실업부조 등 극한 계층 직접 지원금이 늘어나면 모두 정부 예산 지출 증가로 이어지고, 사회적 불안 요인이 될 수밖에 없다. 그전에 막을 필요가 있다. 정부가 30조 원 규모로 부실채권을 매입하는 방식으로 채무를 조정해주는 게 오히려 적은 비용으로 큰 파국을 예방하는 방편이 된다.

미국에 이어, 그동안 금리를 올려온 한국은행이 지난 7월 한 번에 0.5퍼센트포인트 올리는 '빅스텝'을 사상 처음으로 단행했고 10월에 또 한 번 0.5퍼센트포인트 인상함에 따라 가뜩이나 어려운 경제가 당분간 더 어려워질 것으로 예상된다. 인플레이션을 잡기 위한 수단으로 불가피하게 고금리를 택했지만, 늘어나는 대출이자 부담은 취약층일수록 커지는 역설적 현상이 빚어지고 있다. 이 때문에 사정이 매우 어려운 자영업자와 청년층을 대상으로 직접 지원에 나선 것이다. 윤석열 대통령도 "금융 리스크는 뒷수습보다 선제적 적기 조치가 긴요하다"고 역설하지 않았나. 정부 주도의 30조 원 규모 '배드뱅크(bad bank, 다중 채무자의 부실 채권·자산을 사들여 처리하는 기구)'는 무조건 원금 탕감이 아니라 채무 조정, 장기 분할상환 같은 방식도 병행하며, 한시적으로 운용된다.

【 반대 】
"코인·주식 투자 실패자 빚 왜 깎아주나"
정부가 모럴 해저드 부추겨선 안 돼

대출금의 상환 조정이나 대출 이자가 단기간에 급증하지 않도록 금융 당국이 잘 살피는 것은 의미가 있다. 필요도 하다. 금융권의 리스크 관리 차원에서도 선택할 만하다. 이전에도 자주 있었던,

위기 시 금융 정책 중 하나다. 예기치 못한 코로나로 적지 않은 피해를 입은 자영업자에 대한 일정 한도 내의 지원 역시 여전히 불가피한 측면이 있다.

그렇다고 해서 금융 소비자에게 모럴 해저드를 부추겨서는 안 된다. 정부 조치대로라면 90일 이상 연체자에게 적용하는 '새출발기금'은 쉽게 말해 대출 원금의 60~90퍼센트를 탕감해주는 것이다. 성실하게 대출금을 갚아온 건전한 소비자에게 너무 큰 상대적 불이익을 주는 것이다. 성실 상환자에게 박탈감을 주게 된다. 비슷한 일을 상시로 하는 캠코(KAMCO, 한국자산관리공사)의 부실채권 감면율(30~60퍼센트)과 고려해도 형평에 맞지 않다. 재검토가 필요하다. 저신용 청년의 빚을 30~50퍼센트 깎아주는 '청년특례 신속채무조정' 프로그램도 문제가 다분하다. 청년층에서는 바로 "빚을 내 무리하게 코인과 주식 투자에 나섰다가 실패한 이들의 빚을 정부가 왜 깎아주느냐"는 문제 제기가 나왔다. 젊은 대출자라는 이유로 과도한 혜택을 준다면 '정치적 선심', 즉 포퓰리즘이라는 비판을 면하기 어렵다.

정부 독주의 강압 분위기도 보인다. 대출자마다 다르게 적용될 새출발기금의 60~90퍼센트 원금 감면율을 어떤 기준으로 세분화할 것인가. '주거래 금융 기관 책임관리제' 등 일부 실행 각론에서 협의가 없었다며 은행들이 볼멘소리를 하는 것을 보면 관치 금융 성격이 짙다. 한국은행이 사상 처음으로 금리 빅스텝을 내

디딘 바로 다음날 충분히 정제되지 못한 내용을 내던진 것도 정책 신뢰도를 떨어뜨린다. 금융·경제 위기는 아직 본격적으로 시작되지도 않았다. 그런데 선심책부터 내면 누가 허리띠를 죌 것이며, 나중에는 어떤 정책을 펼 텐가. 금융 시스템 안정 차원에서 서둘러야 한다고 판단했을 수는 있다. 그럴수록 금융 회사와 머리를 맞대고 차분히 해법을 찾아야 한다.

【 생각하기 】

연거푸 만기 연장으로 이전 정부가 금융 리스크 키워⋯ 모럴 해저드 막을 장치 필요

위기 때 취약 계층에 대한 금융 지원은 필요성이 있다. 비금융의 실물 분야보다 확산 속도가 많이 빠른 금융 리스크를 선제적으로 차단하는 것도 중요하다. 하지만 긴급 금융 지원이 필요하다고 해도 온정적이고 느슨한 대책은 곤란하다. 코로나 사태 후 2년 넘게 지속돼온 '대출 만기 연장·상환 유예'라는 긴급 대책을 네 차례나 반복해온 것도 정부였다. 선거를 의식하면서 정부가 문제를 키워온 것이다. 그러다가 원금 탕감까지 내놓으면서 논란을 야기했다. 결국 모럴 해저드를 막을 보완 장치를 마련하는 게 관건이다. 빚 탕감 비율뿐 아니라 만기 연장 등에서도 정부가 일방적으로 안을 내놓으며 강제하기보다 위험 관리에 노하우가 쌓여 있는 금융

사의 자율적 판단을 존중해주는 것도 중요하다. 경제가 어려워질
수록 이런 정책이 추가로 나오고, 반복될 수 있다는 게 큰 문제다.
급하다고 바늘허리에 실을 매어 쓸 수 없다.

공공 분양, 청약 점수 높은 4050보다 2030 청년 우선해야 할까?

2022년 10월, 윤석열 정부가 공공 주택 50만 호 건설 계획을 내놓으면서 청년층에 우선 분양할 물량을 34만 호로 배정했다. 임대와 저가 분양을 주축으로 하는 공공 분양 아파트 공급 계획은 역대 정부에서도 늘 있었다. 윤석열 정부가 5년간에 걸쳐 내놓겠다고 발표한 공공 주택 정책에 눈길이 간 것은 물량이 방대할 뿐만 아니라 '청년주택'을 34만 호 공급한다는 대목 때문이었다. 2030세대에 주거 복지를 제공해 결혼을 유도하면서 저출산 문제도 해결해나간다는 의지가 깔려 있었다. 서울과 수도권에서 갈수록 가중되는 주거난을 감안한 것이다. 문제는 공공 분양을 기다리며 무주택으로 '가점'을 쌓아온 4050세대의 반발이었다. 무주택자 설움과 온갖 고충을 무릅쓰고 버텨왔는데, 왜 청년에게 공공 물량을 몰아주느냐는 것이다. 한정된 재원의 공공 주택을 청년 세대에 우선 공급하는 정책, 어떻게 봐야 할까?

5년간 50만 호 중 34만 호 청년에…
주거 안정, 비혼·저출산 해법

한국 사회에서 2030 청년 세대의 애로와 어려움은 한마디로 설명도 못할 지경이다. 고충의 갈래도 다양하고 복합적인 데다 조기에 해결될 기미도 안 보인다. 가장 심각한 것은 좋은 일자리의 절대적 부족이다. 성장잠재력이 매년 뚝뚝 떨어지고 투자가 감소하면서 고용 시장 전반이 위축되는 가운데 청년백수 문제도 심각하다. 경제가 활력을 잃어가는 장기 저성장 시대의 부작용, 충격파를 사회에 진출하는 시기의 청년 세대가 직격탄으로 맞고 있다.

고공행진은 청년 취업난만이 아니다. 높은 비혼율에다 0.8까지 떨어진 합계출산율이 청년 세대의 어려움을 웅변적으로 보여준다. 현실이 어렵기 때문에 혼인과 출산을 기피하는 것은 '고등 생명체'의 자기본능에 따른 일종의 '집단지성'이라는 분석까지 나올 정도다. 세계 최악의 저출산율은 단지 가임기의 젊은 여성만의 문제가 아니다. 또래 남성들도 같은 고민을 하는 것이다. 5060세대는 고성장기의 혜택과 과실을 제대로 누렸다. 부동산 가격이 급등하기 전에 대도시 중심 등지에 다수가 자기 집을 가졌고, 직장에서도 장기 근무로 일정 수준의 부를 확보했다. 세대 전체가 매년 두 자리씩의 경제성장률까지 구가했던 고성장기의 성과를 누린 것이다. 하지만 그들의 아들과 조카 세대를 보라. 현실이 어떤가.

주거난은 2030세대의 그런 어려움 가운데 가장 실감나는 사회 진입 장벽이다. 집 문제를 해결해줘야 청년 삶이 안정되고 독립적인 사회구성원으로 제대로 된 발걸음을 뗄 수 있다. 정부가 이를 도와야 한다. 이 세대를 홀로 서는 성인으로 자립시켜야 이들이 세금을 비롯해 국민연금, 건강보험 같은 공적부조 시스템이 정상 가동되는 데 현실적으로 기여할 것이다. 그러니 청년 세대에 주택 공급은 한정된 재원에서 상당히 생산적인 투자, 미래지향적 투자가 된다. 이들이 3040세대로 나이가 들면 공공 주택을 새로운 2030에 넘겨주는 방식의 운영도 좋다.

【 반대 】
4050세대 "나이가 죄인가"
정책 믿고 20년 가점 모으다 바보 될 판

2030 청년 세대에 대한 정부 지원은 매우 중요한 정책 목표다. 꼭 실현해야 할 시대적 과제다. 정부가 일자리 창출 분위기를 조성하면서 기업 기 살리기와 투자 활성화를 위한 마중물로 예산을 부어넣는 것도 그래서 필요하다. 정부가 직접 나서는 관제 고용보다 기업과 시장, 즉 민간에서 나오는 제대로 된 일자리 창출이 더 중요한 것은 두말할 나위도 없다. 실직자를 위해 고용보험의 벽을

두껍게 하고, 다양한 형태의 일자리 교육 프로그램을 지원하는 것도 함께 필요하다. 정부가 온갖 비판에도 불구하고 대학등록금을 올리지 못하게 하는 등 청년층의 사회 진출이 수월해지도록 여러 지원에 나서는 것도 같은 맥락에서 타당성을 갖는다.

하지만 주택 문제는 차원이 다르다. 정부 예산은 제한돼 있고, 정부 공기업인 LH(한국토지주택공사)나 서울시 산하 지방공기업인 SH공사(서울주택도시공사)가 내놓는 양질의 주택도 늘 부족하다. 이런 주택 공기업 등이 내놓는 물량을 바라며 '가점'을 차곡차곡 채워온 중견·기성세대가 적지 않다. 청약저축에 미리 들어 준비 기간을 늘려오고, 아이를 낳아 자녀 점수를 쌓으며, 무주택 기간을 길게 가져온 것이다. 어떤 가구는 가족 수에 따른 가점을 확대하기 위해 부모를 모시고 살기도 한다. 이들에게 돌아갈 물량을 청년에게 대거 돌린다면 그 정책은 누구를 위한 것인가.

나이가 무슨 죄인가. 오랜 기간 동안 점수를 쌓아온 4050세대를 어느 날 공공 공급 물량에서 대거 배제하는 것은 '정책의 배신'이다. 신설되는 청년 특별 공급 안을 보면 '공공 분양 일반 공급'과 함께 '민간 분양의 중소형 평형'에도 추첨제로 2030세대에 문을 크게 열어준다. 이렇게 되면 청약점수가 낮은 청년의 당첨 가능성만 높아진다. 미혼·비혼 청년까지 공급 우대를 하면 1인 가구에 대한 혜택이 돼버린다. 이런 역차별이 저출산 해법에 도움이 될 수 있나.

따로 보면 이유 있는 정책의 충돌, '표 계산 정치' 배제, 행정전문가에 맡겨야

가용 재원은 한정돼 있는 데 쓸 곳은 많아진다. 이래서 정책이 어렵다. 동시에 이런 문제를 신중하고 균형감 있게 풀어가는 게 행정의 묘미, 보람이기도 하다. 미래 세대에 공공 주택 공급을 확대하자는 것 자체에는 그 누구도 반대하지 않을 것이다. 하지만 이때문에 40~50대의 장기 무주택자 우대 물량이 확 줄어든다고 하면 걱정할 것이다. 결국은 재정 효율의 극대화, 균형, 우선순위, 사회구성원 최대 만족 추구 같은 문제로 귀결된다. 그러자면 정책입안자에게 부당한 압력과 개입을 하지 않는 게 중요하다.

대표적인 것이 포퓰리즘 기반에서 표나 추구하는 정치권의 부당한 개입·압력이다. 차분한 공론화도 이래서 중요하다. 당사자들의 이해관계 충돌이 세대 전쟁으로 비화돼서도 안 된다. 청년의 사회 진출도 돕고, 정책만 보고 인내해온 기성세대의 기득권도 존중하는 묘안은 없을까.

'청년도약계좌' 적금, 미취업자 차별은 아닐까?

2022년 3월, 청년의 자립 목돈 마련을 위해 이자 외에 정부가 나랏돈으로 더 주는 '청년도약계좌' 적금 상품을 두고 논란이 분분했다. 윤석열 대통령 당선인의 선거 공약이었다. 앞서 문재인 정부가 대선 직전 선보인 '청년희망적금'과 비슷하다. 청년희망적금도 정부 예산을 통한 지원으로 연 10퍼센트 가까운 금리 효과를 보장하면서 적지 않은 혼선과 논란을 불러일으켰다. 가장 큰 논쟁점은 이미 취업한 청년에게 금리 외에 장려금 명목의 돈을 정부가 왜 주는 것이냐다. 일자리를 찾지 못한 백수 청년과의 격차 확대를 부추긴다는 것이다. 또 하나의 현금 살포라는 비판이 나온다. 물론 청년의 경제적 자립을 정부가 돕는 것은 바람직하며, 확대해야 한다는 주장도 만만찮다. 젊은 세대의 관심사가 된 정부 지원 청년도약계좌, 어떻게 봐야 할까?

취업·결혼·출산 포기한 'n포세대' 청년층, 독립·자활 최대한 지원해야

청년세대에 대한 지원은 어떤 식으로든 계속 확대해나가야 한다. 이 시대 2030세대의 심리적 위축감은 심각한 지경에 달해 있다. 기본적으로 일자리가 부족한 게 큰 요인이다. 고용이 창출되지 않는 사회, 일자리 불임의 나라가 청년의 잘못인가. 기성세대와 국가 사회의 잘못이 큰데, 그에 대한 책임은 청년들이 다 지고 있다. 결혼을 기피하는 세태, 세계에서 거꾸로 일등인 초저출산율도 결국 일자리가 없기 때문 아닌가. 경제적 난관은 모든 어려움 가운데서도 가장 크다고 할 수 있다. 매우 기형적인 남녀 간 집단 성(性) 대결 양상, 즉 젠더 갈등도 뿌리는 이 문제에 닿는 것이다.

이런 상황에서 기성세대는 어떤 혜택을 누리고 있나. 대표적으로 국민연금 문제를 보자. 지금 국민연금을 받는 초기 가입자들은 납입한 연금보험료의 10배까지 받고 있다는 분석이 나온 반면, 2030세대는 연금기금 고갈이라는 무서운 미래를 안고 있다. 그런데도 정부와 국회, 정치권 어디서도 국민연금 개혁에는 나서지 않는다. 고령 사회가 심화되면서 젊은 세대는 앞으로 세금도 더 많이 내야 한다. 최근 몇 년간 사회적 문제가 된 집값 급등에서도 젊은 세대는 소외되고 있다. 중장년층 이상은 '자기 집'을 가지고 기득권을 다지는 반면 청년세대는 내 집 마련의 꿈까지 접어야 하는 n포세대로 전락하고 있다.

이제 젊은 층의 독립·자활을 최대한 도와야 한다. 저금리 시대에 얼마 되지 않는 이자를 보충해 정부에서 지원해주는 것을 나쁘다고 할 수 있을까. 더구나 취업은 했으나 급여는 부족한 젊은 층에 대한 금융 지원은 근로 의욕과 저축 의욕을 동시에 고취하는 두 마리 토끼 잡기가 된다. 10년 만기를 채우는 조건에서의 지원인 만큼 장기근로를 유도하면서 자연스럽게 바닥으로 떨어진 저축 성향도 높일 수 있다. 막연한 현금 살포보다는 나은 방법이다. 지원을 더 확대할 필요가 있다.

【 반대 】

취준생 등 미취업자 가입 못해…
청년층 격차 확대 부채질

집도 일자리도 구하기 어려운 청년들, 특히 저소득층 2030세대에게 목돈 마련 기회를 주겠다는 것 자체가 문제는 아니다. 이런 일에 정부가 나섰다고 해서 잘못된 일도 아니다. 하지만 그럴 때도 기본 원리와 원칙에 맞아야 한다. 청년희망적금만 해도 비과세 혜택과 저축장려금을 통한 높은 금리 효과 때문에 출시 전부터 유망 저축 상품으로 이목을 끌었다. 그러나 가입 조건을 보면 '만

19~34세, 연소득 3,600만 원 이하 취업자'였다. 요건이 맞는 희망자에겐 적지 않은 도움이 되겠지만, 정작 이런 지원형 상품이 필요한 무직 청년이나 구직 중인 2030세대에겐 그림의 떡이나 다름없다. 이런 종류의 선심책이 늘 그렇듯이, 한 살 더 많고 적음에 따라 대상이 갈린다. 이런 데서도 뒷말이 생기기 마련이다. 집안 형편이 좋거나 본인 명의의 자산이 있으면서도 월수입이 적은 사람에겐 '용돈벌이'가 된다. "이게 공정이고 상식이냐"는 비판이 곳곳에서 계속 나온 것도 그런 이유에서다.

청년도약계좌 역시 본질에서는 비슷한 문제점을 안고 있다. 만 19~34세 청년이 매달 70만 원 한도로 저축하면 정부가 소득에 따라 40만 원씩 추가 적립해준다. 청년희망적금과 달리 소득 제한도 없애버렸다.

어떻든 현실적 문제는 재원 마련이다. 앞서 청년희망적금 가입자가 모두 이 적금으로 갈아탈 경우 매년 3조 원가량의 정부 예산이 필요하다. 10년 만기 상품이 계속되게 하려면 수십조 원이 소요된다. 이 돈을 어디서 어떻게 마련할 것인가.

취업준비생 등 일자리가 없는 청년은 가입 대상에서 배제된 것도 여전히 문제다. 대상자는 과도한 혜택을 받고, 비대상자는 소외 속에 과도한 상실감을 느끼는 유별한 금융상품을 정부가 낼 만한 가치가 있는가. 이같이 막대한 예산은 미취업 청년을 위한 지원 확대에 집중하는 게 바람직하다. 청년은 일할 기회를 원하는 것이지, 돈을 달라는 게 아니다.

엄청난 쏠림에서 확인된 즉흥 행정, '현금 공세'보다 '일자리 창출'로

청년희망적금 때의 엄청난 쏠림 현상을 보면 정책 명분과 달리 사업 진행 과정도 문제였다. 금융 당국의 엉터리 수요 예측으로 첫날부터 가입 시스템이 마비되는 등 대혼선이 빚어졌다. '과열' 관심이 확인되자 예산도 확보되지 않은 상황에서 곧바로 가입 제한을 풀어버려 즉흥 행정이라는 비판을 받았다. 정부가 일을 너무 쉽게 여기며 문제를 키운 측면이 있다. 이런 아마추어 행정은 정책 불신을 불러일으킬 뿐이다. 좀 더 체계적이고 근본적인 대책이 절실하다. 국회예산정책처가 "청년희망적금을 포함해 월세, 교통비 지원 등 각종 현금 지원성 사업의 정책 효과를 따져봐야 한다"고 뒤늦게 제동을 건 적도 있지만, 소용없었다. 청년을 진정 위한다면 얼마간의 현금 공세보다 어떻게든 좋은 일자리 창출 정책으로 나아가야 한다.

300만 원 현금 주는 '청년 도약준비금', 타당할까?

2022년 9월, 정부가 구직 청년에게 '도약준비금'으로 300만 원을 주겠다고 했다. 구직 활동을 하다 도중에 포기한 청년에게 희망을 준다는 취지다. 2023년도 정부 예산안에 포함된 내용이다. 2023년도 예산은 윤석열 정부가 편성한 첫 예산인 데다 복합적 경제 위기가 심화되는 와중의 재정 운용 계획이 포함된 것이어서 더 주목받았다. 전체적으로 지출 증가를 억제하며 건전 재정으로 나아가려는 노력은 엿보였다. 그런 와중에 선심성 현금 지급으로 이 예산이 포함된 것이다. 현금 지급 예산은 통상 인기 영합 지출이라는 비판이 따르곤 한다. 문재인 정부 때도 자주 있었던 논란이다. 선거 때면 여야가 경쟁을 벌이며 되풀이하는 한국형 예산 퍼주기라는 비판도 받는다. 물론 취지에는 일리도 있다. 다른 현금 복지가 대개 그렇듯이 명분도 그럴듯하다. 구직 청년에 대한 정부의 현금 지원은 타당할까?

청년 구직자 '희망의 끈' 놓지 않도록
정부 다양한 지원책 모색해야

국내외에서 물가가 무섭게 치솟았다. 에너지와 식량의 국제 가격이 동시에 오르면서 인간 생존에 필수인 양대 축에서 인플레이션이 심화됐다는 우려가 계속 커졌다. 미국과 중국 간 대립이 장기화되면서 국제 분업의 산업 공급망이 흔들린 탓이 컸다. 우크라이나 전쟁으로 더 심해졌다. 인플레이션은 그간 각국이 경쟁적으로 풀어온 통화량의 증대와도 무관치 않다. 장기 저금리에 '양적 완화'라는 경쟁적 돈 풀기도 인플레이션을 가속화했다. 인플레이션에 대응하면서 미국을 필두로 여러 나라가 금리를 올리기 시작하자 이번에는 경기가 갑자기 침체되는 모습을 보이고 있다. 세계 경제가 동조하면서 함께 움직이는 양상도 짙어지고 있다. 경제의 앞길을 한 치도 내다보기 어려운 상황이 빚어지면서 취약층은 더 어려워졌다.

　청년 취업난도 미증유의 이런 복합적 경기 침체, 위기 상황과 결부시켜 봐야 한다. 한국만의 문제가 아니다 보니 해법은 더 어렵다. 일자리 구하기가 가뜩이나 어려운 구직 청년이 자포자기 심정으로 희망의 끈을 놓게 하지 말자는 취지다. 정부가 어떻게든 나서야 하고 위기의 청년들을 도와야 할 판이다. 찬밥 더운밥 가릴 상황이 못 된다. 막연히 구직 청년에게 정부 예산을 나눠주는 식이 아니라 기업이 운영하는 직업 프로그램의 이수자 등을 대상으로 정부 격려금을 주자는 것이다. 삼성·SK 등에 그런 구직 프로그램이 있다.

이전 정부의 관제 일자리와는 차원이 다르다. 빈 사무실을 지키며 전등이나 끄게 하는 가짜 일자리 만들기와는 다른 지원책이다. 일자리를 구하려는 의사와 의지가 조금이라도 있는 청년은 정부나 지방자치단체가 나서 어떻게든 도와야 한다. 구직·구인 시장에는 매년 새로운 청년들이 나오고 있어 한번 시기를 놓쳐 구직을 포기한 청년이 누적되면 국가적으로 심각한 문제가 된다. 방치하면 사회적 부담이 커질 수밖에 없는 만큼 창업이나 취업의 대열에서 이탈하지 않도록 도와야 한다. 적은 비용으로 효과를 낼 수 있다.

【 반대 】
예산은 한정, 지출 구조조정도 절실,
기술 교육·창업 공간 지원이 실효

어려운 시기에 저소득층에 대한 지원 확대는 필요하다. 청년 취업 대란의 실상을 직시하며 고용을 장려하자는 취지도 나무랄 수 없다. 취업난을 겪는 청년의 어려움은 특히 더 절절하다. 어려운 청년에 대한 지원에 문제 제기를 하는 게 야박해 보일 수도 있다. 하지만 정부 예산, 즉 국가의 가용 재원은 한정돼 있다는 것도 엄연한 현실이다. 더구나 윤석열 정부는 긴축을 천명하면서 건전 재정을 달성하겠다고 공약을 내걸어 집권했다.

그러면 그런 주장과 원칙에 맞게 예산을 써야 한다. 현금을 나눠주는 게 청년 고용 증진에 실제로 도움이 되는 일인가. 정책이 되려면 실증적으로 예산 집행 효과를 입증할 필요가 있다. 쓸 예산은 제한돼 있는데 그런 검증도 없이 지출하겠다니 인기영합형 지출이라는 비판이 따르는 것이다. 차라리 이런 방식 대신에 청년 고용 촉진을 위한 무상 기술 교육 프로그램을 확대하고, 스타트업과 창업 준비생을 위해 교통과 편의 기반이 좋은 도심지에 저비용 공간을 제공하는 방식은 어떤가. 현금 대신 이런 지원이라면 퍼주기라는 비판이 나오지 않는다. 고용노동부와 산하 공단들이 전문가를 최대한 동원하는 직무 프로그램을 강화하고, 교육부도 대학 등의 취업 역량을 배가하는 데 한정된 예산을 집중하는 게 효과적이고 현실적이다.

문재인 정부 때 관제 일자리에 대한 비판도 결국은 예산 배분에서의 우선순위에 관한 문제 제기였다. 아울러 성과 점검도 없는 예산 집행은 지양하자는 것이었다. '5,000만 원 청년도약계좌'가 시행도 전에 '고소득 금수저'만 유리하다는 형평성 논란을 유발한 이유가 무엇이었나. 국회예산정책처까지 정부가 지원하겠다는 개인별 월 수십만 원의 재원에 의문표를 달며 공정성·실효성이 다 의심된다는 보고서를 냈다. 청년도약계좌도 도약준비금도 공약이라는 이유로 서두를 사안이 못 된다. 공약으로 국정과제가 됐다고 해도 급변하는 경제 상황을 감안하면 완급·경중·선후는 바뀔 수 있다. 그게 융통성 있는 행정이다.

【 생각하기 】

'건전 재정' 역설한 정부,
기업 투자 유도해 일자리 창출하는 게 정석

청년 고용 촉진은 중요하다. 정부가 외면할 수 없는 매우 현실적인 과제다. 궁극적인 해법은 기업 투자 확대로 좋은 일자리가 생기게 하는 것이다. 그래서 늘 규제 혁파가 중요하다고 한다. 당장 사정이 급하다 보니 이전 정부의 오류를 답습하는 조급증이 새 정부에서도 나타난다. 정부는 현금 지원에 나설 게 아니라, 오히려 시·도 지자체가 하는 선심 정책을 견제할 필요가 있다. 같은 금액으로 300만 원을 주는 '서울청년수당' 같은 지자체의 현금 지원을 좀 더 생산적인 데 쓰도록 유도해야 하는 게 중앙정부다. 다양한 직무 교육은 늘 중요하다. 일자리 창출을 가로막는 노동·고용 시장의 개혁 역시 중요하다. 그런 방식으로 기업의 좋은 일자리가 더 나오게 하면서 건전 재정을 넘겨줘 미래 세대의 부담을 덜어주는 게 진짜 청년 대책이다. 어려울수록 오히려 돌아가라는 말도 있다.

서울시의 청년 '현금' 지원, 실효성 있을까?

2021년 서울시가 44조 원에 달하는 2022년도 지출예산 계획을 세웠다. 한 해 600조 원을 넘어선 중앙정부의 비대해진 '초(超)슈퍼예산'이 논란거리지만, 지방자치단체의 팽창 예산도 여러모로 논쟁거리다. 대개 두 가지 쟁점이 있다. 이렇게 큰 폭으로 증가하기만 하는 예산 편성이 언제까지 가능할 것인가와 거대 예산이 적절하게 제대로 쓰이고 있느냐는 것이다. 하지만 정부부터 '뒷감당은 나 몰라라'다. '내 임기 중에 문제가 생기지 않는다면, 아무리 필요해도 내 임기 도중에 중대한 결정은 할 수 없다(NIMT)'는 풍조가 만연해 있다.

서울시의 2022년 예산에서 주목되는 것 가운데 하나가 '청년 지원 대책'이다. '현금 뿌리기'라고 비판을 받는 것이다. 졸업 후 미취업자 최대 300만 원, 이사 비용 40만 원, 책값 지원 10만 원, 대중교통비 10만 원 등이다. 이에 질세라 경기도도 면접수당 5만 원씩 최대 6회, 인천시는 취업 면접비 5만 원씩 최대 3회, 울산시는 월 주거비 15만 원 등의 현금 살포 예산을 짰다. 하지만 많은 전문가들은 지금 젊은 세대에게 필요한 것은 일자리라고 한다. '고용이 최대의 복지'라는 말 그대로다. 당장 다급한 취약 계층 젊은이에게 얼마간의 현금이 도움이 될 수도 있으나 '언 발에 오줌 누기'일 뿐이라는 비판이다. 청년을 향한 지자체의 현금 지원, 어떻게 봐야 할까?

【 찬성 】

'n포세대' 청년 문제 심각,
지원 더 확대해야

젊은 세대, 특히 사회 진출을 눈앞에 둔 청년 현실이 무척이나 어렵다. 갈수록 고난이 가중되는 분위기다. 취업이 어려워지자 구직 포기, 그 결과로 결혼 포기, 출산 포기, 내 집 마련 포기 등으로 돌아서는 'n포세대'라고 한 지도 오래됐다. 일자리를 많이 만들어주면 좋겠지만, 이게 뜻대로 되지 않는다. 4차 산업혁명이 급속도로 진행되면서 경제와 산업 생태계가 근본적으로 바뀌고 있고, 법과 제도 변화에 따른 신규 고용 감소 측면도 상당히 강하다. 이런 와중에 코로나 충격 같은 예상치 못한 큰 변수가 생겨났다. 미국·중국 등의 '자국 우선주의' 기반의 보호무역 기류도 한국에서의 고용 창출을 어렵게 하는 걸림돌이다.

이렇게 장애 요인이 커지는데 손 놓고 가만히 있을 수는 없다. 무엇이든 해야 한다. 기성세대 전체가 나서야 하는 만큼 중앙정부 따로, 지방자치단체 시·도 따로 가면서 무심할 수가 없는 것이다. 현금성 지원이라도 해야 한다. 예산이 모자라면 국채나 지방채를 발행하는 등 빚을 내더라도 실의의 청년들을 지원하고 볼 일이다. 서울시의 대중교통비 10만 원이나 바우처 발행을 통한 이사 지원비 40만 원 지급도 어려운 청년에게는 도움이 될 수 있다. 그 대상이 모두 19~39세 1인 가구인 만큼 소외된 취약 계층에 용기를 줄 수 있다.

이런 것으로 청년들이 처한 문제가 모두 풀릴 리는 만무하다. 오히려 청년 복지는 이런 수준을 넘어서야 한다. 한 걸음씩 더 나아가야 할 상황이다. 이렇게 취업 활동을 지원해줘야 구직의 꿈을 단념하지 않고, 나아가 결혼의 꿈도 버리지 않게 된다. 자산 형성에 도움이 될 정도로 '청년 통장 만들기'를 지원하고 경기도가 시도하는 청년기본소득 같은 지원 방식의 확대도 도모할 필요가 있다. 김포시 같은 곳은 기초지자체지만 한정된 예산을 쪼개어 '청년취업지원 시험 응시료'(최대 2회)를 준비하고 있다. 지자체가 재정자립도가 낮다며 손 놓고 있을 때가 아니다.

진짜 필요한 건 일자리,
선거용 선심 대책 효과 없어

청년세대가 어렵다는 것은 누구나 잘 안다. 취업과 내 집 마련, 급등한 생활 물가 모두가 만만찮다. 대학등록금부터 대출로 이어와 부채를 짊어진 채 사회생활을 시작하는 젊은이도 없지 않다. 하지만 어렵다고 얼마 되지도 않는 현금만 한두 차례 살포한다고 근본 대책이 될 수 있겠나.

　서울시의 연간 10만 원 대중교통비 지원에만 150억 원이 든다. 울산시가 2030년까지 19~39세 미혼 가구에 매달 주거 임차료 10만 원과 보증금 이자 5만 원을 지원하는 데 들어가는 비용은 900억 원이다. 인천시가 청년 근로자 자산 형성 돕기 명분으로 책정한 예산도 513억 원에 달한다. 이런 돈을 좀 더 생산적인 데 써야 한다. 실효적 취업지원 프로그램 운영, 취업준비생 무료 사무실이나 인큐베이팅센터 같은 것을 세워야 한다. 직업 능력을 키워주는 게 특히 필요한 상황이다. 스타트업을 준비하는 청년들이 아침에 나와 창업을 준비할 공간을 마련해주고, 그런 곳에서 간단한 점심 식사라도 제공하는 게 차라리 현실적이다.

　물론 가장 근본적이고 제대로 된 대책은 일자리 창출 정책이다. 고령자를 주 대상으로 하는 '관제(官製) 알바'나 만들 게 아니라 청년들 스스로 찾아갈 만한 기업과 시장 기반의 제대로 된 일자리가 나오도록 하는 게 중요하다. 정부와 지자체의 역할이 그래서 중요하다. 고용 시장의 유연성을 키우는 쪽으로 법과 제도를 개선하는 노동 개혁을 해야 하는 이유다. 이런 방향으로 고용 시장을 둘러싼 환경에 일대 변혁을 꾀하면 일자리는 지금보다 얼마든지 더 나오게 할 수 있다. 이런 근본 대책은 외면한 채 현금 살포로 어떤 결과가 나올 것이며, 이나마도 얼마나 계속할 수 있겠나. 효과 검증도 안 된 이런 단순 정책에 따라 급증한 공공 부채는 누가 갚게 되나. 결국 청년세대가 책임져야 할 빚이라는 점에서 기성세대의 비겁함만 부각되는 나쁜 선택일 뿐이다. 청년이 진짜 원하는 것은 일회성 지원이 아니라 고용 창출이 가능한 환경이다.

【 생각하기 】

유연성도, 안정성도 낮은 고용 시장, '근본 해법' 찾는 게 먼저

청년세대 지원, 어디에 초점을 둘 것인가. 당장 조금이라도 도움이 되게 현금성 지원이라도 하겠다는 게 정부 따라가는 지자체들의 기류다. 반면 전문가들은 일회성 찔끔 지원이 큰 도움이 되지 않을뿐더러, 대통령 선거와 지방 선거를 앞둔 시점에서는 선거용 선심 지원책에 불과하다는 지적을 한다. 일자리가 많이 나오면 다 풀릴 문제지만, 외생 요인에다 내부의 심각한 정책 오류가 겹쳐 고용 창출을 억누르는 사회가 돼 간다는 게 문제다. 한국경영자총협회가 조사한 바에 따르면 국내 고용 시장은 가뜩이나 유연성도 낮은 판에 안정성까지 낮아 심각한 문제로 지적됐다(경총, 2021년 10월 31일 '노동시장 유연성과 안정성에 대한 기업 인식조사'). 어려워도 근본 대책을 지향해야 한다. 현금성 지원을 완전히 떨치지 못한다면 최소한 구조적 해법 찾기를 진지하게 병행할 필요가 있다. 근본 대책은 기업과 시장, 투자의 결과로 나타나는 버젓한 일자리, '세금 내는 일자리'를 최대한 많이 만들기라는 것은 두말할 나위도 없다.

공무원연금 적자, 끝없이 세금으로 메워도 될까?

공무원의 급여 수준에 대해서는 여러 가지 해석과 상반된 주장이 있다. 민간에 비해 상대적으로 적다는 쪽이나 직업의 안정성까지 감안하고 생애 소득을 계산하면 결코 적지 않다는 논쟁이 교차된다. 이런 논쟁의 가운데에 있는 것이 연금이다. 공무원연금과 군인연금은 정부가 지급을 책임지게 돼 있다. 공무원이 현직 때 꾸준히 낸 부담분과 정부 지급분으로 조성한 연금 기금이 고갈돼도 공무원연금법과 군인연금법에 따라 그렇게 된다. 명칭만 연금인 국민연금과 달리 '진짜 연금'이다. 문제는 공무원 숫자가 급증하고 있는 데다 급속한 수명 연장으로 공무원연금 적자가 갈수록 심해진다는 사실이다. 그만큼 정부의 지급 부담이 늘어나는데, 결국 국민의 세 부담으로 이어진다. 세금으로 적자를 메우는 공무원연금 개혁론이 나오는 배경이다. 재정으로 구멍을 막는 공무원연금, 이대로 유지해야 할까?

【 찬성 】

우수 인력 유치, 공직 안정에 필요…
부패 추방에도 도움 되는 비용

좋은 공무원은 국가 발전과 사회 안정에 꼭 필요하다. 보다 우수한 인력을 공직으로 수용해 역량을 발휘하도록 해야 경제 성장과 미래 발전을 꾀할 수 있다. 많은 현대 국가가 직업 공무원제를 도입한 것도 그런 이유에서다. 그만큼 공직으로 인재를 끌어들이고 이들이 안정적으로 일하도록 하는 게 중요하다. 그런 과정을 통해 부정부패도 추방할 수 있다. 공무원 생활이 안정돼야 검은돈의 유혹에서 쉽게 벗어날 수 있는 것이다. 열심히 일하게 하는 데는 보상과 인센티브가 필요하다.

공무원에게는 일반적으로 급여를 많이 주지 않는다. 싱가포르 등 특별한 경우를 제외하고 대부분의 나라가 그렇다. 업무 자체가 안정적으로 이어지는 까닭도 있지만, 재정 여건상 잘나가는 민간 기업처럼 많이 줄 수 없는 경우가 대부분이다. 그 대신 공직이라는 일 자체에 보람을 느끼도록 사회적으로 유도해나간다. 부족한 급여는 다른 후생 복지의 보완으로 일부 메꿔주기도 한다. 급여를 보충해주는 한편 복지를 확대하는 방안으로 고안된 장치가 연금이다. 공적 연금 제도는 19세기 말 독일의 비스마르크 시대에 시작됐는데, 한국에서는 1960년 공무원연금으로 출발했다. 그 결과 직업 공무원제 확립과 공직의 부패 추방에도 기여해왔다. 정부가 지급을 보장하는 탄탄한 연금을 보고 공직을 택하는 직업인이 많은 게 사실이다. 공직이 먼저 안정되면서 나라 경제가 발전하면 모두의 이익이 된다. 물론 공무원이 현직 때 상대적으로 적은 임금을 퇴직 후 계속 보충받음으로써 공직이 이런 제도의 수혜자가 됐다.

공무원은 현직 때 연금 몫으로 급여에서 적지 않은 부분을 뗀다. 그렇게 조성한 연금 기금이 고갈되고 재정 부담이 커져도 법에 정해진 대로 계속 가야 한다. 공직의 안정이라는 필요성이 있어서 그렇게 만든 것이다. 지금 이 골격을 흔들어 공직이 동요하고 우수 인력이 이탈하면 궁극적으로 국가적 손해다.

【 반대 】

연금 적자 보전 예산 지출 과도, 국민 부담 줄도록 개혁할 때

국회예산정책처의 보고서를 보면 정부가 메꿔준 8대 공적 보험 부족분은 2017년 11조 1,004억 원에서 2022년 17조 2,375억 원으로 늘어났다. 이전 정부 5년간 55퍼센트 급증했다. 가장 큰 문제는 갈수록 구멍이 커지는 공무원·군인연금이다. 공무원연금은 2017년 2조 2,820억 원이던 적자가 매년 커져 2021년에는 3조

2,400억 원에 달했다. 군인연금 적자도 이 기간 1조 4,306억 원에서 1조 6,141억 원으로 매년 늘어나고 있다. 부족한 부분만큼 재정 지원이 있었는데, 그게 모두 세금에서 나갔다. 탄탄한 공무원연금 지급을 위한 국민 부담이 매년 급증하고 있다는 사실을 국회에서도 걱정할 지경이 된 것이다.

공무원 숫자를 무작정 늘리지 않으면서 근무 강도와 업무 효율성을 높인다면 좋다. 하지만 현실은 그렇지 못하다. 더구나 문재인 정부 들어 증가한 공무원은 역대 정부 최대인 12만 9,000명에 달했다. 고령화로 연금을 받는 공무원 퇴직자는 갈수록 늘어난다. 앞으로 시간이 지날수록 공무원연금 지급을 위한 국가 부담이 기하급수로 늘어난다는 사실을 외면해선 안 된다. 넓은 의미의 나랏빚인 국가 부채에 '연금충당부채'(2021년 말 1,138조 원)가 정부 채무보다 많아졌다. 꼬리가 몸통을 흔드는 위험한 나라 살림이 됐다. 정부가 퇴직 공무원을 위해 끝없이 지원을 늘려갈 수는 없다. 다른 데 예산을 써야 할 곳도 많다. 미래 세대 부담도 감안해야 한다. 공무원연금도 국민연금처럼 '더 내고 덜 받는' 구조로 개혁해야 한다. 퇴직자들이 대승적 차원에서 기득권을 내놓는 것까지 생각해야 한다. 아니면 대안이 없다.

직급·직종에 관계없이 수십만 명의 젊은이가 공시족으로 몰리는 현실을 보라. 무엇보다 공무원에 대한 대우가 나쁘지 않기 때문이다. 그 가운데 정부가 지급을 보장하는 연금 제도가 버티고 있다. 국민 부담을 급격히 키우는 공무원연금 제도에 대한 대대적인 개혁 수술이 다급하다.

공적 연금 모두 '더 내고 덜 받기'로…
인력 재배치, 직제 개편으로 공직 효율화 절실

'공직의 안정'과 '재정 부담 줄이기'를 놓고 고민해야 한다. '작은 정부'를 내건 새 정부에서 어떻게 방향을 잡을지 주목된다. 공무원 수를 감축하지 않은 채 기존 수준으로 유지한다는 윤석열 정부의 발표를 보면 적자 연금 보전을 위한 정부 지원은 앞으로도 줄지 않을 게 뻔하다. 공무원연금의 제도 개선이 다급하지만, 안 되면 최소한 인력 재배치를 통한 업무 효율화 추구, 천편일률의 지방자치단체 직제·인사 개혁안이라도 마련해 사회 변화에 부응할 필요가 있다. 공무원연금 개혁론이 제기될 때마다 거론되는 국민연금과의 연계 주장도 나오지만 조심해서 다룰 문제다. 공무원연금이든 국민연금이든 각각 법에 정해진 대로 재정 추계를 '제때 정확히' 하고, 지속가능한 모델이 되도록 개선하는 것도 중요하다. 더 내고 덜 받기로 가면서 기금 수익률을 극대화해야 한다. 미래 세대의 부담만 키워선 안 된다.

민간의 비정규직에
세금으로 수당을 지급해도 될까?

민주 사회에서 선거 때면 온갖 좋은 말과 장밋빛 공약이 넘친다. 그 사이에는 선동도 있고 포퓰리즘 공약도 있다. 논란이 되는 공약일수록 인기 영합적 요소가 강한 경우가 많다. 대통령 선거나 국회를 새로 구성하는 총선이 있을 때면 한국도 예외가 아니다. 남발되는 선심 공약은 때로 한국에서 더 심하기도 하다. 해주겠다는 것도 많다. 대머리 모발치료제를 건강보험에 포함시키겠다거나 군 복무 병사의 월급을 한꺼번에 200만 원으로 끌어올리겠다는 공약이 그런 사례다. 막대한 비용, 재원 문제에 대해서는 모두 말이 없다. 비정규직 근로자에게 정부가 임금 외에 돈을 준다는 공약도 그와 다르지 않다. 공공 분야가 아닌 민간의 비정규직에 정부가 일정 금액을 임금 보전(補塡)액으로 준다는 '비정규직 공정수당' 제도는 타당할까?

고용 시장 양극화 갈수록 심화,
저임금 비정규직 지원 늘려야

개인의 직업에 기반한 현대 사회에서 직장 등지의 고용 형태는 매우 중요한 의미를 지닌다. 개인 직장의 최대 부분을 차지하는 기업과 각종 사업장에서는 정규직이냐 비정규직이냐에 따라 근로자의 수입과 직업의 안정성에서 매우 큰 차이가 생긴다. 이런 격차는 경제적인 차이를 넘어 사회적 신분화로 고착되는 경향이 나타나고 있다. 문재인 정부가 공공 부문에서 비정규직 제로(0) 정책을 선언하고 강하게 밀어붙인 것도 그런 이유에서였다. 물론 문재인 정부는 공공 부문에서만 정부가 강행했을 뿐 민간 영역에는 어떻게 할 수가 없었다. 개별 기업에 적용하는 것에 대한 우려와 반대가 적지 않았을뿐더러 현실적으로 강제화할 법적 근거가 없기도 했다.

민간이든 공공이든 비정규직 근로자가 정규직 근로자보다 고용 신분이 불안정한 데다 임금도 적을 때가 많다. 제20대 대통령 선거에서도 그런 문제가 제기됐다. 비정규직이 고용의 불안정과 저임금이라는 중복차별에 처해 있다는 지적이었다. 이로 인해 고용 시장의 양극화가 심해지고, 경제적 격차 심화로 이어진다는 우려다. 그래서 경기도 등에서 제한적으로 시도된 비정규직에 대한 공공의 수당을 민간으로 확대해보자는 것이다. 2021년 경기도는 비정규직 기간제 근로자 1,792명을 대상으로 기본급의 5~10퍼센트를 지급한 사례가 있다. 이것을 확대해 하나의 정책으로 굳히면 갈수록 늘어나는 비정규직 처우 개선에 크게 도움이 될 것이다. 정부는 가능한 한 비정규직을 줄이려 하지만, 비정규직은 갈수록 증가해 2021년 이미 사상 최대 규모에 달했다.

갈수록 현저해지는 일자리와 고용 형태의 양극화를 방치할 수는 없다. 정부나 지방자치단체가 나서서 하는 것이라면 공공 부문에 국한될 수밖에 없다. 하지만 그렇게 되면 수혜자가 너무 제한적이다. 단계적으로 밟아가더라도 고용 시장 전체를 염두에 두고 진행돼야 전면적인 양극화도 개선된다.

【 반대 】

정부 개입 커지면 부작용도 커…
'비정규직＝저임금'은 낡은 틀

민간 기업의 비정규직에게도 정부 돈으로 임금 외 별도로 주자고 하면서 재원에 대한 언급이 없는 것부터가 매우 무책임하다. 반복되는 재정 동원의 퍼주기부터가 엉터리 발상이지만, 고용 관계의 본질에서 엇나갔다는 점에서 문제가 많다. 임금이 무엇이며, 급여가 어떻게 산정되는 것인지, 나아가 일자리가 어떻게 지속되는지에 대한 이해가 없거나 그릇된 고용관(觀)에서 나온 주장이다.

임금은 고용주와 피고용자의 자율 의지에 따라 서로 이익이 맞을 때 결정되는 것이다. 고용의 안정성, 업무의 보람·자부심 같은 임금 외 요소도 중요한 게 고용 시장이다. 전반적으로 비정규직 임금이 낮다면 고용 시장의 수급 관계, 근로자의 생산성 등이 종합 반영된 결과다. 그러한 이런저런 사정에도 불구하고 비정규직 소득 수준이 낮은 경우가 많기에 정부 주도로 근로장려세제(EITC)와 강화된 실업 급여를 포함한 고용보험제도가 있다. 많은 나라가 시행 중인 EITC는 저임금 근로자 우대 세제여서 정규직까지 포함한 저소득 근로자에게 현실적으로 도움이 되는 제도다. 그 밖의 다양한 복지 체계가 사회안전망으로 있고, 논란의 와중에 있는 최저임금제도도 그래서 유지된다.

'비정규직=저임금·고용 불안'이라는 도식적 접근도 낡은 인식이다. 4차 산업혁명이 심화되는 '탈(脫)노동 사회'에서는 자발적 비정규직도 적지 않고, 고소득 비정규직도 있다. 특정 조직에 얽매이지 않는 전문직에까지 재정을 동원할 만큼 나라 살림에 여유도 없다. 열악한 중소기업의 정규직은 외면한 채 대기업 비정규직에 재정을 퍼붓는 게 '공정수당'이라면, 그 공정은 어떤 공정인가. 더 중요한 것은 사적 영역에 대한 거침없는 정부 개입의 위험성이다. 사적(私的) 자치, 계약 자유 원칙은 헌법의 가치다. 국가라는 이름으로, 더욱이나 5년 임기의 특정 정부가 고용·노동 시장에 마구 개입·간섭하고 편향된 제도를 강요하면 그에 따른 부작용도 커진다는 사실을 잊어선 안 된다.

저임금 중기 정규직 두고 대기업 비정규직 지원? 공정한가

이전 정부 때 인천국제공항공사 비정규직이 정규직으로 대거 전환했다. 다른 공기업에서도 같은 변화가 있었지만 부작용이 만만찮았다. '인국공 사태'라는 근로자끼리의 '노노 갈등'은 길게 이어졌다. 한국도로공사에서는 정규직이 된 뒤에도 요금징수 자회사 직원의 본사 직접고용 요구로 홍역을 치렀다.

고용 시장의 왜곡만 심화시킨 채, 나라 전체로는 비정규직 수만 사상 최대로 늘려버렸다는 비판이 나온 배경이다. 소수만 정규직이 됐을 뿐 다수는 취업 기회조차 못 가져 공정의 가치를 훼손시켰다는 지적도 나왔다. 고용·임금에 대한 이해 부족에서 비롯됐다.

선거철에 표를 의식한 결과라지만, 경제원론과 반대로 가는 공약은 지양하는 게 바람직하다. 보호하겠다고 나설수록 비정규직이 양산되는 현실에 눈감아선 곤란하다.

서울시의 대규모 NGO 예산 지원, 합리적일까?

2021년, 서울시는 흔히 '시민단체'라고 하는 민간 사회단체들이 앞장서 하던 시의 보조·위탁 사업을 대대적으로 정비했다. 오세훈 서울시장의 야심적인 행정이었다. 서울시가 이렇게 나선 데는 이유가 있었다. 시 행정에 기대 운영되는 크고 작은 NGO(Non-Governmental Organization, 비정부기구)가 수백 개나 되면서 공모 사업이라는 이름으로 시 예산을 받아간 곳이 2020년 기준 3,339곳에 달한 것이다. 2016년 1,433곳에서 4년 새 2.3배로 늘어났다. 이로 인해 소요된 시 예산이 지난 10년간 1조 원에 달한다. 오 시장이 "서울시 예산이 시민단체의 ATM(현금지급기)으로 전락했다"고 기자 회견에서 개탄한 배경이다. 서울시 곳간에서 빠져나간 민간 보조금과 위탁금의 많은 부분이 인건비로 쓰였다고 시는 판단했다. 시 예산이 민간 위탁 사업을 중개한 시민단체로 일정 부분 빠져나가면서 관련 사업이 지지부진하며 겉돈 사례가 상당히 많다는 지적도 나왔다. 오 시장이 "시민단체의 피라미드, 시민단체형 다단계로 시민 혈세가 낭비됐다"고 비판한 이유다. 이런 일이 서울시만의 문제는 아닐 것이다. 다른 시·도는 물론, 전국 시·군·구 기초 지방자치단체에서도 정도의 차이는 있을지 몰라도 만연해 있는 현상일 것이다. 독립, 자율, 자립이 무엇보다 중요한 NGO 시민단체의 지자체 예산 지원 기대기, 과연 합리적인 관행이라고 볼 수 있을까?

【 찬성 】
열악한 NGO의 현실,
행정 사각지대 활동 지원해줘야

한국의 NGO들은 열악한 상황에서 '사회적 가치'를 실현하기 위해 온갖 애를 쓰고 있다. 말이 시민단체일 뿐 시민들의 참여도 저조하다. 선진국일수록 NGO에 대한 시민의 자발적 참여가 활발하고 회원 가입에 따른 회비 납부 등의 형식으로 주머닛돈도 털어 지원하는 편이다.

하지만 한국의 현실은 어떤가. 나라 경제가 수십 년 만에 단기 급성장하고 정치적 민주화도 이뤄냈으나 시민의 참여 의식은 중·후진국 수준이다. 각종 사회단체는 정부와 지방자치단체가 해내지 못하는 사각지대, 소외지대의 공동선(善)을 추구한다. 개인이나 개별 기업들이 해내지 못하거나 외면하는 사회적 영역에서 고유한 업무를 수행해 왔다. 환경·안전·복지·주거·취업 같은 분야가 대표적이다. 이런 활동에는 무엇보다 자금이 필요하다. 아무리 좋은 구상을 하고 대안을 계획하고 있어도 최소한의 집행 자금이 없으면 이상과 꿈으로 끝날 수밖에 없다. 그런 자금을 공공성이 강한 서울시의 예산에서 도움받자는 것이다.

물론 지원받은 공적 자금의 많은 부분이 인건비로 쓰인 건 부인할 수 없는 사실이다. 하지만 그것은 사회단체 활동의 특성상 불가피한 측면이 있다. 모두 사람이 움직이면서 행해지는 일이고, 인력이 동원돼야 가능한 사업이기 때문이다. 아무리 NGO가 자발적으로 나선 사회활동가와 봉사자 중심 단체라고 해도 이들에게 어느 정도의 활동비는 줄 필요가 있다. 미국 같은 곳에서도 자원봉사자 위주로 진행되는 다양한 프로젝트 참가자에게 식사비나 교통비를 지급하는 사례가 얼마든지 있지 않나.

시에서 관행적으로 해오던 사회단체 지원 예산을 끊어버리면 시 재정으로 직접 해야 할 것도 적지 않다. 그런 것은 모두 포기하나. 둘러 가나 바로 가나 결국 집행해야 하는 건 마찬가지 아닌가. 사회단체에 대한 좀 더 투명한 회계를 요구하고, NGO 인건비 비중을 줄이더라도 예산 지원 자체를 가로막는 것은 곤란하다.

10년간 1조 지원 어디에 쓰였나,
관 주변 '정치 야합' 의혹도

사회단체의 활동 자체가 문제가 아니라 아예 드러내놓고 시 예산만 바라보면서 활동하는 게 문제다. NGO의 생명은 독립과 자립, 홀로서기다. 시 예산을 노리는 NGO라면 시 산하 기관과 다를 바 없다. 그냥 'GO'라고 해야 할 것이다.

현실로 봐도 예산 빼먹기라 할 지경으로 정도가 심하다. 10년간 서울시에서 빠져나간 돈이 무려 1조 원이다. 그중 많은 부분이 NGO 단체의 직접인건비로 나갔다. 시 주변에 기생 그룹이 있었던 것이다. 전임 박원순 시장 때 시장의 정치적 계산과 맞물리면서 이런 일이 빚어졌다는 해석도 무리가 아니다. 시 예산을 받고 시장의 정치적 행보를 은근히 지지하면서 혈세를 매개로 공생 관계를 맺은 셈이다.

시 예산만이 아니라 일선 구(區) 예산으로 가도 상황은 마찬가지일 것이다. 이런 관(官) 주변의 기생적 공생 관계를 청산해야 선진국형 NGO가 제대로 자리 잡을 것이다.

적폐로 지적된 시 예산 보조사업과 위탁사업의 구체적 내용을 보면 기가 막힌다. 이름이나 명분은 그럴듯한데 진행된 것이 없고 문제성이 다분한 게 적지 않다. 노들섬 문화복합공간 사업, '사회

주택'이라는 복합 임대주택 사업, 복마전이라는 비판을 받아온 태양광 보급 사업, 청년커뮤니티 지원 사업, 컨테이너를 활용한 문화 공간 조성 프로젝트 등이 대표적이다. 시민단체 출신자가 선거로 공직을 차지한 뒤 시 예산을 본인이 몸담았던 곳에 지원한다면 '민주주의', '민주 선거'를 내세운 정치적 사기 아닌가.

이런 사업에 혈세가 엉터리로 쓰이고, 인건비 등의 명목으로 직접 관여자 집단에 돈이 들어가고, 이따금 발생하는 수익조차 특정 그룹에 귀속된 사실이 확인된다면 해당 단체는 문을 닫아야 할지도 모른다. 경우에 따라서는 수사 대상이 될 수도 있다. 이번 기회에 이런 것까지 철저하게 밝혀내야 건전한 NGO 문화가 자리 잡고, 옥석 구별도 된다.

【 생각하기 】
'조직 운영비 50퍼센트, 시민 수혜 20퍼센트' 문제 심각, 다른 시·도는 어떨까

국민의힘 의원 측 자료에 따르면, 서울시 예산에 기댄 '마을생태계 조성사업'에 2018년 이후 320억 원이 들어갔다. 이 중 2020년 예산으로 보면 중간 지원 조직 운영에만 50퍼센트가 쓰였고, 시민 직접 수혜 예산은 20퍼센트에 그쳤다고 한다. 2012년 이후 407억 원이 들어간 비슷한 성격의 '마을공동체 지원센터 운영'에서도 최근 6년간 인건비로만 평균 51퍼센트가 지출됐다는 게 박 의원 측 지적이다. 사업비에서 인건비로 18명의 인원이 편법 증원됐는데, 이런 돈 때문에 특정 진영 중심으로 움직이는 정치적 공생 관계라는 비판이 나온다. 서울시에는 5급 이상 개방직·별정직 산하 기관 임원이 666명이나 된다. 이들이 특정 NGO 등으로 예산이 흘러가게 하는 데 적지 않은 영향을 미치고 있었을 것이다. 시민들의 혈세는 단 1원이라도 제대로, 가치 있게 쓰여야 한다. 서울시가 NGO로 가는 예산을 철저하게 조사하고 실태 파악을 종합적으로 해 부실한 '이상 지원사업'을 즉각 줄이거나 중단하고 재발을 막아야 한다. 다른 지자체도 조금도 다를 바 없다. 중앙정부도 마찬가지다.

신용도 높을수록 대출금리 더 높은 마이너스 통장, 어떻게 봐야 할까?

2021년, 은행이 주요 영업 가운데 하나인 마이너스 통장 대출 때 신용이 양호한 소비자에게 이자를 더 물리는 '금리 역전' 현상이 나타났다. 정부 입김이 많이 먹히는 편인 농협은행에서는 신용 1등급자의 마이너스 통장 금리가 연 2.93퍼센트인 데 비해 신용도가 낮은 5~6등급은 연 2.70퍼센트였다(2021년 6월 말 기준). 신한은행에서도 1등급 이용자 금리가 4등급보다 0.23퍼센트포인트나 높았다. 은행 측은 이런 '이상한 영업'에 대해 평균의 함정이자 통계 착시라고 해명했지만 금융권에서는 그대로 믿지 않는 분위기였다. '포용 정책'을 강조하는 이전 정부의 압박에 굴복했거나 '알아서 긴' 결과라고 봤다. '관치 금융'은 한국의 금융 산업 발전을 가로막아온 장애물이라는 지적이 많았는데, 전 정부 시절 과도해졌다는 비판이 나왔다. 산업의 혈맥인 금융에까지 정치 논리가 개입하면서 '정치 금융'이라는 비판도 제기됐다. 고신용자는 싼값으로 빌리고, 저신용자는 더 비싸게 대출하는 게 금융의 기본이다. 빌려주는 입장에서 보면 신용도가 높은 고객에겐 떼일 위험이 적고, 신용도가 낮으면 그 반대니 자연스럽다. 금융 시장 원리와 어긋나는 '고·저신용자 금리 역전'을 어떻게 봐야 할까? 신용이 높은데 이자를 더 내는 게 원리에 맞는 것일까?

【 찬성 】

금융 양극화 해소 노력, 복지의 연장 차원

기본적으로 금융에서의 양극화 해소 노력으로 볼 필요가 있다. 코로나 충격 이후 금융과 경제를 필두로 'K자형 양극화'가 심해졌다. 금융 약자가 제도권에서 대출받기 많이 어려워진 것은 부인할 수 없는 현실이다. 자산과 소득 측면에서 신용도가 아주 낮은 최악의 금융 약자들만의 일이 아니다.

이른바 중금리 시장의 대출 실태를 한번 보자. 중·저신용자에 대한 정책적 접근이 필요한 상황이다. 정부가 나서지 않으면 어쩔 방법이 없는 중간 지대의 금융 소비자는 다양하게 존재한다. 부동산 시장을 흔든 '영끌(영혼을 끌어모은)' 대출도 그런 범주에 포함된다. 필요성이 있다고 해서 이들 중금리 시장의 소비자에게 정부가 직접 이자 지원을 해줄 수도 없는 노릇이다. 쓰일 데 많은 정부 예산으로는 엄두도 못 내는 상황이어서 은행에 은근히 '부탁'을 하는 셈인데, 이게 압력으로 비치고 있다. 다양한 종류의 금융 회사

가운데 특히 은행은 고유의 특성이 있다. 정부가 영업 인가를 직접 내주고, 국가의 면허증으로 은행이 영업하면서 수익을 내니 이런 정부 입장을 헤아려줄 필요도 있다.

당시 문재인 대통령이 앞서 "(지금까지) 신용도가 높은 사람은 저(低)이율, 낮은 사람은 고(高)이율을 적용받는 구조적 모순이 있었다"고 국무회의에서 공개 발언한 것도 상기할 만하다. 당시에는 고신용자에게 저금리를 적용해온 금융의 일반적 원리 원칙을 부정한 것이어서 비판을 많이 받았다. 청와대가 즉각 "안타깝다고 한 얘기가 잘못 전달됐다"며 뒷수습에 나섰고 사태는 일회성으로 마무리됐지만, 그런 취지가 은행 감독 정책에 반영됐다고 볼 수 있다. 중·저신용자에 대한 부분적 우대 조치는 코로나19에 따른 위기 극복의 한 과정이라고 이해할 수도 있다. 코로나 충격에 따른 애로가 많은 계층을 위한 '포용 금융'인 셈이다. 다양한 영역의 복지가 금융에서도 확대된다고 볼 수 있다.

【 반대 】

'신용 = 돈값' 동서고금의 경제 원리, 서민 지원은 정부가 직접 해야

신용도 높은 대출자가 싼값(이자)으로 돈을 빌리고, 신용이 떨어지는 소비자가 좀 더 비싼 비용으로 자금을 빌리는 것은 금융의 기본 원리다. 한국에서만의 일이 아니다. 복지 개념과 제도가 잘 발달한 서구의 경제 발전국에서도 보편 원칙이다. 현대 사회에서의 원리만도 아니다. 이런 원리 원칙이 무시되면 한국의 금융 산업은 글로벌 스탠더드에서 멀어지게 된다. 오늘날 자본이 국경 없이 수시로 오가는 게 일반 관행이다. 갈라파고스처럼 한국의 금융 시스템에서 국제 사회와 따로 놀면 어떤 결과가 빚어지겠나.

금융 소비자에게 주는 메시지도 걱정스럽다. 신용도는 개인이 경제 활동을 통해 오랜 기간 성실히 쌓아가는 것이다. 이게 무시되면 누가 힘들여 빚을 갚고, 할부금을 제때 납부하면서 신용도를 높이려 하겠는가. 동서양의 오랜 교과서도 웬만한 저축금보다 '개인의 신용'이 모든 사업의 밑천이며, 나아가 사회 활동의 기본이라고 가르친다. 금융과 경제 원리를 떠나서라도 학생들에게 앞으로 뭐라고 가르칠 것인가.

몇몇 은행이 신용대출을 이상하게 운용하는 것은 '포용 금융'을 강조하는 정부 압박에 굴복했거나 '알아서 긴 것'이라는 의구심을 자아내게 한다. 심하게 말하면 '대출 관리를 우습게 여기는 소비자', '돈 떼먹는 사회'를 정부가 조장하는 지경이 된 것이다. 이 정도면 '관치 금융'을 넘어 '정치 금융'이라고 해도 과언이 아니다.

근본 문제는 은행 돈을 자기 지갑 속의 것처럼 여기는 좌편향된 일부 정치권의 잘못된 인식이다. 은행 돈은 고객이 맡긴 것이

고 은행은 선의의 관리자일 뿐이다. 그런데도 '이자멈춤 특별법'
이 나온 데 이어 특정 계층에 대한 대출 여부까지 당국이 간섭하
고 압박도 한다. 서민 지원은 어떤 형식으로라도 필요하다. 하지
만 시중은행의 팔을 비틀 일이 아니라 정부가 예산 집행을 통해
직접 하는 게 효과와 책임성 등에서 바람직하다.

【 생각하기 】
'은행 돈＝공공 자금' 위험한 인식,
'예금 못 찾는다'에도 동의할까

은행 돈을 마치 '공공의 자금' 정도로 여기는 인식은 위험하다. 은
행 돈을 쉽게 빌려주라고 하거나 대출에 간섭하면 부작용이 따르
기 마련이다. 은행 자금은 모두 예금자가 맡긴 돈이다. '대출금이
정상적으로 상환되지 않으면 내 예금도 돌려받지 못한다'는 사회
적 공감대가 형성돼 있으면 또 다르다. 은행의 통상적 리스크(위
험) 관리 업무에 대해서조차 "비 올 때 우산 빼앗지 말라"는 소비
자가 많다. 하지만 그들 가운데 경제가 어려워 부실 대출이 늘어
나도 '내 예금을 찾지 못하는 상황'은 상상도 않는다. 그런 식으로
는 금융 발전이 요원하다. 은행업의 본질은 리스크 관리다. 대출
관리는 그래서 중요하다. 은행 자체가 신용을 기반으로 하는데,
이를 무시하면 누가 은행에 돈을 맡기겠나. 정부의 예금보험 제도

에도 한계가 있다. 신용 시스템이 무너지면 막대한 공적 자금을 투입해야 하고 결국 세금으로 막아야 한다는 점도 기억할 필요가 있다. 최고금리를 무조건 낮추자는 포퓰리즘이나 대출 만기에 마구 개입하는 과도한 관치도 그래서 위험하다. 금융까지 정치로 접근하면 궁극적으로 피해는 약자에게 집중된다. 금융 시스템이 무너지면 취약 계층은 어디에서 돈을 빌리나.

대체공휴일 확대,
득이 클까, 실이 클까?

유급 공휴일, 즉 임금이 나오는 공휴일을 늘리는 것에 대해 근로자에게 물어보면 어떤 답이 나올까. 급여 다 주면서 휴일을 더 가지라는 데 마다할 근로자는 많지 않을 것이다. 고용주에게 물으면 어떨까. 임금은 주면서 직원을 놀게 하는 데 찬성할 사장은 많지 않을 것이다. 법정 공휴일 확대에서 고용주와 피고용자 입장은 이렇게 갈리는 게 상식이다. 2021년 더불어민주당이 모든 법정 공휴일에 '대체공휴일'을 적용하겠다는 데서 우선적으로 고려해야 할 요소는 이것이었을 것이다. 그럼에도 민주당은 일반 시민을 상대로, 그것도 1,000명 설문조사를 대면서 공휴일을 더 늘린다는 입장을 정했다. 설과 추석, 어린이날에만 적용되는 대체공휴일 제도를 확대하기 위해 '대체공휴일법 개정안'을 조기에 처리한다는 방침까지 확정했다. 고용주 부담으로 근로자가 유급 휴가를 더 누리는 것이다. 민주당이 내세우는 주된 논리는 소비 증가 등 경제 효과다.

【 찬성 】

휴일 늘면 소비·고용 긍정 효과,
긴 근로 시간 줄여야

근로 시간을 줄이는 대신 휴식과 여가, 자기계발 시간을 더 갖는 것은 인류의 보편적인 꿈이다. 한국은 특히 다른 어떤 나라보다 더 열심히 많이, 밤·휴일도 없이 일한 덕에 '한강의 기적'도 이뤄냈지만, 언제까지 장시간 근로에 기반한 성장을 도모할 수도 없다. 한국의 근로 시간이 경제 수준에 비해 과도하게 길다는 것은 국제 통계에서도 여러 차례 나왔다. OECD 회원국 가운데서도 상당히 많은 편이어서 어떤 형태로든 이를 줄여나갈 필요가 있다. 사업장별로 노사 간 협의를 거쳐 줄여나가야겠지만 정부 차원에서도 휴가권 확대, 근로자 휴식 시간 확충 등에 나서야 할 때가 됐다. 기업과 사업주, 민간에만 맡겨두면 장시간 근로에서 탈출하기 어렵다.

지금처럼 장기 불황에 코로나 쇼크까지 겹친 '복합 불황' 상태에서는 공휴일 확대가 경제에 미치는 긍정적 효과가 상당히 크다. 현대경제연구원 등에 따르면 대체공휴일을 지정할 때 하루에 4조

2,000억 원의 경제적 효과가 발생한다. 소비지출 증가액이 2조 1,000억 원, 고용유발 효과는 3만 6,000명 등이다. 2020년 광복 75주년 때 임시공휴일(토요일인 8월 15일을 대체하는 8월 17일 월요일)을 지정했을 당시 분석한 경제 효과가 그렇게 나왔다. 인구의 절반인 2,500만 명이 쉬면서 소비 지출이 늘어난 것이다. 이런 효과는 숙박·음식업·운송서비스업 문화·오락서비스업 등에서 두드러졌다. 모두 코로나 충격이 컸던 업종이라는 점도 감안할 필요가 있다.

많은 선진국이 경기 불황 때 공휴일 확대를 하나의 돌파구로 삼는다. 모두 내수 확대와 일자리 유지·창출을 위한 노력이다. 관광·외식·쇼핑·오락 등에서 소비가 확대되는 것 외에 무형의 간접적 효과도 감안할 필요가 있다. 휴식에 따라 노동생산성이 올라갈 여지가 있는 것이다.

【 반대 】
긴 노동 시간, 낮은 생산성 때문…
마차가 말 끄는 '소득주도성장' 같은 오류

휴일과 휴식 시간 증대를 반대하는 게 아니다. 유급 공휴일의 인위적 확대 문제는 반드시 생산성과 결부시켜서 봐야 한다. 한국의 노동 시간이 선진국 기준으로 긴 편에 속하는 것은 사실이다. 왜 그런가. 아직은 노동 시간당 평균 생산성이 그만큼 높지 않기 때문에 일을 더 하게 되는 것이다.

한국의 경제와 산업 전체로 볼 때 전문화, 분업화, 정보기술·인공지능화 등 고도화 수준이 충분하지 않기에 아직은 근로 시간을 확 줄일 여건이 못 되는 것이다. 그런데 마치 일하는 시간이 길어 생산과 소비 수준이 떨어지는 것처럼 말한다면 본말의 전도다. 기본적으로 근로 시간은 생산성을 따라간다는 측면에서 볼 때, 인위적으로 무리해가며 일하는 시간을 줄이자는 주장은 원인과 결과를 혼동하는 오류에 빠지게 된다. 생산성을 내실 있게 높여나가면 근로 시간은 자연히 줄어든다. 이게 선진국이 앞서간 길이다.

대체공휴일을 확대하겠다며 근거처럼 함께 내놓은 여론조사도 적절치 못하다. 전국 1,000여 명에게 물었더니 72.5퍼센트가 찬성했다는 것인데, 응답자 구성부터 봐야 한다. 고용주(사장)보다 근로자(직원)가 압도적으로 많은 상황에서 유급 휴일 확대를 마다할 월급쟁이가 얼마나 되겠나. 군이 조사하려면 급여를 주는 쪽에 물어야 할 사안이다. 학생들 응답은 또 어떠하겠나. 이토록 부실한 조사에서도 자영업자의 63퍼센트, 제3자 격인 전업주부는 66퍼센트가 반대한 것을 봐야 한다.

국민 경제와 산업 현장에 충격을 덜 주면서 사회적으로 근로 시간을 자연스럽게 줄여나가는 노력은 필요하다. 하지만 치열한 근로 뒤의 '휴식'과 일은 하지 않은 채 '노는 것' 정도는 구별하면서 나아가야 한다. 마차가 말을 끈다는 평가를 받아온 '소득주도

성장'과 같은 오류다.

'퍼주기' 논란과 겹쳐 '선거용' 비판,
"생산성 높이자" 제안도 나와야

2개의 주요 선거를 앞두고 여당이 대체공휴일 전면 시행에 나섰던 것은 여러 갈래의 '재정 퍼주기'에 이어 '돈 받고 놀기'의 주도로 비칠 공산이 다분하다. 휴식 시간을 늘리면서 노동 시간의 생산성도 함께 높여나가자는 방향이라면 바람직하다. 그러려면 "한국의 경제·산업 생산성을 이러이러하게 올려보자"는 제안이나 정책 프로그램도 제시돼야 하는데, 그런 게 없다. 국정을 책임지는 집권 여당이라면 유급 휴일 확대에 따른 사회 각 주체의 다양한 관점과 법으로 강행할 때 뒤따르는 파장도 볼 수 있어야 한다. 국민소득 3만 달러의 늪에서 벗어나려면 '더 놀자'는 달콤한 제안보다 "생산성을 획기적으로 높여보자"는 당위론적 아젠다가 더 절실하다. 코로나로 어려움이 더 커진 자영사업자와 중소기업의 처지도 진지하게 볼 필요가 있다. 하고 싶은 것, 편한 것보다 해야 할 것, 어려운 것을 미루지 않는 게 중요할 수도 있다.

법인세 인하,
투자 활성화에 도움 될까?

2022년 6월, 윤석열 정부가 법인세를 낮추겠다고 발표했다. 기업의 발목을 잡는 '모래주머니' 제거 방안의 하나다. 세 부담을 경감해 기업 투자 의지를 유도해내는 한편 이전 정부 때 과도하게 억눌렸던 기업인 사기도 높여주겠다는 취지다. '새 정부 경제 정책 방향'에 주요 정책으로 소개된 방안은 최고 25퍼센트인 법인세율을 22퍼센트로 내린다는 것이다. 이렇게 되면 전임 문재인 정부 초기(2018년) 25퍼센트로 올린 것이 제자리로 돌아가게 된다. 정부의 주된 논리는 국내 기업의 경쟁력 강화, 글로벌 기업의 한국 투자 확대에 도움이 된다는 것이다. 이에 대해 거대 야당 더불어민주당은 '부자 감세'라며 반대하고 나섰다. "대기업과 소수의 부자를 위한 정책"이라는 논리다. 법인세가 투자 증대에 미치는 영향에 대한 진지한 논의와 연구도 필요해졌다. 법인세 인하, 투자 확대를 위해 필요할까?

법인세와 기업 투자, 밀접한 관계…
글로벌 트렌드로 국제 경쟁력에 큰 영향

법인세 인하는 세계적인 추세다. 기업 유치 등의 차원에서 국가 간 경쟁력을 좌우하는 주요한 요소다. 법인세가 투자에 어떤 영향을 미쳤는지, 문재인 정부 때의 상황을 돌아보면 결과를 알 수 있다. 2018~2021년 문재인 정부가 22퍼센트였던 법인세를 25퍼센트로 올린 결과 국내 기업의 해외 직접 투자는 89억 달러에서 182억 달러로 늘어났다. 무려 두 배 이상의 자본이 빠져나간 것이다. 반면 이 기간 외국인의 국내 직접 투자는 72억 달러에서 50억 달러로 줄었다.

　법인세를 인하하면 해외로 나간 기업을 불러들일 수도 있다. 일종의 '세금 귀환'이다. '미국 우선주의(America First)'를 구호로 내건 도널드 트럼프 행정부 때 미국은 법인세율을 35퍼센트에서 21퍼센트로 확 내렸다. 그 결과 연간 수백조 원 규모의 기업 자금이 미국으로 되돌아왔다는 조사 통계가 있다. 지금 한국 기업의 법인세 부담률은 국제 비교로 볼 때 과도하다. 삼성전자의 경우 2018~2021년 연평균 27.3퍼센트로, 최대 경쟁 기업인 대만 TSMC의 11퍼센트와 비교하면 2.5배나 된다. 이런 '모래주머니'를 찬 채 어떻게 국제 경쟁에 나서나. 더구나 삼성전자는 경쟁 상대가 해외에 있는 글로벌 대기업 아닌가.

대기업에 대한 증세는 세금의 주요한 기능 가운데 하나인 소득 배분 효과에 기여하지도 않았다. 통계를 보면 문재인 정부 5년 동안 소득 1·2위의 저소득 계층 근로 소득은 이전보다 5~6퍼센트가량 줄어들었다. '부자 증세'의 명분이나 취지가 맞지 않았다는 얘기다. 법인세는 세율뿐 아니라 과세 방식에서도 고칠 게 많다. 복잡한 과세 구간부터 단순화할 필요가 있다. 국내 기업이 해외 자회사에서 받는 배당금에 대한 과세도 국제 관행과 어긋난다. 법인세는 국제 비교가 자주 되고, 기업 투자의 주요한 변수가 된다는 점도 여러 조사로 확인된다. 그만큼 글로벌 스탠더드(국제 규준)에 부합할 필요가 있다.

【 반대 】

대표적 '부자 감세' 대기업만 이득, 낙수 효과·투자 유인 확인 안 돼

윤석열 정부 경제 정책 방향의 상당 부분에 거대 야당이 된 더불어민주당이 반대하고 나섰다. 무엇보다 법인세 인하에 대해 '부자 감세'라며 반대하고 있다. 이명박 정부 때 '낙수 효과'를 기대한다며 대기업과 재벌 등 소수를 위한 감세 정책을 폈지만 과연 효과가 있었느냐는 문제 제기다. 대기업으로부터 중소기업과 경제적 취약 계층으로 이익과 성과가 얼마나 넘쳐흘러갔는지, 낙수 효과 분석부터 해야 한다는 주장이다.

이른바 '신자유주의' 입장에서는 감세가 투자로 이어진다고 오랫동안 주장해왔다. 하지만 이를 증명하려면 실질적 분석 자료를 제시할 필요가 있다. 설령 조세 감면이 투자를 유인한다고 해도 그 효과는 크지 않을 수 있다. 기업이 투자 여부를 결정하고 투자 지역이나 투자 방식을 정할 때도 세금만 본다고 하기는 어렵다. 인건비, 기술 수준, 인프라 여건, 법률의 일반적 규제 정도, 행정 서비스의 적극성 등 수많은 요인을 감안하면서 투자 여부를 결정할 것이다. 더구나 지금처럼 눈앞이 꽉 막힌 위기적 상황에서는 단지 세금만 깎아준다고 투자한다는 보장이 있나.

정부는 법인세 인하와 더불어 금융투자소득세 한시적 유예, 양도소득세 완화 및 폐지 등의 감세안을 함께 내왔다. 하지만 이런 일련의 감세 정책은 명백히 대기업과 부자를 위한 것이다. 법인세 납부 실태를 보면 3,000억 원 이상(과세표준 기준)에 포함되는 기업은 84개 정도에 그친다. 이들 기업은 이미 세계적 경쟁력을 갖춘 기업이라 기존의 법인세 정도를 부담할 수 있다. 그런데 왜 더 감면해줘야 하나. 더구나 정부 지출은 계속 늘어난다. 이런 기업의 세금까지 깎아주면 재정은 어떻게 채워나갈 것인가. 정부의 소득세 경감책 역시 부자를 위한 정책이다. 이전에 법인세를 올린 이유도 돌아볼 필요가 있다. 대기업이 사내 유보금을 과도하게 축적하면서 투자, 신규 고용, 임금 인상에는 인색했기 때문에 정부가 세 부담 강화로 대응한 것이다.

【 생각하기 】

불황기 세금 정책 중요, 경기 호전 때 올리면 돼…
기업 요구 부응 필요

법인세 인하에서 주요 논쟁점은 이게 과연 '부자 감세'인지 여부다. 그 연장에서 불황·불경기 때 세금 정책을 어떻게 운용할지를 함께 고민해야 한다. 어떻게든 기업이 투자에 나서도록 유도·설득해야 하는 상황이라면, 유인책은 과연 무엇인지에 대한 논의도 필요하다. 기업이 원하는 요구에 귀 기울일 수밖에 없는 상황이다.

감세도 당연히 그중 하나다. 기업 정책에서 세계적 흐름을 주시하면서 한국 기업의 국제 경쟁력을 높이는 노력을 경주하는 게 중요하다.

조세를 특정 산업이나 기업을 혼내기 위한 '징벌 과세'의 수단으로 이용할 수 없다는 점, 조세 운용이 중산층 서민에게 실질적인 도움을 주면서 경제 살리기에도 기여하도록 해야 한다는 점도 잊어선 안 된다. 여야 국회가 끝장 토론을 해야 할 게 이런 것이다.

미국 주도 글로벌 법인세 개편, 한국도 동참해야 할까?

2021년 미국의 조 바이든 행정부가 기업에 대한 국제 과세 체제에 큰 영향을 미칠 수 있는 대형 카드를 꺼내들었다. 내용은 두 가지다. 다국적 기업 법인세를 매출이 발생한 곳, 즉 영업·수익 활동이 일어난 곳에 내도록 하자는 게 하나다. 지금까지는 대개 본사가 있는 곳에서 법인세를 내므로 많은 다국적 기업이 세 부담이 적은 곳으로 이동하는 요인이 됐다. 다른 하나는 '글로벌 최저 법인세율' 도입 촉구다. 각국 정부가 연대해 법인세를 일정 세율 이상으로 받자는, 일종의 정부 간 담합을 제안한 것이다. 둘 다 기업 이익에 대한 과세, 즉 법인세의 근간을 흔들 수 있는 중요한 내용이다. 세금 부담은 기업의 투자와 직결되고, 일자리 문제로 귀결된다. 세계적인 투자 유치 대전, 일자리 전쟁에서 미국이 앞서 나간 것이다. 일각에서는 코로나 위기 극복을 위해 지출한 지원금에 대한 정부의 청구서가 발급되기 시작했다는 평가도 내놓는다. 세금은 국방만큼이나 개별 국가의 고유한 주권 사항이다. 그러면서도 세금은 국제 사회 양자 간 혹은 다자간의 조세협약과 상호주의 원칙 등에 따른 변수도 많아 주권 국가라고 해서 한 국가만 완전히 따로 갈 수는 없다. 국방에 동맹, 전략적 제휴가 있는 것과 비교할 만하다.

미국 제안에 유럽연합(EU)·국제통화기금(IMF) 등이 찬성하면서 논의는 급물살을 타서, 6개월 뒤 15퍼센트로 결정되었다. 미국 주도 법인세제 개편에 한국도 적극 동참해야 할까.

【 찬성 】

바이든 정부의 계획 외면 어려워…
'포스트 코로나' 재원도 필요

무엇보다 새로운 형태의 '미국 우선주의' 전략을 외면하기가 현실적으로 매우 어렵다. 미국 주도의 정책, 더구나 새로 출범해 힘이 잔뜩 실린 바이든 정부의 경제 정책에 우리가 소극적으로 대응하다가 더한 대가를 치를 수 있다. 한국 경제를 떠받치고 있는 주요 대기업은 이미 다국적 기업의 형태를 띠고 있어 미국이 작정하고 나선 이번 정책의 영향권에서 벗어날 수도 없다. 자칫 잘못되면 기업의 경영 전략에 악영향을 미칠 수 있다.

바이든 정부는 지난 미국 대통령 선거에서 현행 21퍼센트인 법인세를 28퍼센트로 올리겠다는 공약을 한 적 있다. 이른바 '국가

간 법인세 평준화' 구상에 따라 최저 법인세율이 현재 15퍼센트로 정해졌는데, 한국에 바로 미칠 영향은 크지 않기도 하다. 한국은 이미 2018년 법인세 최고 세율을 22퍼센트에서 25퍼센트로 올려놓았고, 여기에 붙는 지방소득세(지방자치단체가 별도로 걷는 법인세의 10퍼센트)를 합치면 27.5퍼센트에 달한다.

그 결과 2010년 OECD 회원국 가운데 22위였던 한국의 법인세율은 2020년 9위로 올라간 상태다. 법인세율 인상이든 글로벌 최저 법인세율 '국가 제휴'든 미국 주도의 법인세 개편에 동참해도 당장 별다른 손해는 없는 형편이다. 다만 투자세액공제 등 세금 감면 프로그램과 투자에 따른 지원금의 계산과 포함 여부에 따라 상황이 달라질 수 있다는 점은 충분히 고려해야 한다. 영업발생지에서 법인세 징수는 '디지털세' 논란 때 이미 나왔던 것이다. 구글·페이스북 등 주로 다국적 빅테크 기업을 대상으로 한 것이어서, 한국 기업계에 미칠 영향은 충분히 계산하고 그에 따른 치밀한 대응 프로그램이 절실하다. 법인세 인상 논의를 코로나 위기 극복을 위한 재원과 급증하는 복지예산 마련 차원에서 전향적으로 접근해나갈 필요성이 있다.

무조건 찬반보다 신중하게…
국익 계산 중소기업 실효세율 높아질 수도

미국의 제안에 무조건 찬성이나 반대하기보다 신중한 행보가 절실한 상황이다. 무조건 반대하는 것만큼이나 무턱대고 찬성하며 앞장서는 것도 어리석은 행동이다. 미국발 법인세 흔들기는 전 세계적으로 산업과 투자, 일자리에 광범위한 영향을 미치게 돼 있다. 미국 의도대로 국제 공조가 조기에 원만하게 이뤄진다면 세계 조세 제도는 새로운 틀에 들어서는 것이 된다.

법인세 최저세율에 글로벌 기준을 세우자는 것도 이것만 따로 가는 사안이 아니다. 소득이 발생하는 곳에서 과세하자는 제안과 함께 가는 것이다. 지금 한국의 공식(법률상) 법인세율을 보면서 미국 제안 선보다 높으니 안전하다는 식은 곤란하다는 얘기다. 삼성전자·현대자동차처럼 국내 매출이 해외에서의 매출과 비교가 안 되는 기업이 한두 군데가 아니다. 글로벌 사업장과 해외 매출이 많은 기업들로서는 생산과 판매 전략을 전반적으로 점검하고 대수술을 해야 할지도 모른다. 이렇게 중요한 움직임에 무턱대고 서명했다가 그 후과를 어떻게 감당할 것인가.

두 제안이 동시에 가든, 차례대로 일정 로드맵에 따라 따로 가든 수출에 기대는 한국의 기업, 한국 경제에는 상당한 충격이 불가피해진다. 한국의 법인세율이 대기업에는 세율 그대로 높지만 중소기업에는 실효세율(13.4퍼센트)이 낮은 점도 대응 전략이 필요한 부분이다. 중소기업에 대한 예외 조치가 주어지지 않는다면 국내 중소기업은 세 부담이 커질 수 있기 때문이다.

미국 주도의 법인세제 개편에 독일·프랑스 재무부가 환영 의사를 밝혔고, 경제 관련 국제 단체도 찬성하고 나선 것은 모두 사전 협의가 있었기 때문일 것이다. 하지만 한국은 그렇게 협의 대상이 될 수 있나. 협의에 동참하더라도 한국 기업의 이익을 충분히 따져보고, 국가적 손익을 제대로 계산한 뒤에 우리의 요구 조건을 명확히 하면서 해나가야 한다. 국가 이익을 지킬 지혜가 절실하다.

【 생각하기 】

'반도체 대전', '글로벌 조세 전쟁' 동시 진행, 정부 역량 평가될 것

미국과 중국의 대립에서 출발한 '반도체 세계 대전'이 펼쳐지는 와중에 '글로벌 조세 전쟁'이 불거질 조짐이다. 수익을 내는 곳에서 세금을 내지 않는다는 지적에서, 또 조세피난처에 본사를 두면서 이익 규모에 비해 세금을 적게 낸다는 비판에서 나온 '디지털세'가 법인세에 대한 정부 간 공동 대응으로 전선이 확대됐다. 구글 등 다국적 빅테크 기업을 겨냥한 디지털세 부과 논의가 유럽에서 나온 지도 한참 됐지만, 그동안 한국 정부가 치밀한 대응을 준비해왔다는 소식은 들리지 않는다. 이래저래 힘겨운 환경 변화다. 조세는 기업 경영에 매우 중요한 요인 변수이지만, 개별 기업 힘만으로는 어떻게 할 수도 없다. 정부가 나설 수밖에 없다. 국제 조세에서는 특히 정부의 역량이 중요하다. 세금에서 정면 대응이 안 된다면, 다른 산업 분야에서의 규제 개선 등으로 난관 극복을 우회할 수 있다. 고용과 노동 제도의 개혁도 그런 맥락에서 접근할 필요가 있다.

소득세 최고세율만
계속 올리는 게 타당할까?

2021년부터 소득세 최고세율이 42퍼센트에서 45퍼센트로 인상됐다. 소득세는 사업소득과 양도소득에도 부과되지만, 납세자가 많은 근로소득에 광범위하게 매겨지는 세금이다. 소비세인 부가가치세, 기업이 내는 법인세와 더불어 대한민국을 유지하는 3대 주요 세목 가운데 하나다. 문제는 전체 근로자 10명 가운데 4명(38.9퍼센트) 비율로 소득세를 아예 내지 않는다는 현실이다. 40퍼센트는 면세자로 내버려둔 채 고소득자의 세금만 계속 올리자 가뜩이나 '부자 증세' 논란이 불거지면서 "세금 내는 사람만 더 때리는 '징벌 과세' 아닌가"라는 비판도 적지 않았다. 세금에 대한 일반적 이론은 세율을 올린다고 세금이 무작정 늘어나는 게 아니라는 것이다. 세율을 올리면 단기적으로나 어느 정도까지는 세수(稅收)가 늘어나지만, 어느 선을 넘어서면 세금이 잘 걷히지 않는다는 사실은 이미 입증된 이론(래퍼 곡선)이다. 세금을 많이 내고 있는 계층에 세

【 찬성 】

복지 수요·코로나 대응 예산 급증, 증세 외에 대안 있나

각종 복지 프로그램을 차질 없이 실현하자면 재원이 필요하다. 단기적으로 국가 부채를 확대한다 해도 장기적으로는 국민 부담이 불가피해진다. 부존자원이 없는 한국에서는 세금을 걷어 이런 복지 예산을 충당해야 한다.

부자 증세라는 비판도 생기지만 세금을 늘릴 수밖에 없다. 그렇다고 상품과 서비스에 대해 모두가 예외 없이 부담하는 간접세인 소비세(부가가치세)를 올리자니 국민 경제에 미치는 영향이 너무 크다. 법인세는 이미 최고세율을 올린 만큼 당장은 여력이 없다. 고가 주택을 대상으로 하는 종합부동산세도 올릴 수 있는 만큼 인상 로드맵을 확정해둔 터여서 역시 당분간은 인상 여력이 없다. 근로든 사업이든 소득이 많거나 자산이 부유한 계층이 세금을 더 부과하도록 할 수밖에 없는 현실이다. 소득세 최고세율을 올린 게 문재인 정부에서만의 일도 아니다. 2017년과 2018년 문재인 정부에서 올린 적이 있지만, 이전 정부인 2012년에도 인상한 적이 있다.

최고세율을 45퍼센트로 올린다고 해도 그 대상은 1만 6,000명 (2021년 기준) 정도에 그친다. 2018년 귀속 소득 기준으로 보면 전체의 0.06퍼센트에 불과하다. 연간 소득 10억 원 이상인 납세자가 매년 2,500만 원 정도 더 내게 된다. 추가로 늘어나는 세수도 2021년 기준으로 3,969억 원 수준이고, 2025년까지로 보면 대략 4조 원 정도다.

늘어나는 복지 지출뿐 아니라 코로나 대응 예산도 더 많이 필요하다. 하지만 다른 부문에서는 세금이 줄어들 가능성이 커 불가피한 선택이다. 양도소득세는 최고세율이 이보다 훨씬 높다. 다주택자에 대해서는 집을 팔아서 생긴 양도소득의 최고 75퍼센트까지를 세금으로 매긴다. OECD 36개 회원국 가운데 한국보다 소득세 최고세율이 더 높은 나라는 6개국이나 있다.

【 반대 】
'보편 증세' 외면한 외곬 세제,
자본도, 좋은 일자리도 내쫓을 판

최고세율 45퍼센트를 부담할 납세자 숫자 자체가 많다고 보기는 어렵다. 전체의 0.06퍼센트로, 한 해 558조 원(2021년)이나 지출하는 정부 예산에 비하면 늘어날 세수도 많지 않다. 문제는 잇따른 '부자 증세', '징벌 과세'가 미칠 파장과 부작용이다.

무엇보다 소득세 최고세율 인상 속도가 너무 빠르다. 45퍼센트의 중과세 대상도 이미 세금 부담이 큰 쪽으로 편향돼 있다. 최고세율을 올린 것이 2012년 이후 벌써 네 번째다. 최고세율이 OECD 회원국 중 일곱 번째로 높아져, 북유럽 국가들과 비교될 만큼 한국이 '세금 많은 나라'로 국제 사회에 공인되는 것이다. 전체 근로자의 약 40퍼센트가 면세자인 것도 '비정상'이다. 이런 문제점은 그대로 둔 채 고소득층만 일관되게 때리면 어떤 결과가 나올까. 안 그래도 소득 상위 1퍼센트가 근로·종합소득세수의 42퍼센트(2018년)를 부담하는 게 현실이다. 세제의 기본 원리인 '보편 과세' 원칙이 훼손되는 판에 정부와 여당이 납세의 쏠림을 더 부채질하면 자본도, 좋은 일자리도 다 해외로 내쫓는 결과를 초래할 가능성이 높다.

과도한 세금 때문에 프랑스 국민 배우 제라르 드 파르디외가 이민을 간 것이나, 그보다 앞서 스웨덴 팝스타 아바와 대표 기업 이케아가 해외로 이주한 것을 극단적 사례라고 봐서는 곤란하다.

세계 어떤 나라에서든 고소득자에게는 시민권이나 영주권 문호가 더 넓고, 수익을 많이 내는 기업이나 돈 있는 사업자일수록 환영받는 '국적 선택의 시대' 아닌가. 균형 잃은 세제가 좋은 일자리도, 소득과 자본도 국외로 내쫓을까 겁난다. 더 큰 걱정은 세제까지 포퓰리즘에 휘둘릴 수 있다는 점이다. '부자 증세'라는 고소득자 때리기가 지지 세력의 표를 의식하고 계산하는 '선거 전술'

차원으로 전락하면 국가 유지의 기본 틀에 금이 가게 된다.

조세 저항과 국가 경쟁력도 봐야…
'넓은 세원, 낮은 세율'이 원칙

급증하는 복지 수요에 대비한 중장기 재정 계획 수립은 매우 중요하다. 다만 '부자 증세'로 갈 때 가더라도 세금이 '정치 공학'에 따라 좌우돼선 안 된다. 최대한으로 많은 국민이 많든 적든 세금을 내야 '국민개세(皆稅)주의'라는 원칙에 맞게 된다. 또 '넓은 세원, 낮은 세율'이라는 원리대로 가야 납세자들의 조세 저항이 없고 국가 경쟁력도 확보된다. 복지 재원을 마련하면서 둑 터진 재정 지출에 대비하려면 한쪽으로 편향된 '부자 증세'보다는 '보편 증세'로 가는 게 맞는 방향이다. 그래야 나라 살림이 지속 가능해진다. 또 세금은 어떤 형태로든 중장기 파급 효과가 큰 만큼 미래 세대가 보기에도 좀 더 당당한 세제를 만들어갈 필요가 있다. '악화가 양화를 구축(驅逐)한다'는 말처럼 나쁜 세금 제도는 좋은 일자리나 고소득 계층을 구축할 수 있다는 점도 염두에 둘 필요가 있다. 프랑스의 에마뉘엘 마크롱 정부가 집권 초기 경제 살리기 조치로 기존 '부유세'부터 폐지한 것에도 유의미한 시사점이 있다.

서초구의 재산세 감면 조례, 서울시의 반대는 합리적일까?

서초구가 일부 구민의 재산세를 깎아주겠다는 것에 대해 서울시가 적극 반대하면서 법적으로 제동을 걸고 나서 논란이 된 일이 있었다. 2020년 9월, 서초구는 아파트를 비롯해 주택의 보유에 따른 지방세인 재산세를 감면해주겠다는 계획을 구의회의 조례 개정을 통해 확정했다. 주택의 보유세는 모든 집에 부과되는 재산세와 일정 가격(공시가 기준 9억 원) 이상의 고가 물건에 추가로 붙는 종합부동산세가 있다. 재산세는 기초지방자치단체인 시·군·구가 부과·징세·운용하는 지방세이고, 종합부동산세는 국세청이 징수하는 국세다. 서초구는 관내 '9억 원 이하 1주택자'에 한해 재산세의 절반을 돌려준다는 방침을 내세웠다. 정확하게 말하면 대상자의 세금 중 25퍼센트를 깎아준다는 것이다. 재산세의 절반을 자치구(區)가 직접 운용하기 때문이다. 서울시는 '지방자치법 위반'이라며 반대했고 다른 구와의 형평도 문제 삼았다. 조은희 전 서초구청장이

> 당시 서울의 유일한 야당 구청장이라는 사실도 있었다. 자치 행정을 내
> 세워온 서울시의 제동은 과연 합리적이었을까?

【 찬성 】

서초구 재산세 감면,
조세법률주의 위반 가능성

기초지자체장이 재산세 50퍼센트를 감면할 수 있다는 규정이 지방세법에 있는 것은 사실이다. 이는 재해 상황을 염두에 둔 것이다. 문제는 서초구가 재산세를 감경하는 기준을 지방의회에서 의결·제정하는 조례로 만들었다는 점이다. '9억 원 이하의 1가구 1주택'이라는 서초구 조례안은 한마디로 과세표준 구간을 지자체와 기초의회가 새로 정한 규정이다. 이는 조세법률주의에 어긋난다. 조세법률주의는 세율 등 세금과 관련한 주요 기준은 법률로 명시하자는 것이다. 이 경우 지방세법에 담겨야 한다. 조세법률주의의 취지는 국민의 직접 대표인 국회가 세율을 명시하라는 것이다. 그래서 국회에서 제정하는 법에 세율이 담기고, 이를 운용하는 행정은 대통령령 등 하위 규정에 담기는 게 일반적이다. 다른 행정 분야에서도 한국의 법체계는 이렇다. 최근 문제가 된 상속세율을 비롯해 양도 및 근로소득세, 취득세 등 모든 세법이 그렇게 제정된다.

서초구는 "과세표준을 신설한 것이 아니라 재산세 감경 기준을 정한 것일 뿐"이라고 주장했지만, 감면이라면 지방세특례제한법 등에 정해진 절차에 따라 감면 대상과 범위를 규정해야 한다. 당시 서초구의 감면 조례를 두고 자치입법권 남용이라는 것도 서울시의 입장이었다. 서울시가 이렇게 강경하게 반대 뜻을 나타냈던 것은 다른 24개 자치구와의 형평성 문제도 있다고 봤기 때문이다. 서울시 실무진은 집이 없는 사람들이 가질 수 있는 상대적 상실감이나 주택 가격에 따른 세 부담의 차별까지 거론했다. 자치권이 있는 구라고는 하지만 기초지자체가 광역단체인 서울시 말을 잘 듣지 않는 것이 적절치 않다는 속내도 깔려 있었다.

【 반대 】

'세 부담 증대' 큰 흐름 보고 자치권 간섭 배제해야

서초구가 관내 서민주택에 대해 재산세를 감면해주겠다는 근본 취지부터 볼 필요가 있다. 최근 몇 년간 국토교통부와 기획재정부 등 중앙정부가 일방적으로 밀어붙여온 주택 관련 증세는 과도할 정도였다. 그래서 지자체가 할 수 있는 법적 테두리 안에서 일부나마 세 부담을 완화해주겠다는 취지다. 최근 급증한 재산세가 앞으로도 계속 늘어나게 돼 있는 상황을 보면 오히려 적극 행정이라고 칭찬해야 할 상황이다. 이런 것이 지방자치의 매력이고 지자체의 창의적 행정 아닌가. 지방세법에도 엄연히 구에 감면 권한을 부여하고 있다. 기초지자체의 이런 시도를 존중하기는커녕 원천 봉쇄하려 든다면 서울시는 감시·감독 기관인가.

근본적인 문제는 시·도 등 광역지자체와 시·군·구 같은 기초 지자체가 어떤 식으로 보완·협력해 '풀뿌리 민주주의'라는 지방 자치를 키우고 성숙시켜나갈 것인가 하는 점이다. 기초단체와 광역단체는 보완 관계지, 직접적으로 업무를 지시하는 상하 관계라고 보기는 어렵다. 기초의회의 조례에 대해 시·도가 재의 요구를 할 수도 있고, 대법원에 제소할 권한도 주고 있다. 하지만 이런 내용의 지방자치법은 시·군·구 의회가 상위 법령을 어길 가능성에 대비한 견제장치다. 관내 서민들을 위한 서초구의 재산세 감면이 그런 위법이라고 할 수 있을까. 기초단체장에 부여된 합법적인 권한은 존중되고 보호될 필요가 있다.

더구나 서울시는 이 문제를 대화로 풀기 위해 서초구청장이 여러 차례 요청한 면담조차 거절했다. 그리고 바로 법적 대응에 나섰다. 공시가격 9억 원 기준 문제도 세 부담 증가라는 큰 흐름과 문제의식에서 볼 필요가 있다. 소득세법이나 종합부동산세법 등에는 모두 9억 원이 주택 분류의 기준으로 명시돼 있다.

광역과 기초지자체 간 협력·상생해야 주민이 편해져

자치구와 특별시가 서로 보완·협력·상생의 길로 가야 한다는 사실은 중요하다. 그래야 주민이 편해진다. 서초구민이 서울시민이라는 점도 간과될 수는 없다. 서울시가 상급 기관처럼 서초구를 대하지만, 돌아서면 서울시도 중앙정부와의 관계에서는 을(乙)의 입장이 될 때가 많다.

서울시가 주택 공급을 위한 그린벨트 해제가 국토부의 일방적 판단이라며 반대한 것도 오래지 않았다. 서울시가 정부를 향해 "자치 행정을 보장하라"고 외칠 상황 역시 자주 빚어지는 게 현실이다.

기초든 광역이든 단체장이나 지방의회를 장악한 여야 정당이 달랐던 당시 상황에 의해 빚어진 갈등이라면 더욱 경계할 일이다. 지방 행정에까지 여의도 정치의 어두운 그림자가 드리워진다면 풀뿌리 민주주의는 요원해질 뿐이다.

설탕세·청년세·시멘트세가
복지 재원 마련의 대안이 될 수 있을까?

한국의 복지 제도가 여러 영역에서 강화되고 있다. 선거 한 번 치를 때마다 지원 확대 공약이 경쟁적으로 제시돼온 결과다. 복지 확충은 진보좌파, 보수우파 구별도 없다. 현대 국가의 보편적 현상이라고는 하지만, 확대 속도가 과도하다는 지적이 나온다. 결국 쟁점은 당장 몇 년 정도가 아니라 장기적으로 지속가능하냐는 것이다. 그러자면 돈 문제, 즉 재원에 대한 진지한 고민이 필요하다. 하지만 포퓰리즘 경쟁이라는 비판을 받으면서도 정치권은 재원에 대한 진지한 고민이 없다. 각론에서 복지 프로그램 보완은 필요하다고 해도, 선심성 현금 살포까지 포함된 복지는 오래 갈 수가 없다. 그렇다고 본격적으로 증세(增稅)를 하자는 얘기는 여야 정치권 어디에서도 나오지 않는다. 보편적 증세는 정공법이지만 인기가 없는 제안인 탓이다.

그래서 나온 게 설탕세·청년세·시멘트세·고향세 같은 '특별세'의 신설이다. 증세 논쟁은 피하면서 가능한 재원을 짜보자는 취지일 것이다. 일종의 재정 틈새 공략이다. 보편 증세가 아닌 특정 집단을 겨냥한 이런 세금의 신설은 효과가 있을까? 적극 도입해볼 만한 가치가 있을까?

【 찬성 】

재원 확보 다각화 노력 필요,
'틈새 과세' 시도해볼 상황

국민 생활 다방면에 걸쳐 복지가 확충되는 것은 불가피한 현실이다. 근대 이후 부각된 복지국가 차원에서 시작된 것으로 현대 민주국가에서는 의당 나아가야 할 방향이다. 그럼으로써 경제적 격차 해소, 사회적 양극화 완화도 이뤄내야 한다. 복지 강화는 한국만의 특수한 상황이 아니다. 서유럽과 북유럽 국가들이 먼저 길을 튼 현대 국가의 소명이기도 하다.

재원 문제가 중요한 것은 사실이지만, 어떻든 피할 수 없는 게 복지 강화다. 복지가 제대로 돼야 국가의 생산성도 올라가고 경제도 탄탄하게 발전할 수 있다. 복지 프로그램을 안정적으로 운영하기 위해서는 그에 맞는 공적 자금이 필요하다는 것은 부인할 수 없는 사실이다. 원유가 생산된다든가 쌓아둔 국부(國富) 펀드라도 있으면 좋겠지만 한국은 그렇지 못하다. 결국 국민이 세금을 더 부담하거나 나랏빚을 더 내는 길뿐이다. 국가 채무 확대는 대외신인도 문제가 걸려 단기에 추가로 확대하는 데 한계가 있다. 세금 확대로 가도 소득세·법인세(기업세)·부가가치세(소비세) 등에서 증세를 하면 좋겠지만, 경제에 주는 부담도 봐야 하고 국민의 조세 저항 문제도 감안해야 한다.

그래서 대안이 새로운 세원(稅源)을 발굴하고 개발하는 것이다. 더불어민주당에서 내놓은 설탕세가 그런 사례다. 당(糖)이 포함된 가당 음료를 제조·가공·수입·유통·판매하는 사업자에게 세금을 새로 부과하는 것이다. 일종의 국민건강증진부담금이다. 당류가 들어 있는 음료에 대해 100L당 1,000~2만 8,000원가량의 세금(부담금)을 부과하는 식이다. 역시 같은 당에서 나온 청년세는 법인(기업)에 과세표준금액의 일정 비율로 세금을 따로 걷어 청년 일자리 창출과 그를 위한 사회 여건 개선에 쓰자는 것이다. 시멘트법은 기존의 지역자원시설세 대상에 시멘트를 추가하자는 것이어서 집행에 크게 어려울 게 없다. 행정안전부도 이미 그런 방향으로 정책 추진 의지를 밝힌 적 있으나 현재는 부결된 상태이다. 이러한 세금을 통해 다수 국민에 대한 세 부담을 줄일 수 있다.

【 반대 】

'보편 증세' 정공법 피하는 꼼수, 복지 구조조정 먼저 해야

보편 복지로 나아가려면 보편 증세가 필요하다. 이게 당당한 정책이자 정공법이다. 세금을 더 걷지 않겠다며, 증세는 없다고 외치며 특별한 영역에서 세금을 신설하는 것은 꼼수다. 복지 확충에 대한 국민의 책임의식을 허물어뜨리는 나쁜 정책이 될 수 있다.

경제적 취약 계층, 장애인, 결손 가정 등 사회·경제적으로 특별한 약자들을 집중 지원하는 '선별 복지'라면 '선별 증세'가 맞을 수도 있다. 하지만 교육·의료·일자리 등에 걸친 한국의 복지는 국민 다수를 지원 대상으로 하고 있다. '코로나 재난지원금'에서 그랬듯이 부자든 가난한 이든 구별 없이 국민 모두에게 현금을 지원하기도 한다. 이런 지원은 한 번에 수십조 원씩 든다.

더 시급한 것은 복지 구조조정이다. 지원 효과가 없거나 지원의 타당성이 부족한 것, 장기적으로 계속될 수 없는 복지 프로그램은 과감히 통폐합을 해야 한다. 그러면서 지원받는 쪽에 실질적 도움이 되게 하고, 조기에 홀로 일어설 수 있도록 유도하는 지원이어야 한다. 복지의 전달 체계에 이상이 없는지 살피고 보완하는 것도 중요하다. 중앙정부든 지방자치단체에서든 중간에 지원금이 새는 복지 누수 현상을 막아야 한다. 서유럽 등지에서도 지원·

전달체계를 건전하게 유지하는 게 국가적으로 큰 고민이었다. 적격자를 가려내는 것부터 시작해 중간에서 '빼먹기' 없이 제대로 전달하려면 행정 비용도 만만찮게 들어간다. 때로는 몸통보다 꼬리가 커질 수 있다.

재원 마련에서 국민 모두가 부담을 두루 나눠 가질 필요가 있다. 장기 발전을 위한 생산적 복지가 되기 위해서다. 그러자면 세금의 대부분을 차지하는 소득세·법인세·부가가치세 등 3대 세목을 중심으로 증세 논의를 시작하는 게 당당한 접근이다. 소득세는 아직도 전체 근로자의 40퍼센트가량이 한 푼도 내지 않는다. 법인세도 내는 기업이 편중돼 있다. 부가가치세는 국민 모두가 대상인 까닭에 정치권이 회피하고 있다. 이들 세금의 조정으로 재원을 마련하는 게 그나마 현실적 대책이다.

【 생각하기 】

소비자에 전가, 지속가능성도 의문…
'재원 문제'에 솔직할 때

복지 프로그램이 급팽창하면서 재원 문제는 이제 현실적 고민이 됐다. 이 문제에 대해 정부나 정치권뿐 아니라 국민 모두가 솔직할 때가 됐다. 좋은 제도는 다 도입하자고 외치면서 돈 문제는 외면한다면 당당하지 못하다. 생색내는 제도는 저마다 주장하면서

"계산서는 저쪽(계층)에서 받아내라"고 한다면 사회적 갈등이나 키울 수 있다. 그런 제도는 유지될 수도 없다. 사회 갈등의 경제적 비용 또한 천문학적이라는 게 여러 전문가의 경고다. 확장 재정으로 나랏빚을 키우는 데도 한계가 있다. 이제 국가 채무는 레드존(위험지대)에 접근했다. 보편 복지로 간다면 보편 증세 논의는 피하기 어렵다. 꼼수 같은 선별 증세로 실제 확보할 수 있는 나랏돈은 뻔하다. 겉만 요란하고 논란만 일으킬 뿐 실리가 없다는 얘기다. 기하급수로 증가하는 복지 비용을 냉정하게 본다면 보편 증세라야 우선 필요한 만큼의 재원이라도 확보 가능해진다. 미래 세대 부담도 봐야 하고, 재정은 장기 관점에서 접근해야 한다는 사실도 중요하다. 상품에 붙는 세금이면 결국 소비자 부담이 될 것이다.

유가 급등으로 이익 증가한 정유사에 '횡재세' 부과할 수 있을까?

2022년 7월, 코로나19 여파로 글로벌 공급망이 흔들리는 와중에 국제 유가가 급등하면서 국내 정유사들도 상당한 이익을 내게 됐다. 오르는 유가에 대응하기 위해 정부가 유류세를 한시적으로 내렸지만 소비자들의 체감 효과는 크지 않은 것과 비교된다. 치솟는 물가 대응책의 하나인 유류세 인하가 별다른 효과를 내지 못하자 정치권에서 정유사에 대한 세금 부과안을 내놓았다. 이른바 '횡재세(windfall tax)'다. 유가 급등으로 정유사와 주유소가 큰 이익을 보고 있으니 세금을 더 내놓으라는 것이다. 정유사들은 유통 과정의 재고 관리에서 일시적으로 생기는, 일종의 장부상 이익이라며 반발했다. 2년 전 국제 유가가 폭락하면서 국내 정유업계가 5조 원의 적자를 냈을 때는 정부가 관심이라도 가졌느냐는 항변이다. 자칫 공급 불안을 야기할 수도 있는 이례적인 횡재세, 부과할 수 있을까?

【 찬성 】

정유사 이익 급증, 유류세 인하 효과 없어…
해외서도 위기 때 고통 분담

국제 유가가 급등하면서 국내 석유류값이 천정부지로 치솟는 와중에 정유 회사의 이익은 놀라울 정도로 늘었다. 2022년 1분기 SK이노베이션, 에쓰오일, GS칼텍스, 현대오일뱅크 등 국내 정유사들의 영업 실적을 보면 4조 7,668억 원에 달했다. 2분기에도 1분기에 버금가는 실적을 냈을 것이라는 분석이 많다. 유가 급등기에 정유사들은 평소보다 더 많은 이익을 낸 것이다.

일부 분석에 따르면 유가 인상에 따른 소비자 부담을 줄여주기 위한 유류세 인하가 기름값에 반영되지 않았던 사실도 있다. 정부가 유류세를 30퍼센트 낮췄던 2022년 5월 이후 휘발유의 세금 인하액 247원 중 가격에 반영된 것은 129.7원뿐이었고, 경유도 세금 부분 인하액 174원 가운데 67.7원만 반영됐다. 나머지는 정유사와 주유소 몫이 됐다. 비공식 통계지만 일부 조사에 따르면 이즈음 휘발유의 정유사 마진은 177원에서 270원으로 오르기도 했다. 정부가 세금 감면이라는 획기적 조치로 가격을 낮췄는데 그 효과를 가로채면서 이익을 냈으니 그런 이익을 다른 세금을 거둬 국고로 환수해야 한다. 에너지업계가 보조금을 지급받으면서도 기후 변화와 환경 오염에 대한 부담을 충분히 지지 않는다는 사실도 지적돼야 한다.

국내 주유소의 판매 가격 상승폭이 국제 유가 상승폭보다 더 큰 것에 대해 정유업계는 명확히 설명하고 입장을 밝힐 필요가 있다. 유가가 오를수록 유통 마진을 더 남기는 것을 이런 경제 위기 상황에서 용납하긴 어렵다. 횡재세를 부과하면 공급량을 줄이게 된다는 것도 명확하게 입증된 게 아니다. 미국에서도 조 바이든 대통령이 나서 기름값 급등의 문제점을 지적하면서 가격 인하를 촉구하지 않았나. 영국, 이탈리아, 스페인 등 유럽 일부 국가에서도 횡재세를 도입하거나 적극 검토하고 있다. 국내 정유사가 장기적으로 이익을 많이 내왔던 사실을 돌아보면 판매·유통 구조에 문제가 있다고 볼 수밖에 없다. 위기 때 고통 분담이 필요하다.

【 반대 】

정유업계 의지와 무관한 '장부상 이익', 5조 손실 났을 땐 모두 무관심

유가 급등 자체가 국내 정유업계의 의지와 무관한 세계적 현상이다. 정유사들이 수조 원씩 이익을 냈다고 여야 정치권이 선동적으로 공격하지만 장부상의 '평가 이익'이다. 이런 이익에 대해 원가 공개를 압박하고 명칭도 다분히 악의적인 횡재세를 내라고 하니 대한민국이 과연 자유시장경제의 나라인지 의구심이 생길 뿐이다. 반시장적이고 포퓰리즘적인 발상이다. 이런 세금을 신설하겠다는 것은 고유가로 인한 서민 고충의 원인과 불만을 정유사에 떠넘기려는 것이다. 고물가에 따른 어려움을 특정 집단 탓으로 돌림으로써 정부나 국회는 책임을 슬쩍 면하려는 행태다. 이런 법안을 내는 정당은 로빈 후드 행세를 하려는 것과 다름없다.

역대 최대라는 1분기 이익의 40퍼센트가량이 재고 유지에 따른 평가이익이다. 장부상 이익일 뿐 실제 수익이 아니라는 얘기다. 유가가 하락하면 장부상 이익은 줄어들어 2020년처럼 평가손실로 바뀔 수도 있다. 그렇게 적자가 나면 정부가 메꿔줄 것인가. 정유사가 연간 5조 원의 적자로 벼랑 끝에 몰렸을 때 정부나 국회가 관심이나 가졌던가. 정유가의 영업 이익률은 10퍼센트 정도여서 다른 업종에 비해 특별히 많은 것도 아니다. 해외 사례와 같은 잣대로 비교할 수도 없다. 미국과 영국의 석유 메이저들은 자체 유전에서 석유·가스를 생산하고 정유까지 하기 때문에 유가가 치솟으면 대박이 나기도 한다. 오직 정제 마진에만 기대는 국내 정유사와 사업·이익 구조가 다르다. 이런 와중에도 한국 정유사들은 정제 기술의 고도화에 주력해 수출에 적극 나섰고, 수출액 비중이 50퍼센트를 넘어선다.

정유업계의 이익에 과도하게 간섭하면 공급 불안만 부추긴다. 가뜩이나 지정학적 위험이 고조되면서 공급 불안이 커지는 데 기업 투자를 가로막으면 어떤 결과가 빚어지겠나. 미국에서도 기름값 인하 압박을 하는 바이든 대통령에 대한 비판이 크다는 점을 알아야 한다. 통상적 세법 이상의 '이익 간섭'은 '가격 통제'만큼이나 부작용이 크다.

[생각하기]

세금 부과 앞서 유통 과정 점검부터…
세금 부과 → 투자 기피 → 공급 불안 악순환도 경계

기름값을 낮추려는 노력을 기울이는 것은 중요하다. 정부만의 일도, 민간 기업만의 일도 아니다. 국내 유가를 결정하는 핵심 요인이 국제 유가와 유류세인 것도 사실이다. 다만 유류세 인하만으로 기름값이 내려가지 않는다면 유통 과정에 문제점은 없는지부터 살펴볼 필요가 있다.

이익을 많이 낼수록 세금을 더 많이 내야 한다면 정유사들은 생산·투자 모두 줄이려 할 공산이 크다. 투자가 줄면 기름값은 필연적으로 오르게 된다.

다른 상품도 대개 마찬가지다. 규모의 경제가 안 되면 특히 국제적으로 공급 물량이 모자랄 때 필요 물량 확보에 어려움을 겪을 수 있다. 단기적 관점의 세금 신설이 가격을 올리고 공급 불안을 부추기는 악순환을 부를 수 있다. 시야를 넓혀 국제 유가가 하락세로 돌아설 상황도 함께 생각해야 한다.

'부동산 세금', 계속 올리는 게 타당할까?

한국의 '부동산 세금'은 국제적으로 봐서 많은가. 오히려 적은 편인가. 지난 몇 년 새 집값을 중심으로 한 부동산 관련 세금이 큰 폭으로 올랐을 때 이런 논쟁이 심심찮게 일었다. 선진국 클럽이라는 회원 36개국의 OECD가 여기서도 주요한 기준이 된다. OECD에서 몇 번째라든가, OECD 회원국 평균과의 비교가 종종 준용된다. 다양한 전문가가 상반된 주장을 할 때가 많다. 주목되는 것은 이전 정부가 한국의 부동산 보유세가 국제 기준으로 많지 않다는 주장을 해왔다는 사실이다. 물론 이런 주장은 좁은 의미의 보유세, 지방자치단체에 내는 재산세만으로 한정하거나 종합부동산세 정도를 합친 경우가 많다. 하지만 부동산 관련 세금에는 보유세뿐만 아니라 양도세·취득세 등 거래세도 있다. 상속세 같은 파생적 세금도 있다. 이런 것까지 포함하면 한국의 부동산세는 결코 적지 않다. 유경준 국민의힘 국회의원이 발표한 정책 분석 자료를 보면 한국

의 부동산세금은 경제 규모(GDP) 대비 비중이 OECD에서 세 번째로 많

다. 이런데도 보유세는 2021년을 거쳐 2022년까지 계속 올라가도록 일

정이 짜여 있었다. 정부가 바뀌며 지금은 그러한 정책 흐름이 완화된 상

태다. 급격히 오른 부동산 세금을 계속 더 올린 게 타당한 일이었을까?

【 찬성 】

집값 급등 따른 수요 억제 위해 필요,
자산 가치 상승했으니 부담해야

이전 정부 시절 서울을 비롯해 집값이 많이 올랐다. 한동안 서울
의 일부 지역에서만 급등했으나 수도권으로 확산된 뒤 지방에도
대도시 아파트를 중심으로 집값이 급등했다. 전 정부가 25차례
나 대책을 마련했으나 집값은 쉽게 잡히지 않았다. 단순히 집의
매매 가격만 오른 게 아니라 전셋값이 오르면서 월세도 함께 끌
어올렸다.

　집값이 고공행진을 하게 내버려둘 수는 없다. 부동산 전문가
를 비롯해 일각에서는 "정책의 실패"라며 정부를 비판하는 목소
리가 커진 것도 사실이다. 집값을 억제하려는 의욕이 앞서면서
정부의 헛발질이 없었다고 보기는 물론 어렵다. 하지만 설령 그
런 오류가 있었다 해도 정부는 다락같이 오르는 집값에 대응하
지 않을 수가 없다. 그런 대책 가운데 핵심 내용이 세금 대책이

다. 집값이 오르는 이유를 분석하려면 수요와 공급 측면에서 봐야 하는 것은 사실이다. 이전 정부가 공급을 틀어막아서 집값이 올랐다는 비판에는 아직도 논란이 분분하지만, 25차례의 대책 가운데는 서울 외곽의 제3기 신도시 건설 방안도 들어 있었다. 고양시 창릉, 하남시 교산 신도시 건설 계획이 그런 것이다. 25번째인 '2·4 대책'도 '공공'이 주로 나서는 것이지만, 어떻든 공급 대책이었다.

　다른 하나의 대책은 수요 억제책이다. 수요 가운데서도 가수요, 투기적 수요를 차단하는 것이 중요하다. 온갖 불만에도 불구하고, 적지 않은 부작용에도 불구하고, 주택 구입 대출금을 대대적으로 틀어막은 것도 그런 차원이다. 수요 억제 방안으로는 세금 대책이 더 효과적이다. 취득세율을 높여 집 구입 때부터 비용이 들게 하고, 매도 시 양도 차익에 과세를 강화하는 것도 중요하다. 하지만 평소 보유에 따른 세금 부담을 늘려야 구입 수요가 줄어들 것이다. 그래서 지방세인 재산세와 국세인 종합부동산세 세율을 높이고, 공시지가와 시장 가격 반영률을 함께 올리면서 세 부담을 늘리는 것이다. 집값이 올라 자산 가치가 커졌으니 세금을 더 내라는 차원도 있다.

【 반대 】

정책 실패 놔두고 과세권 남용,
부동산세 부담 OECD 3위

한국의 보유세 강화는 '징벌적 차원'이어서 정부가 과세권을 남용하는 것이다. "자산 가치가 올랐으니 세금도 더 내라"고 하지만, 세율에 따르면 말하지 않아도 그렇게 된다. 문제는 세율을 단시일 내에 너무 급격히 올린 것이다. 중산층 주택으로까지 확대되었던 종합부동산세는 세계적으로 유례가 없을 정도로 세율이 너무 높았다. 세율뿐만이 아니라 정부가 정하는 공시지가도 급등했고, 공시지가를 과세표준에 적용하는 시장 가격 반영률까지 함께 올렸다. 이른바 '증세 3종 세트'가 함께 강화돼 자가 주택 소유자가 나라에 고가의 집세를 내며 사는 상황이 됐다.

더 중요한 것은 그간 정부는 한국의 보유세를 한정적으로 해석하면서 국제적으로 낮은 수준이라고 주장해왔지만 그렇지 않다는 분석이 만만찮다는 점이다. 유경준 의원의 분석에 따르면, 보유세와 양도소득세를 합칠 경우 한국은 영국에 이어 OECD 2위로 세금이 많다. 재산세·종합부동산세·취득세를 합쳐 '자산세'로 보면 OECD 4위다. 전체적으로 GDP 대비 세 번째로 많다. 앞서 결정된 증세 로드맵에 따를 경우 한국의 부동산세는 2021년부터 OECD 국가 가운데서도 최상위가 될 것이다.

집 가진 납세자들도 엄연히 대한민국 국민인데 정부가 세 부담을 급격히 늘리면서 고통을 안기는 실정이다. 세금이 늘어나면 소비가 위축되고 따라서 경제 활력도 줄어드는 문제점이 있다. 재산세 등 보유세만 볼 게 아니라 취득세·양도소득세 등 거래세와 파생되는 증여세 등까지 두루 봐야 한다. 그 결과 부동산세금은 GDP의 4.05퍼센트(2018년)로 OECD 평균의 2배나 되면서 3위가 된 것이다. 25차례의 대책 발표에도 불구하고 상승세를 보이는 집값도 실상을 보면 강화 일변도의 징벌적 과세가 초래한 필연적 결과인 것이다. 종부세는 특히 문제가 많다. 종부세법 제1조에 명시된 '조세 부담 형평성 제고', '부동산 가격 안정 도모', '지방재정 균형 발전' 등의 목적에 부합하지 못하는 법이 된 것이다.

【 생각하기 】

"세금 부담 강화가 자산 불평등 심화시켜"… 국제 비교도 필요

당시 보유세를 비롯한 부동산 관련 세금 부담이 단기간에 급격히 커졌던 것은 사실이다. 어떤 세금이든 납세자가 감내할 만큼 일정을 제시하며 완만히 가는 게 바람직하다.

시·도에 내는 재산세를 집값이 올라도 전년 대비 150퍼센트 이상 부과하지 못하게 규정했던 것도 그런 까닭이다. 보유세가 빗

나간 집값 대책의 수단으로 남용된 것도 큰 문제다. 세금이라는 국가 유지의 근본 제도가 서울 일각의 집값 대응책으로 동원돼버린 것이다. 설령 보유세를 올릴 때도 양도세 등 거래 관련 세금은 낮추는 게 상식이고, 세제의 원리다. 하지만 이전 정부 시절 부동산 관련 세금이면 다 올려버려 이 원칙도 지켜지지 않았다. 툭하면 위헌 시비를 유발한 종부세 문제도 심각하다. 유 의원이 "종부세 강화가 도리어 자산 불평등만 키웠다"는 결론을 낸 부분도 주목할 필요가 있다. 원래 법 취지와는 정반대의 결과가 나온 것이다. 유 의원은 그런 결론의 근거로 2017년부터 지난해까지 계속 악화돼온 자산 관련 불평등 수치(자산지니계수)를 제시했다. 현대의 세금은 국내에 국한되는 아젠다가 아니다. 국제 경쟁력에서도 중요한 평가 요인이라는 점을 잊어선 안 된다.

출근길 신호 위반·무면허 사고까지 산업재해로 인정할 수 있을까?

근로자가 출근 도중에 교통사고로 중상을 입었다. 이를 산업재해(산재) 라고 할 수 있을까. 더구나 출근길 무면허, 신호 위반 등 근로자 본인의 중대한 잘못으로 인한 사고라면 이런 경우에도 근로자는 산재 사고 보상을 받을 수 있을까. 국내 법원이 근로자 본인의 범죄적 행위로 인한 출근길 사고까지도 산업재해로 인정하면서 논란이 된 적이 있다. 강제적 사회보장 보험으로 '4대 공적 보험'의 하나인 산업재해보험의 원래 취지에서 벗어났다는 것이다. 반면 취약 계층 근로자 보호 차원에서 좀 더 적극적으로 보험을 적용해야 한다며 법원 판결을 지지하는 시각도 만만찮았다. 산재보험은 원래 근로자가 작업장에서 사고를 당할 경우 근로자와 그 가족을 보호하기 위한 것으로, 한국에서는 1964년 도입한 첫 사회보험제도다. 모든 근로자가 내는 산재보험료와 동일한 금액을 국가가 기업, 자영사업자 등 사업주로부터 강제로 보험료로 징수해 사고 근로자에게 보상해준다. 따라서 불법 행위로 인한 사고에까지 보상해주면 재원(산재보험 기금)이 고갈될 수 있고, 근로자들의 부담(산재보험료)도 커질 수밖에 없다. 무면허나 신호위반으로 인한 사고까지 산재로 인정하는 판결은 올바른 것일까?

【 찬성 】

산재보험 도입 취지를 살리는 게 중요, 취약 계층 근로자 살펴야

한국 법원은 2021년 7월에만 두 건의 판결을 통해 출근길 근로자의 무면허 운전 사고에 대해서도 '업무상 재해'라고 인정했다. 이전 같으면 근로자 본인 잘못으로 인한 사고는 산업재해로 인정받을 수 없었는데, 진일보한 판결이다. 비록 무면허 사고이기는 했지만 50cc 오토바이를 타고 출근하는 근로자의 어려운 처지를 종합적으로 살펴봐준 법원의 현명한 판단이었다.

고용노동부 산하 공공 기관으로 이 업무를 담당하는 근로복지공단은 "무면허나 신호 위반은 교통사고특례법 위반의 범죄적 행위이므로 업무상 재해라고 인정할 수 없다"며 유족의 산재보험 적용 요구를 거부했다. 하지만 법원이 이를 인정한 것은 산업재해보상보험법의 원래 법 제정 취지를 제대로 살렸다고 볼 수 있다. 더구나 법원(울산지방법원)은 교차로에서 생긴 사고에 대해 직진하던 트럭이 좀 더 운전에 주의를 기울여야 할 필요성이 있었고, 그런 이유로 트럭의 잘못도 20퍼센트 있다는 보험사의 과실분담 인정 결과를 받아들였다. 요컨대 무면허 운전이 사고의 '직접' 원인이라고 볼 수 없으며, 신호 위반 정도는 중대한 과실에 포함되지 않는다고 판단한 것이다. 무면허로 전동 킥보드를 타고 출근하던 근로자가 횡단보도에서 당한 사고에 대한 판결(서울행정법원)도 같은 맥락이다. 비록 정상적으로 운전 중이던 차에 부딪혀 입은 중상이지만 신호 위반 정도의 과실이 산재 적용이 되지 않을 만큼의 중대한 사유는 아니라는 취지다.

이런 판결은 결국 근로자 보호를 위한 법의 적극적 해석이다. 단순히 신호 위반을 했느냐, 무면허 운전인가 등 표피적 현상을 보는 데 그치지 않고 산재 제도를 도입했을 때 원래 취지에 주목한 것인 만큼 법원의 해석은 존중돼야 한다. 필요하면 산재보상법을 바꾸고, 근로복지공단도 산재 판정에서 좀 더 근로자 입장이 돼야 한다. 재해 용인 범위를 가급적 넓게 해서 근로자를 더 적극적으로 보살펴줄 필요가 있다.

보험의 원리, 국민 법감정도 봐야…
국고 지원 아니면 근로자 부담 증가

특례법을 통해 명시적으로 규정해둔 중과실은 일종의 범죄 행위다. 이런 경우에까지 산재 보상을 해준다는 것은 과잉이다. 일반 국민의 법감정부터 한번 생각해보자. 약자를 보호한다는 논리처럼, '명분만 그럴듯하면 법을 위반하고 법에 정해진 것과 달리 해석·집행해도 괜찮다는 것인가' 하는 생각이 들지 않겠나. 근로자들도 신호 위반이나 무면허 운전 정도로는 아무런 손해를 입지 않는다는 인식이 팽배해지면 준법정신을 무너뜨리고 법치주의와 그만큼 멀어질 수 있다. 엄한 단속과 경고는커녕 그런 사고가 많아지면 결국에는 근로자 스스로도 피해자가 된다.

　현실적으로 산재보험 제도가 어떻게 운용되며, 어떤 식으로 지속가능한 사회보장 모델이 되는지에 대해서도 냉정하게 볼 필요가 있다. 산재보험이 공공 기관이 관리하는 공적 제도이긴 하지만 기본적으로 하나의 보험이다. 즉 보험 가입자(근로자, 사업주)가 있고, 보험료(근로자 급여에서 떼는 보험료와 사업주가 내는 보험료)를 매월 정기적으로 내며, 이를 재원으로 사업장에서의 사고에 대한 보상(산재보험금)이 지급되는 구조다. 보험료를 내지 않는 비자격자가 보험금을 받을 수 없는 것처럼 본인의 명백하고 중차대한 과실, 즉 범죄적 행위에 대해서는 보험금이 지급되지 않는 게 보험의 기본이다. 그렇게 해야 장기적으로 지속될 수 있다. 사정이 어렵고 딱하다고 범죄적 행위에까지 산재보험을 적용해주면 건전하고 성실하게 보험료를 내며 법규를 정확히 지키는 '정상 근로자'의 보험금이 줄어드는 등 피해를 입을 수 있다. 중대한 과실에도 선심 쓰듯 산재를 마구 적용해나가면 산재보험료율이 올라 근로자가 내는 납입 보험금이 인상될 수밖에 없다. 그게 아니라면 산재보험 기금에서 부족한 부분만큼 국고 지원을 더 해줘야 하는데, 일반 국민이 이를 쉽게 용인할 것인지 생각해봐야 한다. 사회보험이 법규 위반 행위까지 다 용인하면 다른 어떤 좋은 제도도 정상적으로 굴러가기 어렵다.

[생각하기]

준법정신 훼손 우려,
과도한 '언더도그마 현상'은 경계해야

출퇴근 사고가 산재로 인정받는 경우가 부쩍 늘어나고 있다. 2019년 7,001건이었는데 2021년에는 1만 건을 넘어설 것이라는 게 근로복지공단 분석이다. 출퇴근길 사고에 지급된 산재보험금이 2019년 기준으로 이미 1,300억 원을 넘어섰다. 이런 상황에 명백한 근로자 본인 과실에 대한 사고까지 정상 산업재해 때처럼 보험금을 지급한다면 파장이 커질 수밖에 없다. 새로운 복지는 아니지만, 이런 것도 무한 팽창하는 복지의 연장이다. 잇따른 법원 판결이 준법정신을 훼손한다면 그것도 심각한 역설이다.

산재보험이 장기적으로 계속 제 기능을 하자면 재원 문제도 생각해야 한다. 그렇다고 매월 급여에서 떼는 산재보험료를 올리면 바로 근로자의 부담이 증가한다. 아울러 우리 사회에서 '언더도그마 현상'이 과도하게 이런 데도 미치는 것은 아닌지도 한번 돌아볼 필요가 있다.

기업 의사 반영하지 않고
산재 적용 확대할 수 있을까?

2021년 12월, 앞으로 근로자들이 조선·자동차·타이어 등의 업종에서 1년 이상 근무하다 목과 어깨를 포함한 6개 신체 부위에서 질환이 나타났을 때 산업재해로 보겠다는 고용노동부의 행정 예고가 있었다. '산재로 추정'이지만 실제로는 인정해주겠다는 것이다.

얼핏 단순해 보이지만 이 변경안은 간단한 문제가 아니다. 이 분야 질환자가 적지 않은 데다 산재보험료는 통상 고용자(회사)가 부담하기 때문이다. 근로자의 의미 있는 복지가 한 가지 더 분명히 늘어나는 대신 기업의 산재보험료 부담이 확 증가하는 것이다.

보험료만의 문제가 아니다. 결국 기업을 대표해 한국경영자총협회가 정부 방침(근골격계 질병 산재 인정 기준 완화)을 철회하라는 공식 요청서를 내기에 이르렀다. 사용자(기업) 의사가 무시된 산재 적용 확대안에 문제는 없을까?

【 찬성 】

근로자 권익·복지 강화의 일환,
근로 의욕·장기 근무 의지 키울 것

산업 현장에서 발생하는 재해가 쉽게 근절되지 않는 것은 심각한 문제다. 대기업과 국가가 주인인 대형 공기업에서도 후진국형 사고가 빈번하다. 산업안전보건법에다, 논란을 무릅쓰며 중대재해처벌법까지 제정해도 좀체 나아지지 않고 있다. 이런 와중에 근로자들은 중대 사고가 아닌 만성 질환으로도 고충을 겪고 있다. 삶의 질이 떨어지는 것은 물론 당장 노동의 효율성에도 영향을 주게 된다.

중대한 재해에 대한 책임 규명도 필요하지만, 일상적 근무로 빚어지는 다양한 질환에 대한 적절한 대응을 강화해야 한다. 신속 치료가 핵심인데, 많은 근로자에게 경제적 문제가 현실적으로 가장 큰 애로일 것이다. 건강보험제도가 상당히 잘 갖춰져 있지만, 산업재해로 인정 범위를 넓히는 게 크게 도움이 된다. 산재로 인정받으면 산재 기금에서 치료비가 지급되기 때문이다.

이번에 바뀌는 방식대로 가면 작업 현장의 조사가 생략되고 바로 업무상질병판정위원회 심의로 가게 되니 시간부터 크게 단축된다.

다양한 산업 현장의 실태를 보면 많은 근로자가 목·어깨·허리 등의 질환과 통증을 호소한다. 단순히 현대인 병이 아니라 열악한 작업 환경과 과도한 업무 강도에서 비롯된다고 봐야 한다. 업종과 작업 기간, 적용되는 질병 질환을 보면 관련성이 바로 나타나는 만큼 명백한 반대 증거가 나오지 않는 한 업무상 질병으로 볼 필요가 있다.

작업 행태, 작업 환경과 질환의 직접 상관도를 과도하게 따지기보다는 큰 틀에서 근로자 복지 강화라고 보는 대승적 관점도 필요하다. 이렇게 근로자 산재 적용을 확대해 질환을 없애면 근로의욕과 장기 근무 의지를 북돋울 수 있을 것으로 기대된다. 중대재해처벌법 제정, 건설안전법 강화, 인권법 도입 등과 함께 근로자 불편을 대폭 줄이고 권익을 증진할 것이다. 다소간 늘어날 산재보험료 부담은 기업이 다른 생산성 향상으로 감당해줄 수 있지 않겠나.

【 반대 】
산재 확대 적용 기준 객관성 낮아…
'무조건 산재' 도덕적 해이도 늘어날 것

근로자 입장만 중시하는 고용·노동 관련 제도가 가뜩이나 늘어나는 판에 기업 부담을 가중시키는 조치다. 근로자 고충을 줄인다는 명분이지만, 고용노동부의 '추정의 원칙' 기준을 보면 비상식·

비논리가 적지 않다. 무엇보다 산재 판정의 핵심이 되는 역학 기준이 매우 자의적이고 편의적이다. 예를 들어 자동차 부품 및 의장조립공, 조리사로 1년 이상 일하다 드퀘르뱅병(손목건초염)이 생기면 바로 산재로 인정된다. 이 업무와 이 질병 간 인과 관계에서 합리성이 없다.

고용부는 과거 산재 승인율을 감안해 기준을 마련했다지만, 근거가 되는 통계는 2020년 한 해치에 불과하다. 덴마크·독일·프랑스에서 근골격계 산재 인정 기준을 중량물 취급 횟수와 취급량, 신체 부위별 작업 시간 및 횟수 등으로 세분화해 규정한 것과 비교된다.

사업장별 작업 환경도 천차만별이다. 그런데도 획일적으로 적용하는 것 또한 문제다. 작업 환경 개선으로 근무 강도를 완화하거나 자동화로 작업량을 줄인 곳과 그렇지 못한 곳을 똑같이 적용하면 형평성 시비도 낳게 된다. 경총이 질병판정위 판정위원 103명에게 물었더니 근골격계 산재 판정 시 주된 역할을 하는 정형외과·인간공학 전문가 등 68퍼센트가 정부 기준에 대해 '부적절하다'고 응답했다.

산재보험료는 누가 내나. 사업주인 기업이 전액 부담하고 근로자는 아예 내지 않는다. 문재인 정부 들어 산재 인정률이 크게 올라가 산재보험금 지급액은 2017년 4조 원에서 2020년 6조 원 규모로 늘었다. 산재 판정이 쉬워지면 산재 신청이 급증할 것이고,

이 과정에서 부정 수급 같은 도덕적 해이가 만연할 공산이 크다. 기업이 굳이 작업 환경을 개선할 노력을 하지 않을 가능성도 있다. 제도가 바뀌면 해당 사업장 근로자의 70~80퍼센트가 잠재적 산재 승인자가 된다는 전망도 있다. 기업 의사에 반하면서 이렇게 겹겹이 부담을 키우면 기업이 살아남겠나. 개편안은 철회돼야 한다.

【 생각하기 】

기업, 근로 환경 개선 노력 회피,
'작업·산재 연관성' 규명이 선결

또 한 번 이상과 현실이 충돌하는 대목이다. 산업재해 인정 범위를 넓혀 근로자의 경제 부담 경감과 함께 건강 복지를 증진하겠다는 취지는 좋다. 문제는 기업의 산재보험료 부담 증가다.

더 큰 문제는 관련 질환을 모두 근로 탓으로 돌리는 도덕적 해이 같은 것이다. 작업 환경 자체를 개선하려는 기업의 근본적 근로자 대책이 힘을 잃을지 모른다는 것도 큰 우려점이다.

그렇다면 조금 더 연구하면서 근로자와 기업, 의사를 포함한 산재 판정 전문가 등 '3자 회의'를 충분히 해보는 것도 좋은 보완책이다.

서두른다고 능사는 아닌 것이다. 산재 인정 비율을 근로자가 다루는 대상의 무게나 횟수, 실제 작업 환경과 결부시켜 분석하는 유럽 각국 사례도 참고할 만하다. 산재 등급 세분화 등을 모색하되, 전문가 의견 존중이 중요하다.

교양인을 위한 70가지 시사이슈 찬반토론
토론의 힘 생각의 격

제1판 1쇄 발행 | 2022년 12월 5일
제1판 7쇄 발행 | 2024년 6월 10일

지은이 | 허원순
펴낸이 | 김수언
펴낸곳 | 한국경제신문 한경BP

주소 | 서울특별시 중구 청파로 463
기획출판팀 | 02-3604-590, 584
영업마케팅팀 | 02-3604-595, 562   FAX | 02-3604-599
H | http://bp.hankyung.com   E | bp@hankyung.com
F | www.facebook.com/hankyungbp
등록 | 제 2-315(1967. 5. 15)

ISBN 978-89-475-4866-3   03170